〈地域〉から見える天皇制

河西秀哉
瀬畑　源
森　暢平　編著

冨永　望
舟橋　正真
加藤　祐介
茂木謙之介

吉田書店

〈地域〉から見える天皇制

【目次】

第Ⅱ部　地域から見た天皇制

各章での史料の引用においては、中略箇所は「……」で表記した。また、〔　〕は引用者による補注である。さらに読者の便宜を考えて、適宜句読点を付し、片仮名を平仮名に直し、旧字体を新字体に改めるなどの修正を加えたところがある。

序論

瀬畑 源・森 暢平

本書の分析視角

二〇一六（平成二八）年八月八日、明仁《あきひと》天皇（当時）は、自らの退位を求めるビデオメッセージを発した。そのなかで、天皇は、「人々の傍らに立ち、その声に耳を傾け、思いに寄り添うこと」の大切さを強調し、国民と天皇の相互理解を深めるための「日本の各地」への旅が重要であったことを強調した。そうした旅によって、地域の共同体を地道に支える市井の人びとがいることを認識したのだという。

天皇はさまざまな機会に、〈地域〉の人びとと繋がろうとする。各地への旅で人びとに会うだけではなく、農海山物の献上を受け、災害被災地の首長を皇居に呼んで説明を聞く――。令和への代替わりの大嘗祭で、京都と栃木でとれた米を供える儀式が行われたのは記憶に新しい。こうした〈地域〉との繋がりは、一言で言えば、多様な地域をひとつの国民国家へと統合する目的を持つ。中央集権国家の中枢に位置する近代以降の天皇は、国民統合の機能を期待され、天皇、あるいは、宮内省（宮内庁）の模索は、国民との関係をどのように築くかにあったと言えるであろう。

明治以降、中央集権国家を目指してきた日本は、権限を地方に委譲する地方分権の時代へと向かっている。経済や、人と物の流れは、グローバル化が進む。文化レベルではその多様性が重んじられるようになった。「国民」「文化国家」という中心を維持してきた人びとの意識は変化し、そのこととともに、「日本」の象徴である天皇と、その「国民」の関係も変わっていくに違いない。人びとの目指すべき「規範」を示してきた皇室の暮らしは、実態的にもより人びとのそれに近づき、多様な価値観をもつ人びとの意識と同じように、多様なあり方へと変容していくことが予想される。SNSを利用した皇室から人びとへの直接発信が行われるようになるかもしれない。名誉職を中心とした公務のあり方も変化し、その活動の自由度、裁量の範囲は広がっていくのかもしれない。婚姻相手の選考範囲もこれまでと同様とも思えない。現在はなおその「兆し」しか見えないが、二一世紀の皇室は大きな曲がり角、変容の時代のとば口にあると言えるだろう。

こうした変化の時代にあるとき、近現代史を専門とする本書執筆者たちは、もう一度、近代化のなかの天皇、とくに地域共同体、およびそこに生きる人びとと、天皇の関係を再考してみたいと考えた。変化の時代にあるからこそ、〈地域〉の人びとにとって、近代とは何だったのかを、天皇との関係のなかで見つめてみたいと考えたのだ。

天皇制が国民統合のためのシステムと一口で言うのは簡単である。しかし、その内実は、個人、あるいは〈地域〉によっても異なるであろう。それはさまざまな相剋に満ちている。その相剋を考えるためには、実際に天皇と〈地域〉の人びとがどのように関係を築いてきたのかを、歴史実証的なミクロな点から研究を積み重ねていく必要がある。後述の先行研究の整理を読むと理解できると思うが、

〈地域〉あるいは人びとと天皇制との関係をひもとく研究は、行幸啓と天皇像の視覚的支配（図像）の分析という偏りがある。

そうした研究状況のなかで本書は、地域社会に住む人びとと天皇制の相互関係をより多様な角度から分析し、近現代天皇制の国民統合機能の内実はいかなるものであったかをさらに深く考察することを目指す。沖縄、北方、旧幕領、乳人《めのと》、皇室の保養地（軽井沢）と扱うテーマは、論者の問題意識によってさまざまである。しかし、共通するのは、〈地域〉からこそ見える天皇制の実相を、実証的に明らかにしようとする視点である。天皇制研究は、中央における「政治」との関わりを中心に解明が進められ発展してきた。そこでは〈地域〉からの視点が往々にして見逃されがちであった。〈地域〉の側から天皇制を逆照射することによって浮かびあがるものにこそ、国民統合のなかの諸勢力の相克があるはずである。本書はそこに焦点を当てたい。

方法論的には、地域に所蔵される資料を多用したことに特徴がある。近年、地域における公文書館の資料の充実は著しい。本書の執筆者たちは、基本的には、自らがフィールドとする地域に出向き、地域の公文書館や図書館に所蔵される資料や、地元新聞を渉猟しながら、〈地域〉のなかの天皇制というテーマに取り組んできた。その成果が本書である。そのことは、二一世紀の皇室の行く末を考えるうえでも大切な視点を提供するはずである。

民衆史からの天皇制論

本論に入る前に、天皇制と地域社会に関わる研究史の整理を行いたい。まずは、敗戦までの近代天皇制の研究について見ていこう。

戦後歴史学は、敗戦後も社会に残る前近代的な構造をどのように克服するかという問題意識から研究が進められた。また、丸山真男や石田雄、藤田省三などは、天皇制イデオロギーがなぜ民衆の同意を得ていくのかという精神構造の分析を行った。[1] マルクス主義の立場から見れば、天皇制は民衆を収奪する装置である。地域の人びとが天皇制を支持する社会構造とイデオロギーとしての天皇制の研究に注目が集まったのである。[2]

一九六〇年代以降、地域史や生活史、民衆史が各地で盛り上がりを見せるようになる。「明治百年」を契機とする自治体史編纂や、「地方の時代」をスローガンにする地域ごとの歴史見直しという下からの関心、専門研究者による地域実態の具体的究明による抽象的歴史把握の相対化などの要因の複合によって広がりを見せた。[3] そのなかで注目されたのは、明治前期に初期に行われた明治天皇の「六大巡幸」であった。色川大吉は、明治天皇の巡幸が自由民権運動の昂揚から激化の時期に集中していることから、近代国家の基盤づくりの時期に「人心収攬」のために巡幸という手段がとられたと指摘した。[4] 田中彰や遠山茂樹も、明治天皇の巡幸が天皇制イデオロギーを宣布する手段として使われたことを指摘し、民衆を「国民」として統合していく姿を描いた。[5]

この後、とくに研究が進んだのは、国家がイデオロギーを浸透させる媒体として天皇像を利用したという論点である。佐々木克は、明治初期に民衆にとって無縁であった天皇を、大元帥としての姿で行幸させることで、錦絵や新聞などを通じた天皇イメージが定着し、政府の「軍人＝大元帥」たる天皇を創造する試みは成功したと論じた。[6] 多木浩二は明治天皇の「御真影」が生み出されていく過程を分析することで、「家父長」的な構図である御真影は、通俗的な図像特有の受け入れられやすさを介して、天皇制政治と「家」の論理が結びつけられ、全国に配布された御真影を通した視覚的な支配が作られたと論じた(7)。

タカシ・フジタニは、明治中期から大規模に行われるようになる儀式（ページェント）により、天皇を直接見ずとも、国家的シンボルを同時的に認識するという集団行為による体験によって国民統合が図られたと主張した(8)。原武史は、フジタニの主張を批判し、全国各地への天皇や皇太子の行幸啓によって実際に生身の姿を国民の前にさらすことで、天皇や皇太子の具体的身体を前提とした視覚的支配が成立したと論じた(9)。

一方、安丸良夫は、近代天皇制において天皇個人の意思や能力と、天皇が体現するとされる権威的なものとのあいだに大きな懸隔がある理由を、「広汎な人びとが天皇の権威を介してみずからの願望や欲求に普遍的な意味を与え、みずからのなかからその可能性と活力とを汲みだそうとして、権威ある中心を求めたから」だとした。天皇はその活力の多様性に対応できるように超越性と多義性とをあわせもつ権威として君臨することで人びとの願望や欲望を受け止め、国民の統合の役割を果たしたとした。民衆思想のなかにある「統合される」側の論理を見いだしたのである(10)。

これらの研究は、基本的には明治天皇を「近代」の天皇として位置づけ、前近代の天皇との断絶を強調した。ミシェル・フーコーの権力論などを取り入れた天皇像や天皇イベントによる国民統合を分析する研究が進み、ベネディクト・アンダーソンの「想像の共同体」論や国民国家論の影響も受けつつ、明治維新後の天皇を「文明化」のシンボルとして位置づけ、近代的な制度として天皇制を捉えた。

天皇像の分析は、近代天皇制が民衆を「国民」としてどのように統合していったのかを考察するものであった。

一方、明治巡幸研究は、具体的な地域や時期に即して数多く行われた。これらの研究の多くは、天皇巡幸を地域の資料から詳細に分析し、地方名望家層や民衆の天皇受容のあり方の違いなど、その政治的影響力を具体的に実証するものであった[11]。近年では、改めて政府の政策意図の変遷を明らかにする研究[12]や、各地方が出した布達などを分析して、巡幸を重ねるごとに奉迎の作法が整備されて人々に浸透していったことを論じた研究[13]が現れており、天皇の巡幸の政治的な役割がよりクリアになってきたと言えよう[14]。

このように、敗戦以前の天皇制と地域をめぐる研究は、一つは図像を通じた視覚的な支配、もう一つは明治期の巡幸の研究に集中していると言える。

象徴天皇制の政治史

敗戦後の天皇制を分析する研究は、帝国憲法の総攬者にして大元帥であった天皇が、象徴へと変化したことをどのように考えるかという法学者による論争から始まった[15]。一方で、昭和天皇は全国各地への巡幸を行い、国民からの絶大な支持を獲得していた。メディアには「人間天皇」として昭和天皇の日常生活が報じられ、皇后や皇太子などの他の皇族の報道も多くの読者を獲得していった。その支持の内実を考えようとする研究が、社会学や社会心理学、政治学から現れるようになった。南博や清水幾太郎は、支配階級がメディアを利用して天皇や皇太子個人を民衆の前に出して心理的な距離を縮め、民衆に天皇制を受け入れさせようとしていると指摘した[16]。石田雄は、政治制度としての天皇制は新憲法によって国民主権と象徴天皇の妥協という形で落ち着いたため、それ以上民主化を推進するエネルギーを集中するスローガンを求めがたくなったとした[17]。松下圭一は「大衆天皇制論」において、一九五八（昭和三三）年から翌年の明仁皇太子と正田美智子《しょうだみちこ》との結婚にともなった「ミッチー・ブーム」の熱狂を分析した。松下はこのブームを「新憲法下の大衆社会状況」のなかで起こったものであり、皇太子夫妻が背負った「恋愛結婚」「幸福な家庭」といった価値観は新中間層の生活様式を象徴するものであり、前近代的な秩序の解体を表現していたと分析した[18]。

一方、歴史学においては、資料的な制約や学問の性格もあり、戦後の天皇制を実証的に研究することは少なかった。むしろ、一九六〇年代の紀元節復活運動や明治百年式典、一九七〇年代の元号法制定の動きなどを戦前天皇制の復活を狙うものとして批判する論調が強かった[19]。

一九七〇年代半ばから、米軍占領期の公文書が米国国立公文書館で公開されるようになり、敗戦後になぜ天皇制が存置されたのかについての研究が進められた。また、戦後政治史のなかに天皇制を位置づける実証研究も一九九〇年代以降に進展した。渡辺治は、戦後天皇制は時々の「保守政治の従属変数、利用の対象」でしかなく、保守勢力の国民統合政策の変化に応じて、天皇制の利用の仕方も大きく変わると論じた[20]。

一九七〇年代になると、歴史学においても、戦前の「現人神」であった天皇が「人間」になるという大きな変化を、なぜ多くの国民がスムーズに受け止めたのかという民衆意識に着目する研究も行われるようになった。赤沢史朗は、敗戦直後の「道義国家」などのスローガンの知識人の受容は、戦前の総力戦体制期にオールドリベラリストや社会民主主義者が唱えた、非政治的・文化的な天皇を中心とした国家的統合を目指す理論としての国民共同体論に基盤があることを指摘した[21]。その後、米谷匡史[22]や河西秀哉[23]などが、「象徴」を受容する知識人たちの思想の源流が戦前にあることを指摘していった。

安田常雄は、オールドリベラリストなどの「大正教養主義型リベラリズム」の思考様式は、超越的エリート臭をとりされば、それなりに開明的な地域社会の指導者層と同型であるとして、地域でも「象徴」が受け入れられる土壌があったことを示唆している[24]。大串潤児は敗戦直後の地域の青年団の資料を分析し、地域に存在する大正教養主義的な「自己完成」を目指そうとする人々が持つ、戦争指導者を利己的と批判する論理が、協同社会の建設とその象徴としての天皇を求めていく思考にたどり着くことを論じた[25]。安田や大串の主張は、戦前からの思想の連続性を指摘しつつ、敗戦後の社会変化のなかで、戦前からあった論理を人びとが時代に合わせて読み替え、象徴天皇が受容されていったことを描いたものだと言える。また、吉見義明は、メリーランド大学プランゲ文庫に所蔵の敗戦直後のミニコミ誌を分析し、各地の人びとが天皇の巡幸を通して「人間天皇」「民主天皇」への親しみを感じ、軍部や財閥などに戦争責任を押し付け、天皇の戦争責任を不問にしていく過程を論じた[26]。

一方ケネス・ルオフは、戦後天皇制は戦前から断絶されたものとし、天皇側が主体的に価値観を築いてきたのではなく、日本国憲法の下で全面展開される大衆社会の価値観に皇室が自ら適合することで、多くの人から「民主主義の強力な象徴」として受容されてきたと論じた[27]。

一九九〇年以降の研究動向

一九九〇年代以後の近代天皇制研究は、主に二つの潮流があったと思われる。

一つは、昭和天皇が一九八九年に「崩御」し、さまざまな側近の資料が公開され、改めて近代天皇制とは何であったのかを政治史から実証的に研究する動きが強まったことが挙げられる。天皇制を「近代」の装置であることを認める点は多くの論者で共通していたが、そのなかに日本の特殊性を見いだそうとした安田浩[28]や増田知子[29]などに対し、欧州の立憲君主制と共通の要素を強調する伊藤之雄[30]や瀧井一博[31]などの研究が対置され、実証研究が進んでいった。

こうした流れのなかで近年では、池田さなえは皇室の御料地の経営や処分に着目し、御料地経営が皇室の財政基盤の強化だけではなく政治・行政の諸活動の源泉であるなど、その経営方針において宮中・府中の間にさまざまなせめぎ合いがあったことを論じている[32]。加藤祐介は、一九二〇年代の大正デモクラシー期に、広汎な国民に皇室の支持基盤を拡大して制度的な安定を求めざるをえない状況のなかで、歳出削減などの皇室財政の改革や皇室御料地での小作争議など、皇室の経済機構の変容に着目し、天皇制の国民統合機能を維持するための改革をめぐる宮内省内部の対立と解決の困難さを論じた[33]。また、社会福祉史の遠藤興一は、天皇や皇后が「下賜金」を通じて国民に慈恵を振りまく行為やその公表によって、天皇や皇后の「実在」を国民に目に見える形で実感させ、その統合を果たしていく姿を描いた[34]。

もうひとつの潮流は、社会史や文化史による、近代国民国家として日本がどのように天皇という文化装置を利用して国民統合を図ろうとしたのかを論じた研究である。羽賀祥二の神道論や「史蹟論」[35]

などの影響を受けた高木博志は、近代天皇制が近代以前の「旧慣」を利用して文化的な「伝統」を創り上げていったことを、文化財行政や「古都」京都のイメージ、陵墓の指定などから分析した[36]。近年では、伊勢神宮が聖域化されていく過程についての研究も進んでいる[37]。

メディアに現れる天皇像や皇后像から、近代国民国家の支配装置としてそれらが利用されていくことを分析する研究も続いた[38]。また、大衆社会化が進む大正期に、皇太子や皇族の写真撮影が緩和され、「平民的」なイメージが流布されるようになるが、一九三〇年代以降に規制が厳しくなり、とくに天皇のイメージは大元帥や神秘的なものに転換していくことが論じられた[39]。他には、皇室に関連するイベントに参加する人びとにとって重要なのは、経済発展や消費への欲望であり、国民国家への統合という視角では捉えきれない国民の姿を描いた研究もある[40]。

茂木謙之介は、皇族（とくに秩父宮《ちちぶのみや》・高松宮《たかまつのみや》・三笠宮《みかさのみや》）表象が地域社会においてどのように現れるのかに着目し、国民国家への統合という枠組みに必ずしも囚われない、さまざまな主体による期待・欲望が皇族に求められていったことを論じた。茂木は、各地の地域紙や公文書を元にして、皇族と地域との直接的な関係によって皇族の表象が形成され、大正期から戦後まで連続したイメージで語られていることから、戦後の「人間」化した天皇表象を支えるための「原型」となっていたことを指摘している[41]。

森暢平は昭和天皇の皇后である良子《ながこ》の乳人の選考過程に着目し、大正デモクラシー期の「平準化」された国民の中から選考するという方針が、次第に厳格化して軍人の妻などの新中間層の主婦や名望家層に収斂し、戦中期には家庭を犠牲にして国民に奉仕する「母」を顕彰して国民統合を図る目的に転じたことを指摘した[42]。

近年の研究は、大正デモクラシー期に大衆社会化が限定的ではあれ各地で進行していくなかで、皇室が国民世論からの視点を意識して、時代に合わせた改革を迫られていったことを分析するものが多い。また、戦中期の強権的な政府の国民統合政策の分析も進むが、一方で現場ではその意図が必ずしも貫徹しない状況を論じる研究も現れており、「国民統合」の内実をめぐる議論が続いていると言えよう。

象徴天皇像への着目

最後に、一九九〇年代以降の研究動向として、皇室像の研究と、行幸啓研究についてまとめておこう。まずは、天皇像の研究である。

近年の動向として、天皇、さらには皇太子、皇族に着目したイメージ研究が盛んに行われるようになったことがある。安田常雄は、戦後天皇制は政治権力を失っているため、政治的支配の構造は「暴力装置」ではなく、イメージを通した共同意識の形成を媒介とした「イメージ権力」であるとし、天皇像の変遷を研究する重要性を指摘した[43]。吉見俊哉は、占領期にはマスメディアによる天皇報道の過剰や混乱、逸脱などが見られたが、大衆消費社会のなかでマイルドな規格品のように天皇像が組み替えられ、消費される様相を描いた[44]。

河西秀哉は、敗戦後から皇太子「御成婚」（ミッチー・ブーム）までのメディアに現れる昭和天皇・明仁皇太子像を分析し、日本国憲法の「象徴」規定は多義性を有していたため、その解釈はメディアのなかに現れる天皇や皇太子などのイメージを通して「文化平和国家」の象徴へと収斂していったと論じた。(45) 河西はその後、皇族や明仁天皇、美智子皇后像の分析などにも意欲的に取り組んでいる。(46) また、ジェンダー論と図像学から、北原恵が精力的に天皇像研究を行っている。(47)

森暢平は、ミッチー・ブーム後の美智子妃報道が急速に陳腐化されていくことから、大衆の皇室へのまなざしは移り気であり、必ずしもメディアの提示する皇室像を盲目的に追随する存在ではないと論じた。(48) 森は、皇室報道は「物語」であり、報道に接するオーディエンス（読者、視聴者、聴取者）の欲望が反映するため、いまの時点から人びとが見たい「事実」として構築されるとし、それぞれの時代の報道内容の分析はその時代背景を含めて行うべきであると指摘している。(49) 象徴天皇を見るメディアや人びとの視線は、社会状況や見られる対象が誰か（天皇なのか皇后なのかなど）によっても異なり、非常に不安定であり、時にはバッシングという形で牙を向くことがある。松下圭一の「大衆天皇制」論やその考えを引き継ぐ安田常雄や吉見俊哉による天皇像分析からは逸脱する現象も多く、天皇像の内容や受容する側のより詳細な研究が必要とされている。

象徴天皇と地域社会

つぎに、〈地域〉と天皇制の研究のなかで、もっとも進んでいる行幸啓の研究である。象徴天皇と地域社会との関係の分析は、明治初期と同様に天皇の巡幸、特に昭和天皇が敗戦直後に行った全国巡幸（戦後巡幸）に注目して行われるようになっている。

先駆的な研究としては鈴木しづ子の論文があり、戦後巡幸が米国と日本の合作で行われたこと、

「象徴」という枠内での天皇への新たな崇拝を得て、天皇の戦争責任回避と天皇（制）の延命を図ったとした[50]。

坂本孝治郎は、昭和天皇の戦後巡幸や国民体育大会などへの行幸を新聞報道によって分析し、天皇が各地に赴くという「パフォーマンス」によって、国民の側が天皇に見合う表現行動や関係儀礼を習得し、象徴天皇制を受容していくと論じた[51]。

その後、さまざまな論者によって、戦後巡幸の政治的な位置づけがなされた。ジョン・ダワーは、昭和天皇を平和主義者にして「天皇制民主主義」を建設するキャンペーンの一つとして戦後巡幸が行われ、人びとの天皇崇拝を世俗化し、天皇と国民を融合させようとした。そして、ぎこちない昭和天皇の姿は、純粋で無垢な人間であるというイメージを強めて天皇への戦争責任の追及を弱めるだけでなく、国民の側に天皇に申し訳ないという自己批判や謝罪意識を持たせ、天皇への敬意が形を変えて現れたと論じた[52]。原武史は、戦後巡幸においても、戦前のような確固とした秩序や規制は見られないものの、視覚的支配が残存していると推論している[53]。

これに対し近年では、瀬畑源が戦後巡幸を宮内庁などの一次資料を用いて、天皇や側近の政策意図、受け止める側の地方自治体の動き、報道するメディア報道をそれぞれ分析し、上からの政策意図が下からの反応によって変化していく様を描いた[54]。戦後巡幸の天皇側の意図は、戦災者等への慰問と産業復興支援などであり、これによって天皇と国民の間の紐帯を再編して支持基盤を盤石にすることにあったが、天皇側の想定を超えるほどの熱狂で国民や地方自治体、メディアに歓迎され、むしろ「人間」天皇をさらし続けることを強いられていくことになる。ただ、この「国民と共にある天皇」の姿は天皇や側近、政府側にとっても許容できるものであり、その後も行幸は象徴天皇制を支えるツールとして現在まで利用されていることを論じた[55]。戦後巡幸の各地での受容のあり方は、地域史研究で積み重ねられており、その実態のさらなる解明が求められる[56]。

明仁皇太子と美智子妃の各地への行啓についても研究が始まっている。河西秀哉は、皇太子夫妻が「福祉」に公務の中心を置いていること、特に美智子妃は積極的に人びとに目線を合わせて接し、次第に皇太子も同様の振る舞いをしていくことを論じた[57]。森暢平は美智子妃と香淳《こうじゅん》皇后の地方行啓の比較の中で、美智子妃は積極的に活動し熱狂的な歓迎を受けるが、次第に飽きられて形式化していくとした[58]。一方原武史は、各地で美智子妃への熱狂は続いており、一人ひとりと直接向きあう皇太子夫妻の姿は、人びとの心のなかにミクロ化した「国体」を内面化して刻み込んだと述べた[59]。冒頭で述べたように、明仁天皇と美智子皇后は地方への行幸啓を重視しており、皇太子時代との連続性をどう考えるかは、今後の検討課題となるだろう。

本書の位置づけ

本書では、近代以降の天皇制とさまざまなフィールドの国民との関係を照射し、天皇制がどのような機能を地域の人びとに果たしていたのか、一方、国民の側からの天皇への視線を見ることで、双方向的な天皇と国民との関係を考察しようとするものである。

まず、第I部「周縁から見た天皇制」である。第1章と第2章が、復帰前の沖縄、第3章が「国境」を意識する北海道北部を取り上げる。第2章と第3章は、研究のもっとも厚い行幸啓の研究の系譜に属するが、北方、沖縄という「周縁」に注目したところが新しい。それぞれの章の内容を見ていこう。

第1章「戦後沖縄の皇室報道――「反復帰」論出現以前を中心に」は、一九六〇年代までの沖縄における皇室報道を扱う。従来、沖縄と皇室の関係については、七〇年の沖縄で「反復帰」論が出現以降、天皇制への批判が高まったことに注目が偏っていた。しかし、同章は、それ以前の沖縄において、本土と沖縄とのつながりの象徴として、皇室が肯定的に報道されたことを明らかにする。もちろん、それは一様ではない。本土在住の沖縄出身者に向けたメディアでは政府に好意的なメディアが皇室を取り上げるいっぽうで、左派系メディアは皇室を扱わないなどの差があった。復帰運動のなかでも、美智子妃ブームを冷ややかにみる大学生もいれば、天皇制廃止を公言する沖縄人民党のような存在もあった。沖縄の住民意識を反映する沖縄のメディアが、復帰と本土のつながりの象徴として皇室を好意的に扱っていたとしても、実際の人びとの意識はさらに重層的であったのである。そして、沖縄の天皇制への意識は、復帰が現実のものとなるときに反転していく。本章はその後のことは検討の対象外とするが、天皇制への意見の反転の背景に、「沖縄県民」意識の重層性をみるのであった。

第2章「昭和天皇訪沖の政治史――植樹祭・特別国体への天皇出席をめぐる相克」は、沖縄の本土復帰前後の昭和天皇の沖縄訪問問題を検証する。従来あまり注目されていなかった、沖縄復帰記念植樹祭（一九七二年）への出席をめぐる沖縄県内での相克について主に取り上げている。植樹祭を実施する国土緑化委員会と総理府は、国家的行事である植樹祭と天皇皇后の出席は「不足不離」であるとの論理が押し出され、琉球政府主席の屋良《やら》朝苗《ちょうびょう》は沖縄訪問を要請するように迫たれていった。革新系の屋良であるが、訪問を要請しないことで、今後の沖縄問題の解決に影響することへの恐れがあり、要請を決断した。県内には、天皇の訪問を期待する声もあった。いっぽう、屋良の与党である社会大衆党などの革新政党、労働組合から激しい反発があり、屋良は窮地に追い込まれる。その根底には、昭和天皇への戦争責任が明確でないなかでの訪問への反発であった。米国の施政権下にあった沖縄で、本土復帰を果たす直前に、急浮上した天皇訪沖構想であるが、歓迎・反発の両方の感情があるなか、屋良は「要請せず」の決断を下していく。

第3章「象徴天皇制と北海道北部――「国境」という自己意識の形成」は、北海道北部と天皇制との関係性を解明している。近代、次第に北海道開拓が進むなかで、天皇や皇太子の北海道訪問も実施された。とはいえ、それは函館や札幌などに限定されており、北部までには至らなかった。日露戦争後、植民地として南樺太が「日本」となったことで変化が訪れ、皇族たちが植民地への中継地として北海道北部を立ち寄るようになる。しかしそれも敗戦後にまた変化する。南樺太を失ったことで、北海道北部は「国境」としての性格を強く帯びるようになった。戦後、皇族の訪問は地元におけるそうした意識を強化することにつながった。そして北海道開道一〇〇年目に実現した昭和天皇の北海道北部訪問は、その完成形ともなった。天皇が失った植民地への思いを強く意識させる記念碑を訪問し、それが報道されることで、地元での意識もより強くなっていく。平成になり、明仁天皇は即位後、すぐに北海道北部を訪問し、昭和天皇と同じように記念碑を見た。それは天皇が「国境」を見る「国見」のスタイルである。天皇の訪問を通じて、地域にはナショナルなイメージが形成されていったと言える。

つづく、第4章以下は、第Ⅱ部「地域から見た天皇制」である。より多様な側面から地域におけるた主題である。

天皇制を考える論文を集めた。乳人、旧幕領、軽井沢とテーマは多様であるが、従来見過ごされてい

第4章「戦前期の乳人選定と地域社会の変容」は、皇室の乳児に母乳を与える女性である乳人の選定過程を通じて、地域社会が変容していく様相を論じる。とくに、昭和天皇・香淳皇后（裕仁《ひろひと》・良子《ながこ》）の代は大正デモクラシーから総力戦への時代へと社会も変化し、乳人の選定基準もそれと対応して変化している。当初は、明治期・大正前期と連続する〈近郊農村型〉の乳人であった。彼女らは、健康な女性は農村にいるとの全体から、そうした地域に住む土地持ちの女性が推薦されることが多かった。しかし、大正期に入り日本社会が変化し大衆化が進むなかで、農村は都市とのかかわりで消費社会を享受できる層と困窮し都市へ流入する層へと分化していた。そして乳人も、「身分や職業不問」で選定される〈新中間層型〉の乳人へと変化していく。それは、流動化する社会を統合する役割の一部を担っていたとも言える。さらに〈公務員・軍人妻型〉の乳人へと進化していくものの、社会の変化に応じて、〈地域名望家型〉の乳人へと変容していく。こうした乳人選定の変遷自他が、社会が変動していることを示していたのである。

第5章「皇室・旧藩主家・小田原町・地域住民――小田原城址地をめぐる所有と利用の関係史」は、明治後期から昭和初期における、小田原城址地をめぐる各主体の関係を描くことで、近代天皇制の位相の変化について論じている。宮内省は一八九九（明治三二）年に小田原城址地を取得し、御用邸を建築するが、関東大震災によって全壊したため、一八二八（昭和三）年に払い下げる。小田原城址地は、その所有・利用をめぐって、旧藩主家・町当局・地域住民といった多様な主体が固有の関心を寄

せている土地であった。宮内省が明治期に最初に城址地を取得するさい、同省は、旧藩の枠組みに依拠した主張に耳を傾けた。しかし、皇室の基盤を「藩屏」から広汎な「国民」に拡大する昭和初期の段階では、宮内省は、旧藩主家ではなく、町当局の主張を受け入れることになる。大正デモクラシー期の皇室として、震災復興や学校建設といった国民的な課題をより重視するようになったと言える。しかし、学校建設のために濠が埋め立てられることに対し、一般の住民からは遊覧地を守る立場からの反対があがり、一様でない「国民」のあり様についても議論を行っている。

第6章「「雪冤」から「開発」へ——戦前戦後福島県会津地方における秩父宮妃勢津子の表象をめぐって」は、戦後の皇族と地域社会の関わりについて、昭和戦前期と戦後期の会津地方における松平節子《まつだいらせつこ》／秩父宮妃勢津子《せつこ》の表象の検討を試みる。旧会津藩は朝敵として、近代化のなかで傷を負った地域であった。最後の藩主・松平容保《かたもり》の孫である節子（結婚して勢津子）が皇族妃となることが決まり、結婚前に父祖の地を訪れたこと（一九二八年）は、戊辰戦争の雪冤の場として、地域社会にとって重要なイベントであった。これは地域を国民国家につなぐ場であったが、そもそも現実には勢津子妃と地域との関わりが薄いうえ、そのイメージに具体性がともなわないため、空虚な美辞麗句や服装への注目などを記述せざるをえないメディアの葛藤があった。また、勢津子妃は戦後もしばしば会津地方を訪れるが、本名水力発電所の貯水式出席（一九五四年）では、福島県が背負うことになる首都圏のための電源開発という国策を、行政に寄り添う形で事実上推進する役割を果たしていく。そこには、地域における支配的な言説を強化し、地域を国家と接合させるという面では、戦前と連続する側面があることを記述していく。これは、国体という国家的イベントの視察のための訪問（一九五二年）でも同様であり、会津という地域は勢津子妃という表象よって、国家に貢献していることを人びとが可視化できるようになるのである。

第7章「軽井沢と皇室――地域発展と「皇室ブランド」の「物語」」は、皇室と地域の経済発展の関係を、軽井沢という地域を通じて考察する。軽井沢は、明仁皇太子と正田美智子がテニスコートで出会った場所として知られている。軽井沢は元々、宣教師が開いた避暑地であり、戦前は上流階級の人々が別荘を建てた場所であった。皇族も軽井沢では自由に活動できた。軽井沢のブランドに皇族が惹きつけられ、好んで別荘を建てた。敗戦後、軽井沢も大衆化が進み、別荘族も旧華族から企業役員などに移っていたものの、上流階級文化の「物語」を受け入れられ、維持された。明仁皇太子自身もこの軽井沢の雰囲気を気に入り、毎年夏に訪れていった。地元の人々は観光地としての発展を求めて、そうした文化の「物語」の維持に努力し、皇太子夫妻もその一翼を担っていく。軽井沢は皇室ブランドに支えられながら、大衆がバーチャルな「上流階級文化」を手軽に体験できる場所として維持・発展してきたのである。

註

（1）丸山真男『現代政治の思想と行動』上下巻（未来社、一九五六、五七年）、石田雄『近代日本政治構造の研究』（未来社、一九五六年）、藤田省三『天皇制国家の支配原理』（未来社、一九六六年）。

（2）渡辺治「近代天皇制・天皇論の課題」（歴史科学協議会編『歴史学が挑んだ課題――継承と展開の五〇年』大月書店、二〇一七年）など。

（3）安田常雄「方法についての断章」（歴史学研究会編『戦後歴史学再考』青木書店、二〇〇〇年）。
（4）色川大吉『近代国家の出発　日本の歴史21』（中央公論社、一九六六年）。
（5）田中彰『近代天皇制への道程』（吉川弘文館、一九七九年）、遠山茂樹「天皇制と天皇」（遠山茂樹編『近代天皇制の成立』岩波書店、一九八七年）。
（6）佐々木克『幕末の天皇・明治の天皇』（講談社学術文庫、二〇〇五年）。
（7）多木浩二『天皇の肖像』（岩波新書、一九八八年）。
（8）タカシ・フジタニ『天皇のページェント』（日本放送出版協会、一九九四年）。
（9）原武史『可視化された帝国――近代日本の行幸啓［増補版］』（みすず書房、二〇一一年）。
（10）安丸良夫『近代天皇像の形成』（岩波書店、一九九二年）。
（11）例えば、朴晋雨「天皇巡幸からみた天皇崇拝と民衆――福島県郡山地域を中心として」（『日本史研究』第三〇九号、一九八八年）、滝沢繁「北陸巡幸と民衆統治――天皇像の形成と関わって」上下（『新潟史学』第二四号、第二六号、一九九〇、九一年）、宮崎康「東北振興策としての山形県巡幸」（大濱徹也編『国民国家の構図』雄山閣出版、一九九八年）など。
（12）鈴木しづ子『明治天皇行幸と地方政治』（日本経済評論社、二〇〇二年）、川越美穂「明治一〇年前後における天皇と太政官内閣――「御巡幸御用掛」の文書処理を中心に」（『史学雑誌』第一一三巻第四号、二〇〇四年）など。
（13）長谷川栄子『明治六大巡幸――地方の布達と人々の対応』（熊本出版文化会館、二〇一二年）。
（14）明治天皇巡幸研究については、以下の研究史整理を参照。川越美穂「明治天皇巡幸と地域社会――民衆統合の観点からみる研究動向と展望」（『明治聖徳記念学会紀要』復刊第五三号、二〇一六年）、岩壁義光／広瀬順皓「概観」（同編『太政官期地方巡幸研究便覧』柏書房、二〇〇一年）。
（15）詳しくは、針生誠吉・横田耕一『国民主権と天皇制』（法律文化社、一九八三年）を参照。
（16）南博「天皇制の心理的地盤」（『思想』第三三六号、一九五二年）、清水幾太郎「占領下の天皇」（『現代文明論』

岩波書店、一九五三年）。
（17）石田雄「天皇制の問題」（『岩波講座現代思想XI　現代日本の思想』岩波書店、一九五七年）。
（18）松下圭一「大衆天皇制論」（『中央公論』第七四巻第五号、一九五九年）。
（19）例えば、「特集天皇制イデオロギー――「明治百年」批判」（『歴史学研究』第三四一号、一九六八年）。
（20）渡辺治『戦後政治史の中の天皇制』（青木書店、一九九〇年）。
（21）赤沢史朗「象徴天皇制の形成と戦争責任論」（『歴史評論』第三一五号、一九七六年）。
（22）米谷匡史「津田左右吉・和辻哲郎の天皇論」（網野善彦ほか編『岩波講座天皇と王権を考える1　人類社会の中の天皇と王権』岩波書店、二〇〇二年）。
（23）河西秀哉『近代天皇制から象徴天皇制へ――「象徴」への道程』（吉田書店、二〇一八年）。
（24）安田常雄「象徴天皇制の五〇年」（歴史学研究会編『歴研アカデミー　戦後五〇年をどう見るか』青木書店、一九九五年）。
（25）大串潤児「戦後初期における「戦争責任」問題と民衆意識――「指導者責任」論と青年層の意識状況を中心に」（『年報日本現代史』第四号、一九九八年）。
（26）吉見義明「占領期日本の民衆意識――戦争責任論をめぐって」（『思想』第八一一号、一九九二年）、同『焼跡からのデモクラシー――草の根の占領期体験』上巻（岩波書店、二〇一四年）。
（27）ケネス・ルオフ『国民の天皇――戦後日本の民主主義と天皇制』高橋紘監修、木村剛久／福島睦男訳（共同通信社、二〇〇三年）。
（28）安田浩『天皇の政治史――睦仁・嘉仁・裕仁の時代』（青木書店、一九九八年）、同『近代天皇制国家の歴史的位置』（大月書店、二〇一一年）。
（29）増田知子『天皇制と国家――近代日本の立憲君主制』（青木書店、一九九九年）。
（30）伊藤之雄『昭和天皇と立憲君主制の崩壊――睦仁・嘉仁から裕仁へ』（名古屋大学出版会、二〇〇五年）、伊藤之雄／川田稔編『二〇世紀日本の天皇制と君主制』（吉川弘文館、二〇〇四年）。

(31) 瀧井一博『ドイツ国家学と明治国制――シュタイン国家学の軌跡』(ミネルヴァ書房、一九九九年)、同『文明史のなかの明治憲法――この国のかたちと西洋体験』(講談社、二〇〇三年)。
(32) 池田さなえ『皇室財産の政治史――明治二〇年代の御料地「処分」と宮中・府中』(人文書院、二〇一九年)。
(33) 加藤祐介「大正デモクラシー状況への皇室の対応――御料地争議における天皇制イデオロギーの噴出」(『歴史学研究』第九二七号、二〇一五年)など。
(34) 遠藤興一『天皇制慈恵主義の成立』(学文社、二〇一〇年)。
(35) 羽賀祥二『明治維新と宗教』(筑摩書房、一九九四年)、同『史蹟論――一九世紀日本の地域社会と歴史意識』(名古屋大学出版会、一九九八年)。
(36) 高木博志『近代天皇制の文化史的研究――天皇就任儀礼・年中行事・文化財』(校倉書房、一九九七年)、同『近代天皇制と古都』(岩波書店、二〇〇六年)。
(37) ジョン・ブリーン『神都物語――伊勢神宮の近現代史』(吉川弘文館、二〇一五年)、同編『変容する聖地――伊勢』(思文閣出版、二〇一六年)。
(38) 若桑みどり『皇后の肖像――昭憲皇太后の表象と女性の国民化』(筑摩書房、二〇〇一年)、右田裕規「戦前期「大衆天皇制」の形成過程――近代天皇制における民間マスメディアの機能の再評価」(『ソシオロジ』第四七巻第二号、二〇〇二年)、増野恵子「聖と俗の天皇肖像――明治天皇「御写真」と非公式肖像」(塩谷純ほか『天皇の美術史六 近代皇室イメージの創出――明治・大正時代』吉川弘文館、二〇一七年)など。
(39) 坂本一登「新しい皇室像を求めて」(『年報日本近代研究』第二〇号、一九九八年)、波多野勝『裕仁皇太子ヨーロッパ外遊記』(草思社、一九九八年)、梶田明宏「大正十年皇太子海外御巡遊とメディア」(『メディア史研究』第二三号、二〇〇七年)、小山亮「一九二八年「昭和大礼」と写真報道――大礼使による撮影規定とその運用を手がかりに」(『歴史評論』第七六二号、二〇一三年)など。
(40) 古川隆久『皇紀・万博・オリンピック』(中公新書、一九九八年)、後藤致人「昭和戦前期における地域社会と天皇権威――花巻温泉と皇族」(『昭和天皇と近現代日本』吉川弘文館、二〇〇三年)、右田裕規「祝祭と消費

――大正・昭和初期の〈都市的〉な祝祭体験」（『社会学評論』第六三巻第二号、二〇一二年）。
(41) 茂木謙之介『表象としての皇族――メディアにみる地域社会の皇室像』（吉川弘文館、二〇一七年）。
(42) 森暢平「近代皇室における「乳人」の選定過程と変容」（『史林』第一〇二巻第二号、二〇一九年）。
(43) 安田常雄、前掲「象徴天皇制の五〇年」。安田は戦後天皇制と民衆意識の大まかな見取り図を一九九〇年代まで描いているが、ラフスケッチに止まっており実証的な研究が求められる。安田常雄「象徴天皇制と民衆意識――その思想的連関を中心に」（『歴史学研究』第六二一号、一九九一年）など。
(44) 吉見俊哉「メディアとしての天皇制――占領から高度成長へ」（網野善彦ほか編『岩波講座天皇と王権を考える10 王を巡る視線』岩波書店、二〇〇二年）。
(45) 河西秀哉『「象徴天皇」の戦後史』（講談社、二〇一〇年）、増補版として、同『天皇制と民主主義の昭和史』（人文書院、二〇一八年）。
(46) 河西秀哉「象徴天皇制・天皇像の定着――ミッチー・ブームの前提と歴史的意義」（『同時代史研究』第一号、二〇〇八年）など。
(47) 北原恵「正月新聞に見る〈天皇ご一家〉像の形成と表象」（『現代思想』第二九巻第六号、二〇〇一年）など。
(48) 森暢平「ミッチー・ブーム、その後」（河西編、前掲『戦後史のなかの象徴天皇制』）。
(49) 森暢平「メディア天皇制論――「物語」としての皇室報道」（吉田裕／瀬畑源／河西秀哉編『平成の天皇制とは何か――制度と個人のはざまで』岩波書店、二〇一七年）。
(50) 鈴木しづ子「天皇行幸と象徴天皇制の確立」（『歴史評論』第二九八号、一九七五年）。
(51) 坂本孝治郎『象徴天皇がやって来る――戦後巡幸・国民体育大会・護国神社』（平凡社、一九八八年）、同『象徴天皇制へのパフォーマンス――昭和期の天皇行幸の変遷』（山川出版社、一九八九年）。近年では、明仁天皇の行幸についても分析を行っている。同『「マツリゴト」の儀礼学――象徴天皇制と首相儀礼をめぐって』（北樹出版、二〇一九年）。
(52) ジョン・ダワー『敗北を抱きしめて――第二次大戦後の日本人』上下巻、三浦陽一／高杉忠明／田代泰子訳

（岩波書店、二〇〇一年）。
(53) 原、前掲『可視化された帝国』。
(54) 瀬畑源「昭和天皇「戦後巡幸」の再検討——一九四五年十一月「終戦奉告行幸」を中心として」（『日本史研究』第五七三号、二〇一〇年）、同「昭和天皇「戦後巡幸」における天皇報道の論理——地方新聞の報道を手がかりとして」（『同時代史研究』第三号、二〇一〇年）。
(55) 瀬畑源「象徴天皇制における行幸——昭和天皇「戦後巡幸」論」（河西編、前掲『戦後史のなかの象徴天皇制』）。
(56) 藤野豊「昭和天皇と炭鉱労働者——戦後初期炭鉱「巡幸」の検討」（『人文社会科学研究所年報』（敬和学園大学）第一一巻、二〇一三年）、瀬畑源「象徴天皇制と行幸——昭和天皇長野県行幸（一九四七年）を例として」（『信大史学』第四二号、二〇一七年）など。
(57) 河西秀哉「美智子皇后論——そのイメージと思想・行動」（吉田ほか編、前掲『平成の天皇制とは何か』）。
(58) 森暢平「香淳皇后と美智子妃の連続と断絶」（森暢平／河西秀哉編『皇后四代の歴史——昭憲皇太后から美智子皇后まで』吉川弘文館、二〇一八年）。
(59) 原武史『平成の終焉——退位と天皇・皇后』（岩波新書、二〇一九年）。

第Ⅰ部

周縁から見た天皇制

第1章　戦後沖縄の皇室報道
——「反復帰」論出現以前を中心に——

冨永　望

はじめに

近年、戦後沖縄のアイデンティティに関する論考が相次いでいる。先鞭をつけたのは一九八二年に『新沖縄文学』が企画した特集「沖縄にこだわる——独立論の系譜」[1]と思われるが、当事者である沖縄県民による事実の掘り起こしであり、学術的な論考ではない。研究者による著作としては、沖縄県民の日本人化の過程とその葛藤を検証した冨山一郎[2]、小熊英二[3]が比較的早いのではないだろうか。その後、基地問題を中心に据えて政治史的に取り組んだ平良好利[4]、鳥山淳[5]、佐道明広[6]、沖縄教職員会に代表される社会運動からアイデンティティの問題を照射した森宣雄[7]、戸邉秀明[8]、奥平一[9]、高橋順子[10]、大野光明[11]、藤澤健一[12]、政治史と運動史を融合させた櫻澤誠[13]、独立論や沖縄ナショナリズムを正面から取り上げた石川捷治[14]、林泉忠[15]、小松寛[16]、今林直樹[17]、坂下雅一[18]など、枚挙にいとまがないほど、戦後沖縄のアイデンティティを意識した研究は活況を呈している。その他に、戦後沖縄の社会運動の当事者でもあった新崎盛暉の著作が多数ある。明治政府以来の日琉同祖論を前提とする沖縄観は過去のものとなり、沖縄にとっての日本を相対化する視点が広く共有されるようになった。

また、戦前期を対象としたものであるが、大田昌秀[19]と照屋信治[20]の業績は外せない。特に大田は日本統治下で近代化が進められた沖縄におけるアイデンティティの変容を鮮やかに描き出しており、沖縄近代史研究の金字塔といっていいだろう。本章も大田に学ぶところが最も多い。

さて、戦後沖縄と皇室の関係については、新川明に代表される「反復帰」論[21]出現以降の天皇制批判に注目が偏っており、それ以前については明らかにされていない。これは史料的制約が最大の原因であろう。一方、やはり近年進捗著しい戦後天皇制研究においても、筆者を含めて沖縄についての言及が欠落している。一九七五年に『新沖縄文学』が特集「沖縄と天皇制[22]」を企画しており、これが沖縄の天皇観について取り組んだ最初の論考ではないかと思われる。琉球処分以降、本来天皇と無縁だった沖縄民衆に、教育を通じて天皇制が浸透していったと分析しているが、戦後については、やはり「反復帰」論出現に起点を置いている。このほか、鹿野政直が思想史的アプローチを試みているが、それも復帰後が対象である[23]。日本国憲法施行を契機として天皇制は大きな変容を遂げたが、それが日本から分断されて米軍統治下に置かれた沖縄でどのように受容されたのか、あるいは受容されなかったのか。受容されなかったとすれば、日本復帰によって天皇制と無関係ではいられなくなる中で、どのようにして折り合いをつけたのか。戦後天皇制研究は、沖縄を除外して進められたために、このような問いかけに答えることができない。だが、沖縄を除外した日本史研究は、不完全のそしりを免れないであろう。

本章では、主に沖縄の二大地域紙である『琉球新報』『沖縄タイムス』の皇室報道を題材に、「反復帰」論出現以前の沖縄で、皇室がどのような存在として認識されていたのかを明らかにし、戦後天皇制研究の欠落を埋めるとともに、戦後日本史と沖縄史の間を架橋したい。

一　沖縄戦終結からサンフランシスコ講和条約発効まで

(1)　地元紙の再生

一九四五年三月二三日、慶良間《けらま》諸島に上陸した米軍はニミッツ布告によって、北緯三〇度以南を軍政下に置くことを宣言した。六月二三日に組織的戦闘が終結して、沖縄本島は米軍に制圧された。さらに米軍は八月二六日に宮古、一〇月一〇日に八重山へ進駐して日本軍の武装解除に当たったが、軍政の開始はそれよりも遅れ、宮古・八重山ともに一二月に入ってからである。翌一九四六年一月二九日には、マッカーサーが日本政府に送付した覚書によって、奄美を含む南西諸島全域が正式に日本から切り離された。まさに旧琉球王国の領域が日本の施政権下から切り離されたのである。ただし、米軍が四群島間の交流を遮断したため、米軍政下の地域は統一体ではなかった。沖縄本島には米軍政府の監督下に、諮詢委員会を経て沖縄民政府が設置され、奄美・宮古・八重山には同様に支庁（一九四七年三月に民政府と改称）が設置された。名目上は住民自治であったが、首長は米軍による任命である。

さて、今日の沖縄県でも、宮古・八重山では、沖縄本島に拠点を置く県紙とは別に地域紙が刊行されているが、戦後の混乱期においては、新聞の出現と消滅がめまぐるしく続いた。現在では原紙を確認できないものも多い。戦後沖縄新聞界の概要をまとめると、まず一九四五年七月に米軍の住民向け広報誌として、『ウルマ新報』（翌年五月『うるま新報』に改題）が沖縄本島の住民収容所で創刊された。当初、従来の新聞業界人は編集から排除されていた[24]。続いて一二月から、奄美・宮古・八重山で新聞の創刊が相次いだ。奄美については史料不足でよくわからないが、宮古と八重山は政争を反映してか、政党の機関紙として刊行された新聞が目立つ。これらの新聞はどれも裏表二頁で粗末な印刷から出発し、大部分はそのままで終わった。本土や外国に支局を置けるはずもないので、記事の大部分は地元米軍当局の発表やローカルニュースであり、地域外の記事は外電からの引用であった[25]。『ウルマ新報』は一九四六年一月、羽仁五郎「天皇制の解明」（全五回）を本土の『毎日新聞』から転載している。この他、一九四六年中に『ウルマ新報』が掲載した皇室関連記事は、「国民の総意に天皇制を問はむ」「濠戦犯名簿に天皇の名挙ぐ」（四六年三月六日）、「米紙記者の天皇御巡幸評」（四六年三月一三日）、「矢張り雲の上／天皇放送への反響」（四六年六月七日）の四件であった。なお、同紙は一九四六年末に民営化され、後に沖縄人民党のリーダーとなる瀬長亀次郎[26]が社長に就任した。

そのような中で目を引くのは『みやこ新報』である。米軍進駐前の一九四五年一二月一日に正しい民主主義思潮の啓蒙を目指して創刊され、一九五〇年六月頃まで続いたが[27]、同紙は明らかに皇室関連のニュースを重点的に取り上げている。梨本宮の戦犯容疑での収監（四五年一二月一五日）、英国の天皇制に対する態度（四六年一月一七日）、食糧問題に関する昭和天皇のラジオ放送（四六年五月二五日）、新憲法草案の天皇条項の解説（四六年七月一日）、新憲法公布に際しての天皇の勅諭（四六年一一月五日）、関西行幸（四七年六月七日）など、乏しい紙面を割いて伝えた。社長の新城松雄[28]の経歴は不明だが、比較的高い刊行頻度から推測するに、資力のある地元の名士が、左派勢力の伸張に危機感を覚えて刊行したのではないだろうか。同紙に編集同人として参加した平良好児は、一九四六年五月という早い時期に同紙を退社して、『宮古タイムス』創刊に参加した。創刊の檄に「依然として、日本的形態が低迷し、およそ革新的様相とは隔った行き方をしている」と宮古の現状を慨嘆し、「日本的旧殻」を脱せよとあるのは、『みやこ新報』的立場への批判であろう[29]。この他に一九四六年下半期に短期間刊行された『宮古大衆新報』は戦前からの労働運動家伊志嶺朝茂が編集した新聞だが[30]、社会主義の論陣を張り、天皇制を正面から批判する短評を掲載したこともある（四六年一〇月一四日）。とはいえ『みやこ新報』と『宮古大衆新報』は例外であり、米軍政初期の沖縄紙は皇室に関心を向ける余裕がなかったといってよいだろう。

一九四八年七月には沖縄本島で、高嶺朝光《たかみねちょうこう》ら戦前の『沖縄朝日新聞』関係者が『うるま新報』に対抗して『沖縄タイムス』を創刊した[31]。『うるま新報』は一九五一年九月に『琉球新報』へ改題し、今日の二大県紙が出揃った。以下、『新報』『タイムス』と略記する。『新報』が親米派の又吉康和社長[32]の下で対米協力を前提として復興を最優先したのに対して、『タイムス』は住民自治の実現を要求した[33]。この他、一九四八年七月に『沖縄毎日新聞』、一九四九年一二月に『沖縄ヘラルド』、一九五〇年二月に『琉球日報』が創刊されたが、いずれも短命に終わった[34]。

一九五〇年九月に実施された奄美・沖縄・宮古・八重山の群島知事選挙では、いずれも激しい選挙戦が繰り広げられたが、隠れた争点は沖縄の帰属問題であった。特に沖縄群島知事選挙では、親米派の松岡政保《せいほ》沖縄民政府工務部長が、復帰志向の平良辰雄琉球農林省総裁に大差で敗れた[35]。翌一九五一年一月、『タイムス』は役員会で、米軍の弾圧を覚悟してでも復帰を主張することを決定した[36]。三月一九日、沖縄群島議会で日本復帰要請決議が採択され、四月二九日には平良知事の与党である沖縄社会大衆党（社大党）[37]と、瀬長亀次郎[38]率いる沖縄人民党が連携して日本復帰促進期成会を発足させ、署名運動を展開する。結果は住民の七一・一％が復帰を支持した。署名運動は奄美が沖縄本島に先行し、沖縄から宮古・八重山にも飛び火したが、いずれも住民多数が復帰支持であり、各群島知事も復帰論だった。親米派が結成した共和党は独立論を唱えたが、少数意見にとどまった。

九月にサンフランシスコ講和条約が調印されて、米国の琉球列島統治が継続することが確定した後も、復帰運動は衰えなかった。ちなみに『新報』『タイムス』（五一年九月二〇日）はともに台北中央社と共同通信のソースで昭和天皇の退位問題を報じている。一一月にはやはり共同通信経由で京大天皇事件を報じた（『新報』『タイムス』五一年一一月一三日）。

住民の復帰要求に対して、米国民政府（米軍政府に替わって一九五一年一月設置）は一九五二年四月一日、四つの群島政府の解体と琉球政府の設置で応えた。琉球政府のトップである行政主席には、親米派の比嘉秀平が任命され、住民自治は大きく後退することになったが、同日に民間の教員団体である沖縄教職員会が発足して、復帰運動を主導することになる[39]。

(2)　本土の沖縄紙

沖縄地上戦が開始される以前に、少なからぬ住民が日本本土と台湾に疎開していた。新崎盛暉によると、本土へ疎開した者は五万人で、宮崎・熊本・大分の三県が受け入れ、沖縄失陥で消滅した沖縄県の事務は福岡に設置された沖縄県事務所が扱うことになった。(40)米軍占領下に置かれた沖縄の情報が伝わらず、疎開民や戦前から本土に在住する県出身者は不安を抱え、また生活難に苦しめられることになったわけだが、これら本土在住沖縄県民を救済するために官民双方から二つの組織が作られた。

まず沖縄守備隊壊滅後の一九四五年七月、伊江朝助男爵・漢那憲和海軍少将ら大政翼賛会関係者が中心となって報国沖縄協会が結成された。郷土同胞の救済を使命に掲げたが、これが敗戦後の一〇月に財団法人沖縄協会に衣替えし、半官半民団体として県民援護活動の役割を担った。(41)一方、沖縄県事務所は九州地方総監府に移され、副参事官北栄造が沖縄県内政部長を兼務することになった。そして北が福岡に疎開していた『沖縄新報』（一九四〇年に新聞統合で創刊された県紙）業務局長の親泊政博に県民向け広報誌の創刊を要請し、半官半民の新聞『沖縄新民報』が創刊された。(42)同紙は親泊が沖縄に帰郷する一九五三年末まで発行されるが、全体的に保守的なスタンスで、講和条約成立前後には沖縄の日本復帰を主張する論陣を張った。

これとは別に、松本三益《さんえき》（後に共産党中央委員）、歴史家の比嘉春潮《しゅんちょう》らが一九四五年一一月に東京で結成したのが沖縄人連盟である。発起人として比嘉の他に、沖縄学の父と呼ばれた伊波普猷《いはふゆう》、法学者の大浜信泉《のぶもと》（後に早稲田大学総長）、宗教学者の比屋根安定《あんてい》、永丘智太郎(43)が名を連ねた。連盟もまた県民の救済活動を目的としたが、行政の不備を補い、沖縄協会の目の届かない人々をフォローする大衆的組織として自らを任じた。連盟は当初、大浜や永丘、山城善光のように協会の運営に関わる者も参加していたし、沖縄協会関西支部が関西沖縄人連盟の母体になったという事例もある。(44)ところが、連盟はすぐに松本や永丘のような左派系が主導権を握り、協会を攻撃するようになった。協会幹部に名を連ねるエリートは戦犯ではないかというわけである。連盟は協会に改組を申し入れ、経緯は不明だが一九四六年二月に全国組織となってから、永丘が協会理事長となったことで、事実上連盟が協会を吸収したらしい(45)。この過程で左傾化を嫌った大浜と比屋根が早々に連盟から離脱したが、連盟の機関紙として創刊されたのが『自由沖縄』である(46)。

一九四五年一一月に発足した沖縄人連盟は、早速一二月六日付で手書きの『自由沖縄』第一号を発行した。注目すべきは、一九四六年一月一日付第二号に掲載された永丘の論説「沖縄の帰属問題」である。永丘は、「日本が徹底的に民主々義化しない以上、その統治を招来したくないと願ふことは私としては至極当然であると思ふ」と述べ、必ずしも日本への帰属を自明のものとしない態度を見せた。これが永丘個人の見解か、連盟内部で広く共有された考え方なのかは容易に判断しがたいが、共産主義からの転向という経歴を持つ永丘の考える「徹底的に民主々義化」した日本で、天皇制は存在しうるのだろうか。

遅れて一月二五日付で『沖縄新民報』第一号が発行された。こちらは最初から活字を使用しており、資金力の差が感じられる。社説「まづ団結から」には沖縄県民の生活保障こそが道義日本の顔を立てると政府の支援を要求した上で、県民の団結こそが光明をもたらすと訴えた。『沖縄新民報』は行政情報と米軍占領下の沖縄の情報を中心とした紙面を作り続けるが、沖縄からの疎開民が各地で厄介者扱いされていたことと、そのことに対する県民の憤懣が窺えるような社説を掲載することもあった(47)。

しかし、基本的には日本政府の施策を信頼するよう訴えるのが社論であることは、初めて皇室が記事

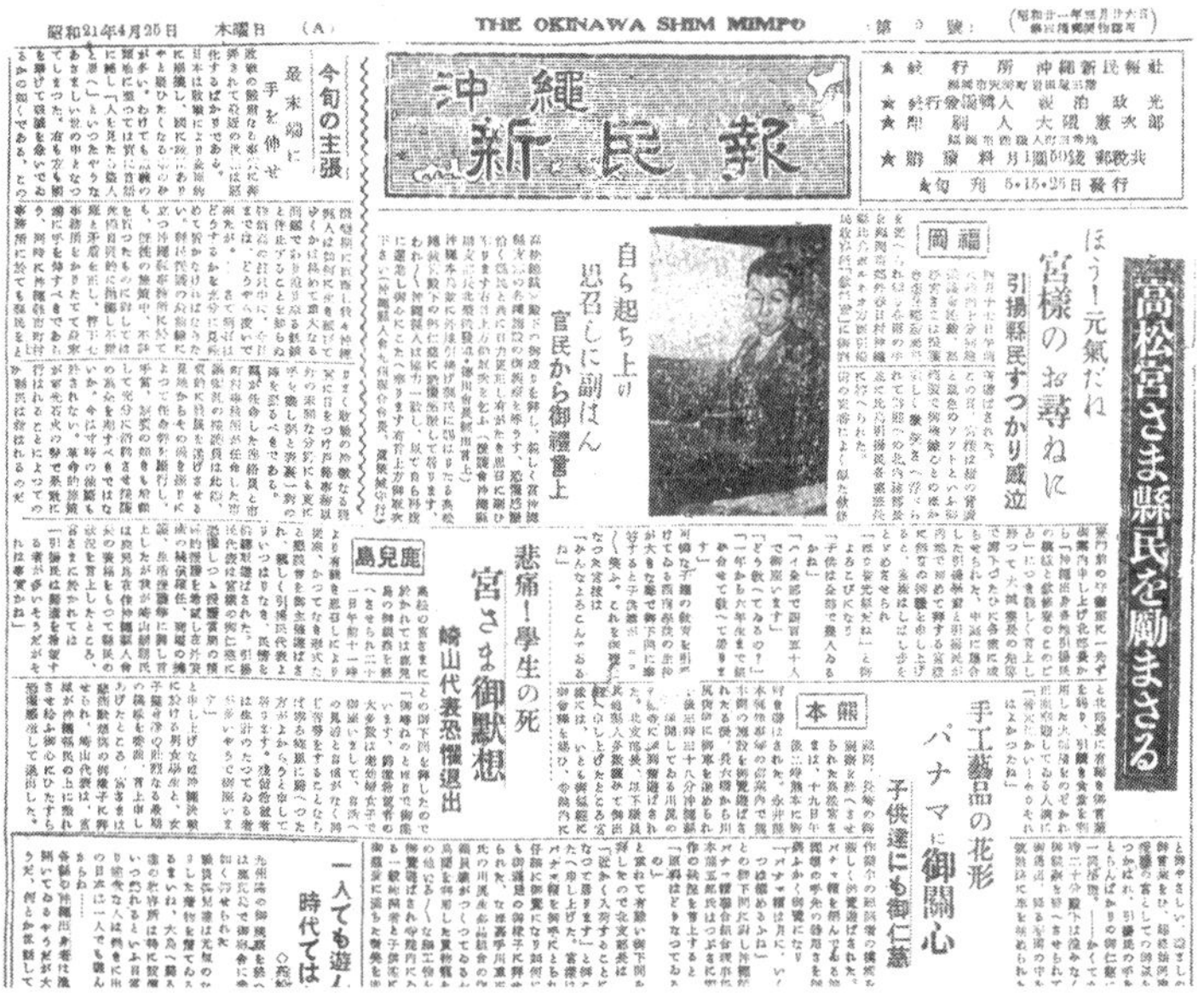

図１　『沖縄新民報』1946年4月25日

に登場する四月一五日付第八号によく現れている。同号は当時各地の引揚援護施設を精力的に視察して回っていた高松宮《たかまつのみや》が九州を訪問する際に、県民の様子についても関係者の説明を受ける予定であることを伝えた。高松宮の県民に対する配慮によって、同胞援護会沖縄県支部が設置されたと明かす、北栄造の談話も掲載されている。続いて四月二五日付第九号では、高松宮が九州各地の沖縄県疎開民収容施設を訪問した様子を伝えている（図1）。一連の記事が強調するのは、困難な状況にある県民を励ます高松宮と、その温情に感激し奮起を誓う県民という構図である。実際、五月一五日付第一〇号には北が「高松宮殿下をお迎えして」と題して、「県人の犠牲から云つて生活援護は未だ不足かも知れぬ、しかし……

政府の親心は、くみとっておくべきである、然かる近時援護の不充分に名をかり軽挙妄動するものあるやに聞くは甚だ遺憾である。私は常に云ふ、戦敗日本ながらも……この政府を唯一の頼りとして更生の途を打開するより外に手はなく……宮様の有難い今次の御視察の御趣旨も……全くこのこと以外にないと拝察する」との談話を寄せた。皇族の慰問は国家と県民の紐帯を再確認し、県民に対して国家への信頼を呼びかけるためのイベントとして位置づけられているのである。

これに対して、『自由沖縄』は一連の高松宮訪問について無関心であった。『沖縄新民報』が福岡で発行され、『自由沖縄』が東京で発行されているということを割り引いても、明らかなスタンスの違いが感じられる。『自由沖縄』は沖縄人指導者の戦争責任追及を主張し、次第に『沖縄新民報』を名指しで攻撃するようになったが、さらには連盟が肥大化して利権組織と化していく中で、一九四六年末に永丘と松本が退陣に追い込まれ、同時期に伊波と比嘉も嫌気が差して離脱することになる。

さて、『沖縄新民報』に再び皇室が登場するのは一九四七年一二月二五日付第五二号で、同月一〇日に皇太后が東京駒場の日本民芸館で開催された沖縄工芸展を訪問したと伝えた。皇太后は仲原善忠沖縄人連盟会長に県民を励ます言葉をかけ、仲原が感激の謹話を発表した。続いて一九四八年三月二五日付第五九号は、同月九日に仲原が柳田国男編『沖縄文化叢説』を天皇に献上し、宮内府の勧めにより三直宮にも献上の手続きをとって退出したと伝えた。五月二五日付第六五号は当時話題になっていた天皇退位の噂について伝えているが、いずれも『自由沖縄』は報じていない。

この後、連盟は物資横流し問題で検挙者を出して信用が失墜し、一九四八年八月に元大蔵官僚の神山政良を会長に招いて穏健路線に舵を切り、組織の再生を図る。神山は会長就任を打診された際に共産主義者排除を条件としており、本人は明言していないが、共産主義者を連盟から追放したと考えられる。[48]翌一九四九年一〇月に沖縄人連盟は沖縄連盟と改称したが、『沖縄新民報』はこれを連盟が一部急進分子を排除して再出発することの現れとして歓迎した。神山によると、沖縄人連盟という言葉が共産党と関係の深い朝鮮人連盟を想起させるので変えたという。[49]一九五〇年以降の『自由沖縄』は現存していないので、これ以上連盟の論調を検証することはできないが、日本と沖縄県民の紐帯を協調する『沖縄新民報』が皇室の記事を熱心に載せ、必ずしも日本への帰属を自明のものとしない『自由沖縄』が皇室に無関心だったという対比は明らかであろう。

『沖縄新民報』は講和問題が現実化した一九五〇年後半以降は、熱心に沖縄の日本帰属を訴える論陣を張るが、社長の親泊政博が沖縄へ帰って琉球新報社長に就任することになり、一九五三年一二月五日付第二三六号を最後に停刊した。最終号は、三笠宮が東京で沖縄伝統の組踊りを鑑賞し、終演後に楽屋を訪れて役者を励ましたことを報じていた。

二　皇室と沖縄の絆

(1)　皇室の冠婚葬祭への関心

講和条約が発効して日本が独立した直後の一九五二年四月二九日、米国民政府は琉球政府に対して、政治的意図を持たない集会での日の丸掲揚を認めると通知した。[50]これを受けて五月七日、沖縄教職員会は米国民政府に対して、学校の式典と祝祭日および政治色を伴わない教員の集会での国旗掲揚の許可を要求する請願書を提出した。日の丸掲揚が祝祭日、つまり天皇誕生日と結びついていたことに注目したい。復帰運動の日の丸は皇室と無関係ではなかったのである。(51)教職員会の要望は六月一二日付で却下された。とはいえ、住民の意志が独立ではなく日本復帰にあることは明らかであり、『新報』も将来的な日本復帰は否定できなくなった。そのような状況で、『新報』『タイムス』ともに皇室報道が増加する。

一九五二年一〇月、昭和天皇の四女順宮厚子《よりのみやあつこ》内親王の結婚を『タイムス』が報じた。続いて同月一八日に開幕した福島国体開会式に天皇皇后が出席したことも、『新報』『タイムス』は揃って報じている。そして一一月の立太子礼については、両紙が式当日の模様を報じたことはもちろんだが、『タイムス』の方は式の数日前から関連記事を載せた。すべて共同通信の記事とはいえ、明らかに力の入れ方が変わってきている。八重山でも『海南時報』『八重山タイムス』が立太子礼を報じており、関心を呼んだニュースであったことがわかる。

この頃、日本関係の報道が増加する条件が整った。まず『新報』が一九五二年に東京支局と関西支局を設置し、『タイムス』もこれに続いた。さらに『タイムス』が一九五二年一一月三日、共同通信と配信の契約を結んだ。それまでは無断転載だったが、日本のニュースが正規のルートから大量に入るようになったのである。(52)遅れて『新報』も一九五三年一月一日に同様の契約を結んだ。これを受けて、一九五三年は皇室に関する二つの大きなニュースが両紙の紙面を賑わせた。

まず、一月四日にかねてから療養中の秩父宮が死去すると、同日の第一報以降、一三日の葬儀まで、『新報』『タイムス』は連日紙面を共同通信配信の関連記事で埋めた。それまでの皇室報道に比べて飛躍的に情報量が増大している。数少ない独自取材の記事としては、『タイムス』が戦前に秩父宮が沖縄を訪問した際に運転手を務めた人の談話を紹介し、またコラムで「あ、秩父宮殿下」と題して沖縄訪問時の秩父宮を偲んでいる。[53]『新報』はやや遅れてコラムで、皇室に好意的な論評をした。[54]ちなみに比嘉主席と教職員会は宮内庁宛にお悔やみの電報を送っている。秩父宮死去の関連報道はその後、二十日祭・五十日祭・百日祭に際して断続的に続いた。

もう一つは明仁皇太子の訪英である。[55]これは英国エリザベス女王の戴冠式に皇室が招待され、皇太子が天皇名代として出席することになり、途中米国も訪問する旅程となったものだが、秩父宮死去報道が一段落ついた一月下旬から、つまり準備の段階から『新報』『タイムス』は報道を始めている。皇太子が履く靴の製造（『タイムス』五三年一月二八日夕刊）といったエピソード的なものから、渡英費用が一億一〇〇〇万円である（『タイムス』五二年二月一三日夕刊、『新報』五二年二月一四日）というような公式発表まで、共同通信配信記事とはいえ、報道は多岐にわたり、両紙は情報量を競っているかのようであった。

皇太子の出発を翌日に控えた三月二九日以降、米国本土到着まで皇太子の記事が紙面に途絶えることはなくなる。『タイムス』（五三年三月三〇日夕刊）はコラムで、「〝新生日本〟の希望をせめて皇太子にでも托そうとでもいうのであろうか新聞や雑誌も盛んに皇太子さま、皇太子さまで人気がある。……祖国と一歩々々近づくにつれ、いまに子供たちの間に皇太子フアンも沢山でてきたら結構だ」と述べた。三〇日に横浜を出港してからは、『新報』『タイムス』は旅の途上にある皇太子の一挙手一投足を共同通信配信記事で伝えた。最初の訪問地であるハワイでの皇太子歓迎の様子について、比較的

社説　皇太子の歸國を祝す

英国女王の戴冠式に、天皇の御名代として参列し、引続き欧米十四ケ国を訪問した皇太子は十二日無事帰京されたという。三月三十日横浜出発以来、半歳の御旅行であった。

皇太子は「各方面の多くの人々と交り各国の文化と自然に接し大いに知見を広め貴重な体験を得た」と帰国のメッセージで述べられたが、法律的に言って皇太子は国民ではあるが国の象徴ではない、しかし天皇になるまでは「一国民」であっても、今回の外遊は、皇太子の「今後の勉学に役立つ」以上に日本にとって大きな貢献をしたものと言えよう。

イギリスでは一部の人が日本人に対する反感の余波を皇太子に及ぼし不愉快な言説もあったと聞かれたが、その後そうした一部の人の感情の緩和も好転したと伝えられる。諸外国の元首や要人たちとの会見、もとより儀礼的な意味のものであったろうが、これによって国と国との関にありがちな隔ての壁も幾分と薄くなったであろう。

人と人とに恨みなく国の間に隔りのないのは理想である。国家についての機能をもたれぬ皇太子でも国民外交といった点からすれば、そのような人と人との心の流動を深め、日本を理解させる人としては最高の人と言える。戦後の日本に対する諸外国の感情、民族間の誤解が、皇太子によって幾分でも緩和されたとあれば、皇太子は大いなる使命を果したことになる。われわれも、遥かに日本人の一人としてその御帰国を祝福するものである。

図2　『沖縄タイムス』1953年10月14日

詳しい報道がなされているのは、ハワイに沖縄出身移民が多いことと関係があるかもしれない。ハワイを出てからは若干報道が減るが、四月二七日に英国へ到着すると再び報道が増える。

皇太子は英国各地を訪問した後、六月二日の戴冠式に参列し、欧州各国を訪問してから再び米国へ渡ってアイゼンハワー大統領と会見し、一〇月一二日に帰国した。『タイムス』（五三年一〇月一四日、図2）は社説「皇太子の帰国を祝す」で無事の帰国を喜んだ。「われわれも、遥かに日本人の一人としてその御帰国を祝福するものである」とあるように、皇室の慶事凶事に際して、日本国民とともに喜怒哀楽を分かち合うことは、沖縄県民が日本人であることを確認する機会と認識されていた。

(2)　沖縄に関心を寄せる皇室

『タイムス』はいち早く夕刊を復活させたこともあって、『新報』に比べて同じ記事でも掲載が早く、『新報』にない記事を載せることも度々あった。それは特に本土在住沖縄県民による復帰運動を報じる際に効果を発揮したが、一九五三年三月には訪日中の屋良《やら》朝苗《ちょうびょう》沖縄教職員会会長らが高松宮を訪問し、高松宮から沖縄について色々と質問を受け、「同情あふれるお言葉」があったと報じた（『タイムス』五三年三月一九日夕刊[56]）。

四月二二日、沖縄では戦後初めて、天皇誕生日に学校での日の丸掲揚を許可することが、米国民政府から琉球政府に通知された。だが、やはり日本から分断された歳月は教育に影響を及ぼしたようで、『タイムス』（五三年四月二八日夕刊）はコラムで「「人間天皇」をどう説明する」と題して、「天皇さまに対する学童の認識はまことに情けないものである。……尊厳を失わず、そして親しみのある人間天皇を子供達に印象づけるにはどうすればよいか、今晩の話題として父も母もまた先生達もじっくり考えようではありませんか」と呼びかけた。皇室への認識不足を懸念しているのである。翌日の社説「条約の生んだ孤児〝琉球〟」（五三年四月二九日）では、「きようは天皇の誕生日で、日の丸の旗を学校や家庭で掲げてもよいことになつて居る。制限はうけながらも国旗をかかげることが許されるということはいうまでもなく琉球諸島の主権が日本にあることを明らかにするもの」であると、日の丸・皇室・日本復帰を結びつける論理を展開している。そして天皇誕生日を祝う沖縄と日本の様子を報じ、「日の丸を仰いで感あり」（五三年四月二九日夕刊）と喜びながらも、「琉球の学童には天皇の存在がうすれ、消え去つている」（五三年四月三〇日夕刊）と嘆く。復帰運動を象徴する日の丸掲揚が天皇誕生日と結びついている以上、皇室への無関心は復帰運動を停滞させるという論理が窺える。以後、『新報』『タイムス』ともに共同通信の配信記事で天皇誕生日を報じるのが恒例となる。

一一月一〇日には、屋良朝苗沖縄教職員会長を会長として、沖縄祖国復帰期成会が結成された。そして一二月二五日、奄美が日本へ返還された。これは一見復帰運動が米国を動かしたかのような観を沖縄住民に抱かせたが、米国にしてみれば軍事的価値の乏しい奄美を手放して身軽になっただけであった。奄美が復帰した直後の『新報』『タイムス』（五三年一二月二九日）は、名瀬市を訪問した安藤正純国務大臣が、天皇も奄美の日本復帰を喜んでいると語ったことを伝えている。だが、翌一九五四年初頭の大統領教書で、アイゼンハワーは琉球列島の無期限所有を宣言し、沖縄県民は衝撃を受けた。関連して米国民政府幹部も復帰運動をやめるよう、相次いで県民に警告を発した。

親米的スタンスの『新報』は素早く反応し、社説「ア大統領教書演説と沖縄」（五四年一月八日）で、米国との親善協力によって沖縄の復興を急ぐことを主張した。つまり、復帰運動は米国との関係を害して復興を遅らせることになるという論理である。ここから復帰運動は急速に沈滞していき、七月一一日、沖縄教職員会は定期総会で会則を改め、政治活動の項目を削除した。沖縄における復帰運動の原動力であった教職員会の屈服に他ならない。このとき会長の屋良は、教職員会会長と沖縄祖国復帰期成会会長の両方を辞任した。前者は会則改正の後で再任したが、後者はそれっきりとなり、期成会自体が活動を停止して自然消滅した[57]。六年後に沖縄県祖国復帰協議会が結成されるまで、沖縄に復帰運動団体は存在しなくなる。遅れて八重山でも八月六日、祖国復帰八重山期成会が持ち回りで解散を決定したと『八重山タイムス』（五四年八月八日）は伝えている。復帰運動はいわば冬の時代を迎えたのである。

だが、皇室報道は継続した。そこで浮かび上がるのは、沖縄に関心を寄せる皇室の姿である。少し遡って三月、『新報』（五四年三月一〇日）は上京していた沖縄群島社会福祉協議会総務課長平安常実が帰還したことを伝え、二月二六日の拝謁についての彼の談話を掲載した。平安は天皇から激励され、感激したと語った。四月には天皇皇后が神戸を訪問し、『新報』『タイムス』はともに共同通信配信記事で伝えている。四月二二日、比嘉主席は米国民政府に対し、天皇誕生日に日の丸を掲揚することの許可を願い出た（『タイムス』五四年四月二二日）。復帰は遠のいたが、もはや独立ないし米国帰属は選択肢たりえず、親米派も復帰支持であることをアピールする文脈で、祝日の日の丸掲揚に同意したと見るべきであろう。この申し出は許可されたが、『タイムス』（五四年四月二七日夕刊）はコラムで「学校など、初めてヒノモトのクニの国旗をかゝげ、天子サマの多幸を祈るワケだが、これを称して逆コースというのか。歴史もナカナカ手のこんだイタズラをするではないか」とシニカルに問いかけている。

八月、天皇皇后は国民体育大会が開催される北海道を、戦後初めて訪問した。この北海道行幸については『新報』の情報量が『タイムス』を上回っている。三月に夕刊発行が実現して、発行頻度の差がなくなったこともあるだろう。『新報』（五四年八月二四日夕刊）は、国体開会式の後で沖縄選手団長が天皇に拝謁してねぎらいのお言葉を賜ったと、特派員の記事で伝えている。『タイムス』（五四年八月二五日夕刊）は、特派員が曽我部久行幸主務官を訪問し、「陛下は……住民がどうしているかは常にご案じになつておられるのだ」との談話を引き出した。沖縄県民を温かく見守る天皇の構図は両紙が共有し続けていた。

この年の秋に初めて日本政府から補助金を得て沖縄遺族団が編成され、靖国秋季例大祭参列が実現した。[58]

この日昇殿参拝する各都道府県の遺族達は拝殿前に正座して両陛下をお迎えしたが、その先頭に位置した郷土遺族団は特に神社当局の厚意で全員立つたま、両陛下をお迎えすることが許可された。やがて三時三十分、君が代の奏楽に両陛下が行幸啓されたが、最右翼で「沖縄遺族会」の旗を先頭にそこだけつ、立つている沖縄遺族団の姿はひときわ目に立つ。静かに進まれる両陛下もこれにはすぐに目をとめ軽く会釈をされた。しかもはつきりと。こうして両陛下参拝は終え、引き続き先頭を切つて郷土遺族団も昇殿参拝したが、これには一同全く感激……（『タイムス』五四年一〇月二〇日夕刊）

『新報』『タイムス』は遺族団が靖国神社に昇殿参拝し、同じく参拝した天皇皇后の会釈を受けたと伝えている。ともに東京支局の記事である。沖縄からの靖国神社参拝団の記事はその後も恒例となる。流れが変わるのは、一九六八年に靖国神社国営化の動きが報じられ、キリスト教団体を中心として沖縄で反対運動が起こってからであるが、紙幅の都合により本章では詳述しない。

一九五五年一月、『朝日新聞』が沖縄の軍用地問題を取り上げたことから、日本で初めて米国統治下の沖縄がニュースとして関心を呼び、『新報』『タイムス』もそのことを連日報道した。四月は靖国春季例大祭に遺族団が参列したことを両紙ともに詳しく伝えた。特に二三日、高松宮が昇殿参拝した遺族団を慰労したことは両紙揃って夕刊で即日報じている。五月、国際見本市の琉球品展示場を天皇皇后が訪れたことを両紙は支局の記事で伝えた（『新報』『タイムス』五五年五月一一日）。

秋になると再び靖国例大祭と国体が催される。この年の秋は秩父宮妃が例大祭で遺族団をねぎらい（『タイムス』五五年一〇月一九日夕刊、『新報』五五年一〇月二一日夕刊）、国体では選手団を激励した

（『新報』五五年一一月一日夕刊）。一九五三年のように皇室のイベントがなかったこともあるが、両紙の皇室報道は靖国例大祭と国体に集中した。どちらも沖縄県民が日本国民であることを再確認する場であり、皇室がごく自然に登場する。

このように、復帰運動が沈滞した時期も、メディアは沖縄に関心を寄せる皇室と、皇室の冠婚葬祭に参加する沖縄県民の姿を報じ続けたのである。そこに浮かび上がるのは日本と沖縄の断絶しがたい紐帯であり、それを象徴するものとして皇室と沖縄の絆が描かれていた。

三　沖縄のミッチー・ブーム

(1)　御成婚報道

一九五八年一一月二七日、明仁皇太子と正田美智子の婚約が発表された。以後、マスコミが熱狂的に正田美智子を追い回して連日関連ニュースが洪水のように溢れ、日本国民の耳目を奪うことになった。俗にいうミッチー・ブームだが[59]、沖縄のメディアも間を置かずに対応していた。

婚約発表から連日、共同通信の配信記事で御成婚報道がなされたが、『タイムス』（五八年一一月二七日夕刊）はコラムで、「正田美智子さんは学習院出身でもなく、皇太子とテニスを通じて知り合ったということだから、こんどの決定にあたっては皇太子自身の意思が十分働いただろう。封建的な雲が押しはらわれ明るい人間的な結びつきが感じられて心から祝福をおくりたくなるのである」と祝福した。「テニスコートの恋」を歓迎したのである。『新報』（五八年一一月二九日）は社説「皇太子殿下のご婚約を心からよろこぶ」で次のように述べた。

われわれは日本人として皇太子殿下が正田美智子さんと婚約されたことを心からよろこぶものである。皇太子妃の決定は長い間全日本人の関心事であったが、さる二十七日宇佐美宮内庁長官から正式発表があって、平民出の美智子嬢が選ばれたことが決ったときは全国民こぞってこれを歓迎した。……沖縄は国際情勢上日本本土と行政的に分離されているが、沖縄人の一人びとりが日本人としての誇りと感情をもっていることはこういう皇室の御慶事に当って払拭しきれない慶びが自然に発露することでも分る。皇太子の御婚約決定をわれわれは心から嬉しく感ずるものである。

皇室の慶事を祝福することが、沖縄県民にとって日本国民としての一体感を自覚する機会として認識されていることを、如実に物語る社説である(60)。続いて『新報』(五八年一一月三〇日夕刊)は、正田美智子に縁がある沖縄出身者を探し出して談話を掲載した。聖心女子大学OGと、学生時代に正田美智子が通っていた美容院の経営者である。

こんな騒ぎの中で「あのミッチィが!」と大声をあげた二人の沖縄関係者がいた。二人とも美智子さんとは数年間の〝おつきあい〟をした人だ。〝未来の皇后さまミッチィ〟と接したその歓びと思い出を二人に語ってもらった。

記事の掲載日から推測するに、婚約発表前に東京総局であらかじめ探し出していたのだろう。似たような企画では、写真誌『オキナワグラフ』一九五九年二月号が、正田美智子と同い年の沖縄女性九名を集めて、「慶祝座談会　友だちの中にいたプリンセス」を掲載した。[61]

いよいよ結婚の儀が迫ると、沖縄では官民挙げて祝賀行事を企画した。まず四月一〇日当日は公休日に設定された。この特別法案は三月三一日の立法院本会議において全会一致で採択されたが、沖縄教職員会からの働きかけによるものであった。発議者の平良良松行政法務委員長（社大党）は趣旨説明の中で、「日本国家の新しく誕生した民主国家のシンボルとしての皇室の御慶事を国民の一人として慶祝することは当然のことではないかと考えておるわけでございまして……」と述べている。[62]

当間重剛行政主席と安里積千代立法院議長は来賓として結婚の儀に参列したが、皇室への献上品として伝統工芸品等七点を持参した。[63] その献上品の一つに選ばれた宮古上布は昭和天皇の結婚のときも献上されており、「二代にわたるゆかりの品物だけに宮古での関係者は感激ひとしお」（『タイムス』五九年四月九日）と報じられた。

那覇市の繁華街である国際通りでは、結婚の儀当日に向けて、ショーウィンドウに皇太子と正田美智子の写真が飾られ、慶祝セールが実施された（『タイムス』五九年四月二日）。

当日は日本政府南方連絡事務所がレセプションを開催、琉球煙草が記念煙草を発売、各市町村・議会・企業は祝賀広告を新聞に掲載した（図3）。また、琉球新報は「ご結婚慶祝混成テニス大会」「ご成婚祝賀ダンスパーティー」といった祝賀行事を主催した。皇太子にあやかって、この日に多数の結

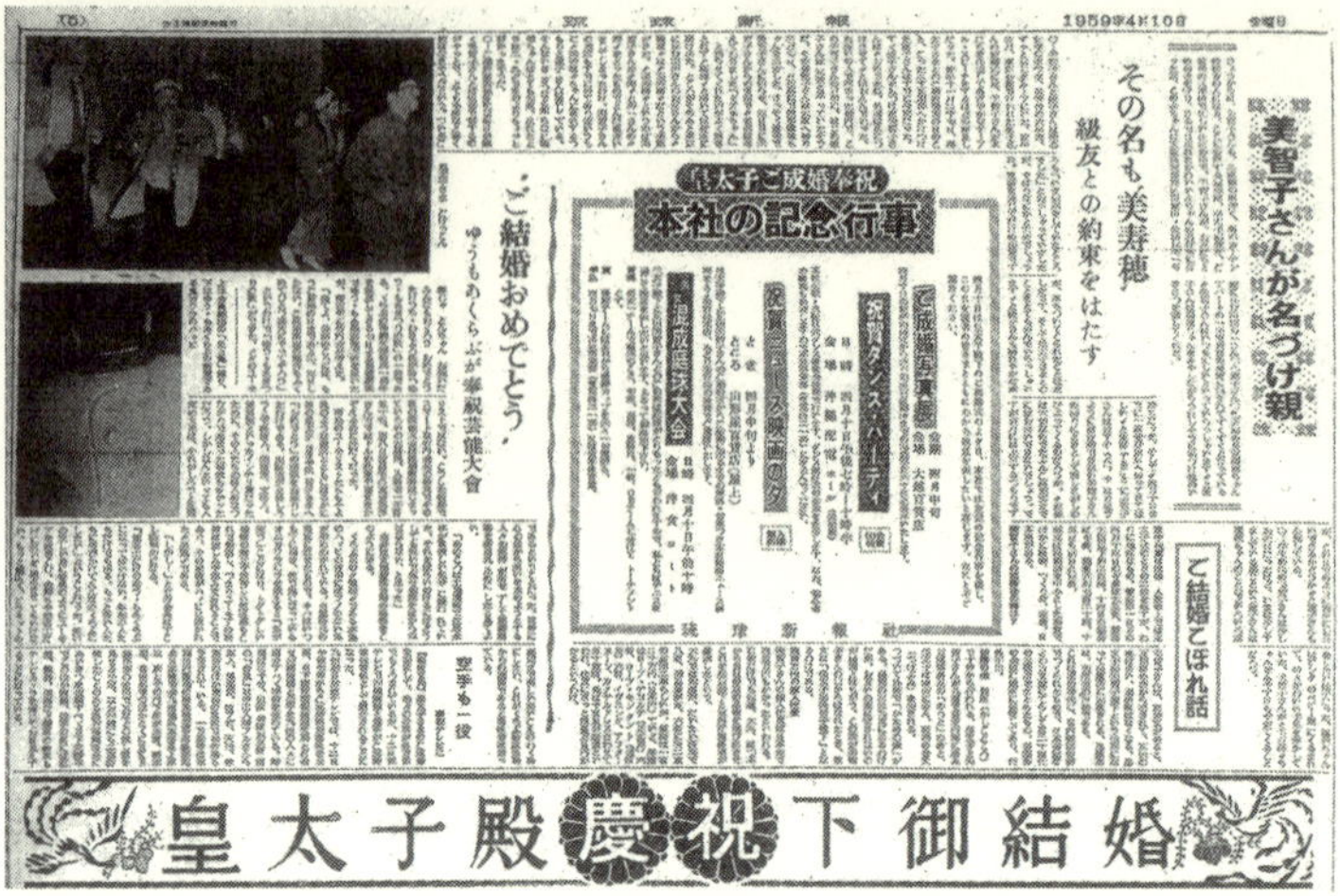
美智子さんが名づけ親

その名も〝美寿穂〟

級友との約束をはたす

皇太子ご成婚奉祝

本社の記念行事

〝ご結婚おめでとう〟

ゆうもあくらぶが奉祝芸能大会

ご結婚こぼれ話

空手も一役

皇太子殿下御結婚慶祝

図3　『琉球新報』1959年4月10日

婚式が行われた（『新報』五九年四月一一日）。都市部以外の事例としては、以下の二つを紹介したい。沖縄本島北部と離島の八重山である。

> ご成婚の十日前後はちょうど清明の季節、十日は一期作水稲の植えつけもほとんどひまになる。北部各町村でもこの時期になると清明祭や学事奨励会などを催すならわしだが、今年は皇太子ご成婚祝をかねて各町村とも二重にお祝いしようという趣向だ。……役所や会社も公休日とあって職員そろってピクニックに出かけるところが多い。……山に囲まれた東村では赤飯をたいてお祝いをするという。また各学校では生徒たちを帰して各家庭に国旗掲揚をよびかけており、学校で特製の〝日の丸〟を全生徒に配っているところもある。みどり濃き北部の山村にもこうして祖国の喜びが満ち満ちている。（『タイムス』五九年四月一〇日）

登野城小学校では、こう太子殿下の御成婚の今日午前六時暁てん慶祝式を挙行する。……学童達はスピーカーから流れる「君が代」に日本国民としての自覚を深め歴史的なこう太子の御成婚を祝う。（『八重山タイムス』五九年四月一〇日）

このような報道を見ると、さも盛り上がっていたように見える。しかし『八重山毎日新聞』（五九年四月四日）は社説「皇太子のご成婚を喜びあおう」で、「四月十日のご成婚が近づくにつれて、皇太子とミッチーブームはいよいよ高まりつゝあるが、ひとり当地だけ、未だにその気運がみえないのは一体どうしたわけだろう」と述べているし、琉球政府が募集した一般からの祝電も二七八通にとどまった（『タイムス』五九年四月一〇日夕刊）。募集期間は四月一日から一〇日までだったが、これは少ないとみるべきはないだろうか。しかも、『新報』『タイムス』に寄せられた御成婚に関する投書は、双方一件ずつしかなかった。官民ともに指導者レベルでは祝賀ムードを盛り上げようとしたが、一般人の反応は、休日が増えたという程度の認識だったのかもしれない。

一般の盛り上がりが期待ほどではなかった理由としては、パレードの中継が盛り上がった本土と異なり、沖縄ではまだテレビ中継が始まっていなかったこと[64]、雑誌は本土から輸送されるためタイムラグがあったことなどが考えられる。付言すると、結婚の儀を伝えるニュース映画は全域で上映され、それなりに好評を博したようである[65]。

(2) 家庭的皇室像

御成婚というビッグイベントが終わった後、沖縄での皇室報道はルーティン的になる。その主題は皇室の家族団欒風景であり、中心は次第に皇太子一家へ移っていく。

一九六〇年四月に沖縄県祖国復帰協議会が結成され、復帰運動は再び活性化するが、同年九月から一〇月にかけて、明仁皇太子夫妻は訪米した。これを皮切りに、皇太子は天皇の名代として例年外遊を重ねていく。『新報』『タイムス』は共同通信の配信記事を掲載して、皇太子夫妻の外遊中の行動を逐一報道している。

とりわけ皇太子に関しては、一九六三年以降、豆記者交流が始まったことが重要である。これは本土と沖縄の間で、記者に見立てた小中学生を相互に派遣して交流する催しだが、沖縄から派遣される豆記者団は、毎回皇太子夫妻に拝謁した。皇太子夫妻は沖縄から訪ねてきた豆記者団を温かく迎え、沖縄に関して色々質問をして、沖縄を気にかけている姿を報じられた。豆記者団も皇太子夫妻の沖縄に関する知識に感銘を受け、一日も早い日本復帰を希望する手記を寄稿するというのがパターンとなった。たとえば一九六三年の豆記者団は次のように報じられている。

豆記者一行三十五人と東京交換生徒、関係の先生約二十人とは午前十時、春の日射しをいっぱいに受けた東宮御所の広場で皇太子さまと会見した。皇太子さまは豆記者の訪問を喜ばれ親しく豆記者一人ひとりに「東京での印象はどうですか」「宮古島の特産物は何ですか」などと話しかけた。（『新報』六三年四月二日）

吉岡美樹子さん（コザ中二年）が殿下のおことばにこたえて「殿下にお目にかかれたのはわたしたちの一生を通じる感激であります。本土に派遣されました目的を立派に果たして帰りたいと思います」とお礼のことばを述べ、一同皇太子殿下バンザイ三唱して会見を終わった。（『タイムス』六三年八月二一日夕刊）

また、天皇誕生日のみならず、皇太子の誕生日、皇后の誕生日、皇太子妃の誕生日等に際して共同通信の配信記事が掲載されるようになるのも、一九五〇年代から六〇年代の特徴である。頻度にはムラがあるが、皇室の誕生日が報道すべき事項として認識されたということであろう。ちなみに一九六一年に祝日法が改正されたことを受けて、翌一九六二年以降は、沖縄でも天皇誕生日が祝日となった。(66) 元旦は『新報』『タイムス』が横並びで皇室一家の団欒風景を写真とともに報じることになる。

ミッチー・ブーム以降は、明仁皇太子に比べて昭和天皇の近況が報じられる機会は減少するが、天皇誕生日以外で恒例となったのが園遊会報道である。一九五三年に園遊会が復活し、一九六〇年は沖縄関係者として比嘉良篤沖縄財団理事長、平良恵路東京都江東中学校長、大浜英子東京家裁調停委員（大浜信泉夫人）が園遊会に招かれた。一九六一年は戦後初めて沖縄から高嶺朝光沖縄タイムス社長が招かれ、翌一九六二年以降は行政主席、立法院議長、琉球上訴裁判所首席判事といった、沖縄の三権の長らが園遊会に招かれるのが恒例となる。この場合は共同通信の配信記事ではなく、東京常駐の記者が記事を書く。沖縄からの来賓に天皇が声をかける光景は、たとえば次のように報じられた。

大田主席〔大田政作行政主席〕との接見では「戦争では非常に気の毒であった。沖縄の暮らしはどうだろうか」とおたずねになり……「沖縄の人たちの幸福を祈っています」とのおことばがあり、さらに「岡山の国体では沖縄選手の元気な姿をみてうれしかった」と沖縄への関心を示された。（『新報』六二年一〇月三一日）

両陛下はわざわざ山川〔山川泰邦立法院議長〕、上地〔上地一史沖縄タイムス社長〕夫妻のところへ歩み寄られ「遠路はるばるご苦労でした。沖縄のみなさんはどうしていますか」とおことばをおかけになった。（『タイムス』六七年一一月一一日）

沖縄を気にかける天皇の姿という構図は、変わらず引き継がれている。また、一九六四年に池田勇人内閣が生存者叙勲を復活すると、毎回沖縄からも受章者が選ばれ、『新報』『タイムス』は喜びのインタビューを掲載することになる。沖縄の新聞は日本と沖縄を結びつける存在として皇室を扱う姿勢で一貫していたのである。そして、そこで描かれる皇室は、かつての現人神ではなく、戦後の民主化により人間天皇となった姿であった。

おわりに

本章では、戦後の沖縄で皇室が肯定的に報道されていたことを明らかにした。日の丸と並んで皇室と縁の深い君が代についても、一九六八年までは否定的な報道はほとんどない。むしろ日の丸掲揚だけではなく、君が代斉唱も復帰運動に必要と認識されていたことを物語る記事が見受けられる。

たとえば神奈川国体に参加した沖縄選手団が君が代を歌えなかったことを反省する一九五五年の記事[67]や、教職員会が学校での君が代斉唱を呼びかけているという一九五八年の報道[68]、国歌斉唱運動の必要性を唱える一九六〇年の投書[69]など、君が代を肯定する論調は珍しくない。「反復帰」論出現以前に沖縄で天皇制批判がなかったわけではないが、例外的といってよかった[70]。

だが、昭和末期において、本土と比べて沖縄で天皇制への支持が低かったことは事実である[71]。それでは新川明ら、少数の先覚者が「反復帰」論を唱えて住民を一気に啓蒙したことによって、沖縄県民の天皇観が突如反転したというのであろうか。もちろん、そんな単純な話ではなかった。

まず、皇室報道を主導した当事者が、はたしてどこまで皇室に敬意を払っていたかが疑わしい。琉球新報社は一九六二年に親泊政博の死去により、社長が池宮城《いけみやぐしく》秀意《しゅうい》に代わるが、池宮城はかつて治安維持法で検挙された経験を持つ[72]。また沖縄タイムス社を創立し、一九六五年まで社長を務めた高嶺朝光は三男が戦死していたが、「冬雨のぬかるみに菊散りてあり」という句を残しているし[73]、回想録に園遊会の話が全く出てこない[74]。皇室に対する感情は冷めていたのではないだろうか。

復帰運動を進めた人々についていえば、沖縄人民党は天皇制廃止論を隠していなかった。天皇誕生日に国旗掲揚を請願した屋良朝苗にしても、日記を見る限り、それほど皇室に思い入れがあったとは認められない[75]。屋良は一九五九年以降、南方連絡事務所で催される天皇誕生日祝賀レセプションに参列するので、その記述はあるが、淡々としたものである。屋良が皇室に敬意を払うようになったとすれば、行政主席に当選して、園遊会等で天皇と接触する機会を得てからではないかと筆者は推測する[76]。

つまり、『新報』『タイムス』首脳にしても、復帰運動指導者にしても、「日本の象徴である皇室は復帰運動の象徴でもあるべき」という論理を先行させて、皇室を復帰運動の表象の一つに祭り上げていたのではないか。そして、即時復帰か段階的復帰かは別として、復帰という目標自体に同意する者は、沖縄県民が皇室の冠婚葬祭に日本国民として参加することに疑問を持たなかったのである。

一方で、そのような皇室報道に影響力がなかったともいえない。一九六二年に明治大学法学部社会思想史ゼミナールが沖縄の中高生を対象に行ったアンケートでは、「天皇や皇太子が来島するとしたら、あなたはどう思いますか」という問いに対して、六三・七％が「うれしい」と答えている。「うれしくない」は九・二％、「関心がない」は二五・二％であるから、圧倒的多数といっていい(77)。

最後に今後の展望を述べる。沖縄の日本復帰が日米で合意された一九六九年以降、沖縄では「反復帰」論が続出し、教職員会も日の丸・君が代について否定的な姿勢を先鋭化させていく。『新報』『タイムス』も、掌を返したように天皇制に批判的な社説を掲載するようになる。これは、復帰運動が天皇制と親和的であったがために、必然的に発生した反動であると筆者は考える。「反復帰」論は、日本が沖縄にとって復帰すべき祖国であることを否定する議論であるから、日本の象徴である天皇制に否定的評価を下すのは自然であろう。また、復帰後も米軍基地が存続することへの失望は、それまで日本と沖縄を結びつける存在であった皇室を日米安保体制の象徴と読み替えることにつながった。その読み替えは、天皇の沖縄メッセージ問題に象徴されるように、昭和天皇個人の責任を沖縄から糾弾するという問題意識にも派生した。

沖縄県民の皇室観が「反復帰」論出現以降、さらには平成以降、どのような展開を遂げたか、別稿を期すべき今後の課題は山積している。

註

(1)「特集　沖縄にこだわる――独立論の系譜」（『新沖縄文学』第五三号、一九八二年）。
(2) 冨山一郎『近代日本社会と「沖縄人」』（日本経済評論社、一九九〇年）。
(3) 小熊英二『〈日本人〉の境界――沖縄・アイヌ・台湾・朝鮮植民地支配から復帰運動まで』（新曜社、一九九八年）。
(4) 平良好利『戦後沖縄と米軍基地――「受容」と「拒絶」のはざまで　一九四五～一九七二年』（法政大学出版局、二〇一二年）。
(5) 鳥山淳『沖縄／基地社会の起源と相克』（勁草書房、二〇一三年）。
(6) 佐道明広『沖縄現代政治史――「自立」をめぐる攻防』（吉田書店、二〇一四年）。
(7) 森宣雄『地（つち）のなかの革命――沖縄戦後史における存在の解放』（現代企画室、二〇一〇年）、同『沖縄戦後民衆史――ガマから辺野古まで』（岩波書店、二〇一六年）。
(8) 戸邉秀明「「在日沖縄人」、その名乗りが照らし出すもの」（『占領とデモクラシーの同時代史』日本経済評論社、二〇〇四年）二一七～二四四頁、同「「戦後」沖縄における復帰運動の出発――教員層からみる戦場後／占領下の社会と運動」（『日本史研究』第五四七号、二〇〇八年）。
(9) 奥平一『戦後沖縄教育運動史――復帰運動における沖縄教職員会の光と影』（ボーダーインク、二〇一〇年）。
(10) 高橋順子『沖縄〈復帰〉の構造』（新宿書房、二〇一一年）。
(11) 大野光明『沖縄闘争の時代一九六〇／七〇――分断を乗り越える思想と実践』（人文書院、二〇一四年）。
(12) 藤澤健一編『移行する沖縄の教員世界――戦時体制から米軍占領下へ』（不二出版、二〇一六年）。

(13) 櫻澤誠『沖縄の復帰運動と保革対立――沖縄地域社会の変容』(有志舎、二〇一二年)、同『沖縄現代史――米国統治、本土復帰から「オール沖縄」まで』(中公新書、二〇一五年)、同『沖縄の保守勢力と「島ぐるみ」の系譜――政治結合・基地認識・経済構想』(有志舎、二〇一六年)。
(14) 石川捷治「復帰運動における「沖縄的」アイデンティティと「日本的」アイデンティティの変容と相剋」(『法政研究』第六八巻第一号、二〇〇一年)。
(15) 林泉忠『「辺境東アジア」のアイデンティティ・ポリティクス――沖縄・台湾・香港』(明石書店、二〇〇五年)。
(16) 小松寛『日本復帰と反復帰――戦後沖縄ナショナリズムの展開』(早稲田大学出版部、二〇一五年)。
(17) 今林直樹『沖縄の歴史・政治・社会』(大学教育出版、二〇一六年)。
(18) 坂下雅一『「沖縄県民」の起源――戦後沖縄型ナショナル・アイデンティティの生成過程　一九四五－一九五六』(有信堂高文社、二〇一七年)。
(19) 大田昌秀『新版　沖縄の民衆意識』(新泉社、一九九五年)。なおオリジナルは一九六七年に弘文堂新社から刊行されている。
(20) 照屋信治『近代沖縄教育と「沖縄人」意識のゆくえ――沖縄県教育機関誌『琉球教育』『沖縄教育』の研究』(渓水社、二〇一四年)。
(21) 「反復帰」論は一般には『新沖縄文学』第一八号(一九七〇年)の「特集「反復帰論」」および同誌一九号(一九七〇年)の「特集　続・反復帰論」に始まるとされるが、日本を沖縄が復帰すべき祖国とみなす考え方を根底から否定するという意味では、一九六九年から新聞の投書に出現している。小松寛は、新川明の「反復帰」論の淵源を一九五〇年代に見いだしている。小松、前掲『日本復帰と反復帰』一二九～一五〇頁。
(22) 「特集　沖縄と天皇制」(『新沖縄文学』第二八号、一九七五年)。
(23) 鹿野政直『戦後沖縄の思想像』(朝日新聞社、一九八七年)、同『沖縄の戦後思想を考える』(岩波書店、二〇一一年)。

（24）一九四六年四月、戦前に『沖縄日報』記者だった池宮城秀意が専任編集局長に就任したことで、ようやく新聞編集経験者不在の状況が解消された。琉球新報百年史刊行委員会編『琉球新報百年史』（琉球新報社、一九九三年）一七二頁。
（25）『ウルマ新報』の場合、一九四五年一〇月に米軍政府から無線機を貸与され、外電を受信することが可能になった。前掲『琉球新報百年史』一七一頁。
（26）瀬長亀次郎は戦前、『沖縄朝日新聞』『毎日新聞』那覇支局記者の経歴がある。瀬長亀次郎『瀬長亀次郎回想録』（新日本出版社、一九九一年）五二～五三頁。
（27）一九四五年一二月一日に創刊され、天皇制存続に関する連合国の態度や新憲法の天皇条項についての国会審議など、外電の記事を多く転載しているが、沖縄県公文書館には一九五〇年六月二二日付六八〇号までしか残っていない。廃刊したと思われる。平良市史編纂委員会『平良市史』第二巻（平良市、一九八一年）九三～九四頁も参照。
（28）黒柳保則によると、実業家で元城辺村議という以上のことはわかっていない。黒柳保則「下地敏之・宮古民主党平良市政と宮古自由党――米軍政下の宮古群島における「自治」制度の整備と「政党政治」の展開」（『沖縄法政研究』第七号、二〇〇四年）。また、新城は一九五〇年に那覇市で『琉球日報』を創刊したが、経営難で一九五一年に売却し、新聞業界から離れた。沖縄フリージャーナリスト会議編『沖縄の新聞がつぶれる日』（日刊沖縄社、一九九四年）一五三～一五九頁。
（29）前掲『平良市史』第二巻、九五～九六頁。
（30）同前、九七頁。仲宗根将二『宮古風土記』（ひるぎ社、一九八八年）二二一～二二三頁。
（31）戦後沖縄の新聞創刊事情については以下を参照した。高嶺朝光『新聞五十年』（沖縄タイムス社、一九七三年）、南風原英育『南の島の新聞人――資料にみるその変遷』（ひるぎ社、一九八八年）、前掲『琉球新報百年史』、前掲『沖縄の新聞がつぶれる日』、沖縄タイムス社編『激動の半世紀――沖縄タイムス社五〇年史』（沖縄タイムス社、一九九九年）、真久田巧『戦後沖縄の新聞人』（ひるぎ社、一九九九年）。

(32) 瀬長亀次郎は政界転身のため、一九四九年に退社した。池宮城秀意を挟んで一九五一年に元沖縄民政府副知事の又吉康和が社長となり、又吉と対立した池宮城は退職する。又吉は翌一九五二年、那覇市長に当選するが、翌年社長兼任のまま市長在任中に死去。後述する親泊政博が社長を継ぎ、一九五五年一〇月に池宮城を復帰させた。前掲『琉球新報百年史』一七九〜一八〇、二二三〜二二四頁。

(33) 『タイムス』が明確に自治を要求したのは社説「自治政府を要望」(五〇年三月二五日)である。創刊以来、「内心では米軍を批判しながら、用心しつつ記事を書いた。書きながら相手の出方を見ながら、一歩一歩、報道の自由を確かめていくというのが実情であった」が、ここで一歩を踏み出したといえる。高嶺、前掲『新聞五十年』三八六頁。

(34) 前掲『琉球新報百年史』一七五〜一七六頁。前掲『沖縄の新聞がつぶれる日』三一〜一八一頁。

(35) 平良は米軍をはばかって、日本復帰を公約には掲げなかったが、選挙中に各地で開いた懇談会ではまっさきに復帰問題を語った。平良辰雄『戦後の政界裏面史——平良辰雄回顧録』(南報社、一九六三年)一五二〜一五八頁。

(36) 高嶺、前掲『新聞五十年』四一三頁。『タイムス』は社説「琉球の帰属」(五一年二月三日)で態度を明らかにした。

(37) 社大党は一九五一年三月一八日に声明書を発表したが、その中で「思うに琉球人が日本民族なる事は今更論ずるまでもなく同一民族が同一の政治体制下に置かれる事は人類社会の自然の姿である。……これを引き離される事は琉球住民の一世紀に近い長年の努力を水泡に帰せしめる事となり、忍び得ないものである」とした。努力とは日本人化の努力を指す。『沖縄社会大衆党史』(沖縄社会大衆党、一九八一年)二三六〜二三七頁。

(38) 瀬長は沖縄人民を搾取した日本に復帰するのかという独立論者に対して、かつて搾取した軍閥政府は戦犯裁判と公職追放で追放されたのであり、日本人民に戦争責任を転嫁してはいけないと主張した。天皇制については言及していない。瀬長亀次郎「日本人民と結合せよ」(『世論週報』特集号、一九五一年)五〜三五頁。

(39) 沖縄教職員会の前身である沖縄教育連合会は一九四七年二月一四日に沖縄民政府の保護下で結成された。活動は活発ではなかったが、日本教育界との連絡を早くからつけており、日本国民としての教育を志向していた。屋良朝苗は沖縄群島政府文教部長になったことから、沖縄教育連合会が沖縄教職員会に改組される際に会長就任を要望され、受諾した。屋良朝苗編『沖縄教職員会一六年――祖国復帰・日本国民としての教育をめざして』（労働旬報社、一九六八年）一五～四四頁。

(40) 新崎盛暉「『沖縄新民報』『自由沖縄』縮刷版解説」（『沖縄新民報　縮刷版』不二出版、二〇〇〇年）一頁。

(41) 山城善光『火の葬送曲――一転向者、赤裸々の軌跡　続・山原の火』（球陽堂書房、一九七八年）一六七～一七二頁。山城は戦前の農民運動家だったが、転向後は外務省外郭団体、大政翼賛会の職員となった。

(42) 新崎、前掲「『沖縄新民報』『自由沖縄』縮刷版解説」一～二頁。

(43) 永丘は第一次共産党中央委員の一人だったが、満洲事変後に転向して拓務省嘱託となり、戦後は再び左派的スタンスをとる。櫻澤誠「戦後初期の沖縄知識人における歴史認識の再構築について――永丘智太郎を例に」（『立命館史学』第二七号、二〇〇六年）。

(44) 山城、前掲『火の葬送曲』一七九～一八六頁。

(45) 比嘉春潮『沖縄の歳月――自伝的回想から』（岩波書店、一九六九年）二一六～二一七頁。

(46) 一九四六年までは比嘉が編集に当たっていたが、永丘の筆になる論説が多い。復帰論よりむしろ戦犯の糾弾に力を入れるなど、沖縄の民主化を優先課題と捉えていた。批判される側を代弁する『沖縄新民報』も、連盟が共産党に影響されていると批判を返した。残念ながら『自由沖縄』がいつ廃刊になったのかはわからないが、一九四九年一月発行の第三三号までは縮刷版で読むことができる。

(47) たとえば一九四六年三月二五日付第三号社説「受入れ市町村にお願い」では、「沖縄県人は自らの意志によつて九州で御厄介になつてゐるのではない。……朝鮮人や中華民国人とは自ら別格の待遇を受けて然るべきである。……国策の犠牲となつた沖縄県人を労わるのは国家の責任であり、日本国民の義務でなければならない」と訴えている。

(48) 新崎盛暉編『沖縄現代史への証言』上（沖縄タイムス社、一九八二年）四〇～四三頁。

(49) 同前、四五頁。

(50) 意外にも『タイムス』社説「戦災救護は日本の責任」（五二年五月一日）は、「『日の丸』の国旗が私的な掲揚を許されたというが、それが琉球住民に飛び上るほどの歓びを与えたとは思われない。……戦争時代に入つてからの日の丸はむしろ頂きかねるシロモノであった。……だから祖国日本の在り方は、飽く迄文化国家としての新生を、われわれは念願してやまない」と、冷めた反応を示している。

(51) 日の丸掲揚運動が無反省に天皇制と結びついていたことを、復帰後に自己批判した教員もいる。儀間進「栄光と誤謬――沖縄教職員会の功罪」（『新沖縄文学』第二七号、一九七五年）。儀間の肩書は普天間高校教諭。

(52) 「それから一九五二年十一月に共同通信社とニュース提供契約を結んだ。戦後の新聞創刊以来、日本本土と外国のニュースは、無断使用というと聞こえは悪いが、米軍の廃品を組み立てた無線機で勝手に共同通信の電波をとらえて記事にしていた。ほかの新聞社も同様だったと思う」（高嶺、前掲『新聞五十年』四三三頁）。

(53) 「敬愛された殿下であつただけにそのご死去は最近にない国民の悲しみであつた。約三十年前殿下が親しくわが沖縄の土地に歩を印せられたことは、四十才台の人々のひとしく記憶するところであるが……、戦中から戦後にかけて約十年間というものは、国民はあの殿下の姿を見る機会に恵まれなかつた。……ことに琉球の住民にとつては、戦後長い間日本と隔たれていたので若い人々の中には、或いは殿下のことを知らぬ者もいたのではないかと思う」（『タイムス』五三年一月五日夕刊）。

(54) 「今回の葬儀にあたつても体育関係者二十一名が奉仕していることは天皇御一家や宮家と国民の親しさとつながりをいよいよ密にするものである」（『新報』五三年一月一三日）。

(55) これについては波多野勝の研究が詳しい。波多野勝『明仁皇太子エリザベス女王戴冠式列席記』（草思社、二〇一二年）。

(56) 二月七日、屋良は伊江朝助、神山政良、東恩納寛惇拓殖大学教授に面会した。このとき東恩納が天皇への拝謁を提案したのが、高松宮訪問につながった可能性がある。ただし、屋良は高松宮から沖縄に同情的な発言はなかったと記している。「御気の毒であつたとの一言もなかつたことは残念であつた」『屋良朝苗日誌　1』五三年三月一四日条（沖縄県公文書館所蔵）。

(57) 沖縄県祖国復帰協議会／原水爆禁止沖縄県協議会共編『沖縄県祖国復帰運動史――民族分断十八年にわたる悲劇の記録』（沖縄時事出版社、一九六四年）二頁。

(58) 沖縄からの靖国神社参拝は一九五二年五月に再開されていた。日本本土で制定・復活された戦傷病者遺族等援護法および恩給法は靖国神社合祀と不可分であり、沖縄では同法の拡大範囲適用を求める過程で、軍人・軍属以外の戦闘参加者も戦没者に組み込まれていった。櫻澤、前掲『沖縄現代史』七四～七六頁。

(59) ミッチー・ブームについては石田あゆうの社会学的研究がある。石田あゆう『ミッチー・ブーム』（文春新書、二〇〇六年）。

(60) 結婚の儀に際して、『新報』（五九年四月九日）は社説「皇太子のご結婚を純粋な気持で祝わおう〔ママ〕」、『タイムス』（五九年四月一〇日）は社説「皇太子のご結婚に際して……」を掲載して祝意を示したが、どちらも日本国民として奉祝するよう呼びかける趣旨は共通している。

(61) ただし、記事を読むと、この同窓生は正田美智子について伝聞的な発言しかしていないので、直接親交があったかどうかはわからない。

(62) 平良良松は屋良からの陳情が三月二八日になされたとしているが、屋良の日誌にそのような記述はない。屋良は三一日当日に安里議長に直接陳情したことと、参考人として立法院に出席して趣旨説明をしたことを日誌に記している。前掲『屋良朝苗日誌　5』五九年三月三一日条。また、沖縄人民党の親川仁助は、採決に際して、最終的には賛成するものの、天皇家に対する忠誠を誓うという意味ではなく、日本国民が休む日に一緒に休むという趣旨だと強調している。『立法院会議録』第一四回定例会一九五九年三月三一日。

(63) 当間重剛も安里積千代も結婚の儀に参列したことを回想録に書いていない。当間重剛『当間重剛回想録』（当間重剛回想録刊行会、一九六九年）、安里積千代『一粒の麦――八十年の回顧　米軍施政下の四半世紀』（民社党沖縄県連合会、一九八三年）。

(64) 沖縄本島でテレビ放送が開始されるのは一九五九年一一月、最初の開局はフジテレビ系列の沖縄テレビ（O

TV）である。宮城悦二郎『沖縄・戦後放送史　一九四五―一九七二』（ひるぎ社、一九九四年）一六四頁。また、『タイムス』は国際電話を使って東京からリアルタイムでパレードの様子を伝えてもらい、本社と東京支社のやりとりを紙上に掲載することで臨場感を出そうとした（『タイムス』五九年四月一〇日夕刊、一一日）。

(65) 次の文章は、天皇制に批判的な学生の筆によるものだが、一定の好意的反響があったことを逆説的に物語っている。「皇太子の結婚といえば、つい二ケ月前のことだがもう古くさいという感じである。全国民をあげての奉祝気分もかけ足でやってきてさつと行つてしまうところをみると、どうやら表面的にはミーちゃんハーちゃんの映画やロカビリーに対する熱狂ぶりと同じものになつてしまうらしい。とはいつても結婚式のニュース映画に感動のあまり涙を流したという人々の話からすると、その底を流れるものの感動の質は決して同じものではない。……過去の戦争が一億玉砕を叫び全国民一体となつて戦争を支持したあの方向と同一の傾きにあることは否定できない」（『琉大文学』第一七号、一九五九年、編集後記）。

(66) 一九六一年六月一一日の立法院本会議で住民の祝祭日に関する立法案が可決されたが、このとき沖縄人民党の古堅実吉が、天皇誕生日と勤労感謝の日を祝祭日とすることに対して、天皇制廃止論の立場から反対意見を述べた。『立法院会議録』第一六回定例会一九六一年六月一一日。

(67) 「〝君が代〟歌えぬ沖縄代表／祖国分離十一年の空白／きのう帰省国体選手反省の会」と題する記事で、天皇が特に沖縄選手の試合の観戦に時間を割いたことと、選手は開会式直前に君が代を教わったことを伝えている（『新報』五五年一一月一二日夕刊）。

(68) 一〇月一五日に開かれた沖縄教職員会青年部長会で「復帰するまで国民感情を培うため国歌を歌う運動をすすめると同時に祖国復帰の歌を学校で歌うなどを決めた」（『タイムス』五八年一〇月一七日）と報じている。しかし、それは君が代を学校で教えていないということでもある。

(69) コザ市民からの投書で、クイズ番組で学生が君が代の歌詞を答えられなかったことを嘆いてから、次のように述べている。「もちろん歌詞自体が君が代という天皇一個の世代をたたえた意味になっているため、賛否両論があるのはむりもないが、……これは厳として日本国歌として間違いないものであり、国旗掲揚運動とともに国歌斉唱運動の必要もありはしないか」（『タイムス』六〇年一月一二日）。

(70) 一九六五年一二月に高校生が次のような天皇制批判を『新報』に投書し、賛同の投書が続いたが、すぐに収束した。「日本は多くの矛盾をもっているが、その最たるものは、天皇制だと思う。天皇も人間であり、日本国民の一人である。日本国民の一人でありながら、日本国民の義務であるところの働くことをせず、税金でその生活をまかなっているのです。日本国民のなかで一人でも働かないで生きている人の存在を認めてはならないと思います。……おとなのなかには、天皇を尊敬することが、あたかも愛国者であるかのようなことをいいますが、ほんとの愛国者とは日本の矛盾と欠点を指摘し、勇気をもって改善していく人のことだと解釈します。……天皇を尊敬しろと、いわれても無条件に尊敬できないのです。天皇の存在そのものが納得しかねるのです。これからの日本に、はたして天皇制が必要でしょうか……」（『新報』六五年一二月一八日）。

(71) 一九八七年に沖縄タイムスが朝日新聞と協力して実施した県民意識調査では、「皇室に親しみを持っている」が三七％（八六年三月の全国調査で本土は五一％）、「皇室に親しみを持っていない」が四七％（本土は三七％）で、沖縄と本土の意識のずれが注目された（『タイムス』八七年九月一八日）。

(72) 真久田、前掲『戦後沖縄の新聞人』二四六～二四七頁。森口豁『ヤマト嫌い――沖縄言論人・池宮城秀意の反骨』（講談社、一九九五年）四八～六六頁。池宮城は一九五一年の時点では、即時復帰に懐疑的な見解を表明している。池宮城秀意「日本帰属は何を意味するか」（『琉球経済』第一〇号、一九五一年）三一～三三頁。

(73) 真久田、前掲『戦後沖縄の新聞人』五七頁。

(74) 高嶺、前掲『新聞五十年』。また、第四代行政主席の松岡政保も園遊会に招待されたが、回想録で触れていない。松岡政保『米国の沖縄統治二十五年――波乱と激動の回想』（一九七二年）。対照的に、第三代行政主席の大田政作は三冊の回想録で園遊会に触れており、名誉なことと思っていたのは明らかである。大田政作『回想録――わが半生の記』（非売品、一九七八年）一二五～一二六頁、同『歴史の証言――米占領下における沖縄の歩み』（力富書房、一九八〇年）二七七頁、同『悲運の島沖縄――復帰への渦を追って』（日本工業新聞社、一九八七年）二二一～二二二頁。

(75) 屋良は一九五八年の天皇誕生日には、「天皇誕生日とか　何の感興も湧かず」と記している。前掲『屋良朝苗日誌　3』五八年四月二九日条。その後も、「休日」としか認識していないと思われるような、簡潔な記述ばかりである。建国記念の日についても、一九六九年以前は言及していないし、その後も「休日」程度の認識である。

(76) 小松寛は、戦前の皇民化教育によって屋良の内面には天皇への思慕があったとする一方で、復帰運動推進派の喜屋武真栄や瀬長亀次郎にはそのような感情が見受けられないことも指摘している。小松、前掲『日本復帰と反復帰』七五〜八〇頁。

(77)『沖縄の戦後世代の社会意識　中・高校生に対するアンケートを中心に』(明治大学法学部社会思想史ゼミナール沖縄調査団、一九六三年)一〇八〜一一〇頁。

【付記】本稿は、科学研究費・基盤(C)二〇一九〜二〇二一年度「象徴天皇制における国民統合の実態研究——戦後沖縄を事例として」(課題番号19K00974)の成果の一部である。納税者の皆様に感謝申し上げる。

第2章　昭和天皇訪沖の政治史
――植樹祭・特別国体への天皇出席をめぐる相克――

舟橋正真

はじめに

二〇一六年八月に表明した「お気持ち」のなかで、明仁天皇（現上皇）は、「日本の各地、とりわけ遠隔の地や島々への旅も、私は天皇の象徴的行為として、大切なものと感じて来ました[1]」と述べたが、この「島々への旅」とは、何を指すのであろうか。

この「旅」のなかに沖縄への訪問が含まれることは、自明のことのように思われる。明仁天皇が初めて沖縄の地を踏んだのは、皇太子時代の一九七五年であり、即位後の一九九三年には、天皇史上初の訪問を実現させている。歴史学者の古川隆久は、父である昭和天皇の遺志が、明仁天皇によって果たされたと結論づけたが、その遺志とは、「沖縄という地に立って遺族や県民に謝罪したい」というものであった[2]。

では、なぜ昭和天皇は、「象徴天皇」として沖縄を訪問することができなかったのだろうか。そこには、沖縄の歴史認識が強く作用した。アジア太平洋戦争で、唯一の地上戦が展開され、多大な犠牲を払い、敗戦後はアメリカの軍政下に置かれた沖縄では、皇室に対する複雑な感情が残り続けた。それゆえ昭和天皇の訪沖が実現することはなかったが、その晩年にその機会が訪れることとなる。一九八七年に沖縄で開催される国民体育大会（海邦国体）の開会式に出席することが決まった。しかし、昭和天皇はその直前に体調を崩して入院し、予定されていた訪沖は中止された。明仁皇太子が名代を務めたが、高齢の昭和天皇にとっては、この訪沖が「最初で最後のチャンス」であったといわれる(3)。

だが実のところ、昭和天皇が訪沖するもう一つの「チャンス」が存在していた。それは、一九七二年五月の沖縄返還と密接に関わるものであったが、これまであまり注目されることはなかった。沖縄では、本土復帰を記念して「復帰三大事業」が次々と実施されていく。具体的には、一九七二年の沖縄復帰記念植樹祭（植樹祭）、一九七三年の復帰記念沖縄特別国民体育大会（若夏国体）、一九七五年の沖縄国際海洋博覧会（海洋博）である。このなかでも植樹祭と国体は、「天皇・皇后臨席による重要行事」であったが、当時の琉球政府は、昭和天皇と香淳《こうじゅん》皇后の出席を求めていたといわれる(4)。先行研究では、古川隆久が、「沖縄県当局は、植樹祭や国民体育大会など、機会あるごとに天皇あるいは皇太子の訪沖を模索した」が、「沖縄戦の影響から県内になお根強く残る皇室への否定的感情への配慮から先送りせざるを得なかった」と指摘している(5)。櫻澤誠は、行政府主席の屋良朝苗《やらちょうびょう》が天皇皇后の出席を要請したが、革新与党をはじめ反対の声が強く、警備上の問題もあり、断念に追われたことに言及している(6)。

だが問題は、行政府および屋良主席が、本土復帰後の沖縄に昭和天皇を招こうとする論理が何であったのかである。先行研究は、天皇訪沖反対の論理には触れるものの、それを要請した側の論理については、ほとんど明らかにしていない。天皇訪沖をめぐって沖縄が、決して一枚岩ではなかったことは確かであるが、天皇訪沖構想にみる行政府側の天皇観を検証することが必要といえる。

この時期の地方自治体は、植樹祭や国体を誘致し、天皇訪問による県勢の発展を志向しながら、能動的に天皇の権威を利用しようとした(7)。だが、本土復帰前後の沖縄の場合、天皇権威の利用とはまったく別の力学が働いたと考えられる。屋良の論理については、小松寛が、屋良自身の天皇訪沖への強いこだわりを指摘し、その実現に腐心する姿勢から、屋良の「天皇への思慕」を明らかにしたが、そこには、「戦前の沖縄で施された皇民化教育の影響」があったという(8)。

しかし、屋良個人の「天皇への思慕」だけで、はたして本土復帰後の沖縄に昭和天皇を招待する論理を説明できるだろうか。屋良の天皇観が訪沖計画に少なからず作用したことは、筆者も認めるところだが、それは一面的な理解にとどまるものと考える。屋良の天皇観だけで、この問題を動かしえたとは考えにくいからだ。そこには、本土側の論理が作用したのではないだろうか。また、屋良が天皇訪沖に対応するなかで、沖縄と本土の論理の間で葛藤し続けた事実をどのように捉えればよいだろうか。その意味を明らかにすることにより、行政府および屋良主席の論理が何であったかが浮き彫りになると考える。

以上より本章では、本土復帰後の植樹祭と若夏国体への昭和天皇出席をめぐる議論を検証し、そこにみる沖縄と本土の論理を明らかにしたうえで、象徴天皇制との関係性について考えてみたい。

一　本土復帰後の天皇訪沖計画

一九五二年のサンフランシスコ講和条約により、日本は独立し国際社会に復帰した。しかし沖縄は日本から分離され、アメリカの施政権下に置かれることになった。一九六五年八月、戦後初めて現職の総理大臣として沖縄を訪問した佐藤栄作は、沖縄問題に取り組む決意を表明し、一九六九年一一月の日米首脳会談において、リチャード・ニクソン大統領と沖縄を日本に返還することに合意するに至った。翌年一月より日米交渉が始まり、一九七一年六月に沖縄返還協定が調印され、翌年五月の発効を待つばかりとなった(9)。

一九七一年六月四日付の『読売新聞』朝刊は、一面トップで「天皇、皇后両陛下は、沖縄が本土に復帰したあと、できるだけ早い機会に沖縄を訪問される予定である(10)」と報道した。同紙によれば、佐藤内閣は、天皇皇后夫妻が、「米施政権下に置かれた沖縄の事情に深く心を痛められ」、「沖縄返還交渉の進みぐあいに強い関心をお示しになった(11)」ことを勘案し、本土復帰後早期の訪沖実現を志向していたという。

佐藤内閣では、すでに琉球政府から「沖縄で特別植樹祭を行ない、その際に両陛下をお招きしたい」との申し入れを受けていたため、敗戦後に展開された「戦後巡幸」の一環として、「復帰実現後の沖縄県民と親しく復帰をお祝い」し、「戦中戦後の県民の労をねぎらわれるとの趣旨」の計画に着手した。具体的には、沖縄・北方対策庁、農林省、国土緑化推進委員会（会長・船田中《ふなだなか》衆議院議長）

が検討を進め、一九七一年度の沖縄復帰対策予算で特別植樹祭の準備費として四八四〇万円を計上し、特別植樹祭開催場所の選定、道路、山林の整備などを行ったうえで、翌年秋頃に実施することが予定された[12]。

天皇皇后の訪沖計画をめぐる報道の前夜、琉球政府行政主席の屋良朝苗は、取材に対し「千載一遇」との感想を述べた。屋良は「沖縄としては大変ありがたいことだ」と捉え、「せっかく両陛下おそろいでお見えになるからには、本土復帰がかない、すっかり落ち着いた平和な沖縄の姿をお見せしたいと思います[13]」と、天皇訪沖への期待感を示した。沖縄選出の自民党衆議院議員・西銘順治《にしめじゅんじ》は、「感無量という以外、言葉もありません。それこそ朝野をあげて歓迎致します[14]」と語り、訪問を待望した。南方同胞援護会会長・沖縄問題懇談会座長の大浜信泉《おおはまのぶもと》にいたっては、「ようやく戦後も終わったと感無量だ[15]」とまで言い切るほどであった。

だが、宮内庁の宇佐美毅《うさみたけし》長官は四日の記者会見で、「沖縄で、来秋、本土復帰を記念した植樹祭や国体の計画があるのは聞いているが、そのさい、両陛下が沖縄をご訪問になる話はまだ何も具体化していない。今のところ、政府や現地から、そのような連絡はないし、こちらもまだ何の準備もしていない」と先の報道を否定したうえで、「沖縄がまだ正式に返還されていないのに、このような問題を考えるのは適当でない[16]」との見解を示した。これは、「現地にも影響が大きいことが考えられるので[17]」宮内庁としての公式態度を明らかにし、先走った感のある報道を即座に牽制したものと考えられる。

復帰記念の植樹祭は、全琉緑化推進運動委員会会長の大田政作《おおたせいさく》が構想したものであった。元行政主席の大田は、一九七一年四月の第二二回植樹祭（島根県）に招待された際、植樹祭に関する調査・研究を進めたという。植樹祭は「国土緑化推進委員会が地元の協力で主催するものである」との前提を踏まえ、大田は、国土緑化推進委員会の会長・船田中、理事長・徳川宗敬《とくがわむねよし》、事務局長・長井英照をはじめ、関係者と折衝を重ね、「特別植樹祭」として検討したいとの好意的な回答を得るに至った[18]。

では、なぜ大田は植樹祭誘致を考えたのだろうか。大田の意図するところは、単に植樹祭の開催にあったわけではなく、「この機会に、両陛下か皇太子御夫妻の御出席をいただき、昭和二十年以来、断絶同然になっていた皇室と県民との心の通いを期待することにあった[19]」。大田は主席在任中から「何とかして皇族をお招きして皇室と沖縄の心の通いをと念じ、いろいろ知恵をしぼ」り続け、一九六二年には、皇太子夫妻をはじめとする皇族の訪沖を画策するが[20]、結果として実現に導くことはできなかった。

以上より植樹祭の誘致には、大田の皇室観が強く作用したことは間違いなく、大田は、本土復帰を前にして、植樹祭行幸啓の実現による皇室と沖縄県民の紐帯の構築を再び志向したのであった。

二　植樹祭への天皇出席要請

一九七一年九月三〇日、琉球政府立法院は、本土政府および国土緑化推進委員会に対し、本土復帰を記念した糸満町の摩文仁丘《まぶにがおか》における「復帰記念植樹祭の実施協力に関する要請」を決議した。それに呼応して行政府は、一〇月一二日に屋良主席の名で「復帰記念植樹祭の共催について（お願い）」

を国土緑化推進委員会会長宛てに送った[21]。国土緑化推進委員会は一〇月二三日、復帰記念の特別植樹祭を翌年一一月に開催することを決め、二五日の理事会で正式に決定された[22]。植樹祭は沖縄と同委員会の共催、総理府と農林省の協催で実施することになったが[23]、そこでの問題は天皇皇后の出席を要請するか否かであった。

屋良の回顧録によれば、理事会では事務局から「植樹祭が決まると、開催地の知事は直ちに宮内庁に出頭して両陛下のご臨席を願い出るのが慣例である」との意見が出された。それを受け、理事長の徳川宗敬からは「沖縄には事情もあろうが、どうですか」との発言があり、屋良は返答に困ったという。屋良には「復帰不安、動揺のさ中で県民の記念行事への反応もかなり微妙だし、皇室に対する感情にも他県でははかり知れない複雑なものがある」との懸念があったからだ。だが屋良は、そうした事情には触れず、「翌年五月には特別国体も計画され、それとのかね合いもあるので、つまり両方にご臨席というわけにもいかないはずだから、どうすべきか即断は下しかねる」と答えるにとどめたのであった[24]。

一〇月二八日の行政府局長会議では、警察本部長から、警備上の面で「植樹祭の際の皇族の来訪について知りたい」との質問が出された。屋良は「本土の府県においては、国体、植樹祭は、天皇が見えている。一一月の植樹祭と次の五月の国体の二回ともということはないと思う」と説明したうえで、「そのうち一つにご臨席願うことになるのではないか。できれば植樹祭に天皇がよくないか」との見解を明らかにした。副主席の宮里松正《みやざとまつしょう》が「この問題は微妙な問題なので、一応主席に一任していただきたい」と発言し、屋良も「私にまかせてもらいたい」と重ねて同意を求め、屋良に一任することで一致したのであった。[25] 以上より天皇皇后の出席をめぐる問題は、主席である屋良の責任で進められることとなった。

一九七二年一月、屋良は予算折衝のため上京し、山中貞則《やまなかさだのり》総理府総務長官と会談した。その際、山中長官から「植樹祭に両陛下のご臨席を願い出ないため徳川理事長はショックをうけておられる」[26]と伝えられた。早急な態度決定を迫られた屋良は、緊急電話で宮里副主席と意見交換し、「お願いせざるを得ないだろう。内諾ということにしておこう」[27]との結論を出した。

屋良は早速、沖縄側の意志を砂田重民《すなだしげたみ》総務副長官に伝え、山中長官に伝言を依頼したが、砂田からは折り返しの電話で、天皇皇后の行幸啓については主席より宮内庁に申し入れてほしいとの希望が伝えられた。それを受け、屋良は次の機会に宮内庁へ要請することとし、砂田からは、その旨を山中長官から同庁に伝えておくとの返答を受けた。[28]

さて、一月二〇日の行政府局長会議では、「天皇・皇后両陛下の行幸啓について」が議題として挙げられた。[29] まず、農林局長から植樹祭の期日について一一月五日、二六日の案が提示され、それに対し建設局長は「警察本部の警備体制も考慮に入れて決めるべき」との意見を述べた。それを受けて屋良は、「植樹祭の件は本土の緑化推進本部が決定」し、「宮内庁に参上してすぐ要請する」ことになっており、「天皇は植樹祭も国体も必ず行っている」と説明し、「植樹祭が国の行事として重視されている」ことを強調したのであった。以上の発言からは、植樹祭への天皇出席という結論に導こうとする屋良の思惑が透けてみえる。

さらに屋良は、この案件が山中長官から宮内庁に伝えられ、閣議にかけられたことを伝えたうえで、

「私は各県がそうであるから、私としてもそうしようといつた」と説明を加えた。実際のところ、同日に宇佐美宮内庁長官は、記者会見で「ご訪問はいまのところ、白紙の段階である」が、「ただ山中総務長官が瓜生〔順良〕宮内庁次長に屋良主席がそういう意向を持っていると伝えてきたことは聞いている」(30)と認めている。

続いて、局長会議では、農林局長が植樹祭には、「歴代ずつと〔天皇皇后が〕参列している」と発言したのに対し、復帰対策室長は、「これは警備の問題だけでない。天皇に対して不敬なことが出たら沖縄にとつて、歴史に一大汚点を残すことになる。日本本土ではこんなことはあり得ない。この問題は非常に心配事である。日本国民として差別感を生むことになる」との強い危機感を示した。宮里副主席は、むしろ「ことわること自体が問題である」との見解を示すものの、「学生だけの行動は大きくない」が、「大衆行動の中で〔反対の動きが〕出て来ることが問題」であると捉えたのであった。

そこで屋良が「復帰からなるべく時間をかけた方がよいと思う」との考えを示すと、復帰対策室長からは「天皇ではなく皇太子はどうか」と代案が提示された。宮里副主席は「〔皇太子でも〕同じことであ」り、「これは警備に万全をきせばよい」と言い切った。復帰対策室長は、「プラッカードが出るだけでも大ごとと思う」と再び懸念を示したが、宮里副主席は「きめこまかに警備体制をとつてやれるのではないか」と反論している。その後、種々議論を重ねるなか、総務局長は「植樹祭を誘致するときから天皇の件を決めておればよかつたのだが」と述べるが、農林局長は「予定されていた」ことで、「今回あらためて決めてもらうということである」と再度説明し、屋良も「大体迎えることにしておいて、今出されている心配事については、今後話し合つていこう」と同意を求めた。

屋良は、「国家的行事と両陛下のご臨席は〝不離一体〟といわれ沖縄だけ例外は認められまい[31]」との認識を持って決断を促したのであった。その結果、局長会議の結論は、「①行幸啓を仰ぐこと」とし、「期日は一一月二六日」となった。屋良は、「独走しない様に考えていきたい[32]」と日記にしたためた。なお、同日午前に山中総務長官は、特別植樹祭への天皇皇后出席問題で記者会見し、「総理府の直接の所管ではないが、国土緑化推進委員会が沖縄植樹祭を決定した段階で慣例としては植樹祭は天皇陛下が出席されるのが一つの条件だ[33]」と述べ、植樹祭と天皇出席の〝不離一体〟性を示唆したのであった。

三　反対論の表面化

一九七二年一月二四日、屋良主席は、日本商工会議所で開かれる財団法人沖縄国際海洋博協会の設立発起人会に出席するため上京する際、行政府で記者会見し、「この問題についてはよく山中総務長官らと相談して決めたい」と慎重に語った。だが、屋良は「各県が行なわれる植樹祭には必ず両陛下がご出席することになっているので沖縄だけお招きしないというのもおかし」く、「両陛下のご招待を要請しないことは考えられない」と沖縄側の見解を初めて明らかにした[34]。すなわち「植樹祭への両陛下のご臨席を宮内庁へ正式要請したい[35]」意思を示したのであった。

しかしながら、屋良の決断に対し、与党から反対の声が挙がった。一月二五日午後、行政府で開かれた政府与党経済会議の運営委員会で、社会大衆党、人民党、社会党など与党側代表者から「天皇の名において犠牲を受けた沖縄戦に対する県民の感情を考え両陛下をお招きすべきではない(36)」との申し入れがなされた。具体的には、次のようなものであったが、天皇の戦争責任や自衛隊増強への危惧からの反対論であったことがわかる。

①植樹祭は必要で他府県の場合は同祭に天皇がご出席していることもわかるが、沖縄は同様に考えるわ〔け〕にはいかけ《ママ》ない

②さる沖縄戦で大きな犠牲を受けたのは国の最高責任者であった天皇の名においてなされており県民の感情を考慮すべきだ

③お招きする場合、警備面が問題になり、天皇の安全を守る立場から自衛隊増強の手段に使われるおそれがある(37)

こうした申し入れに対し、新垣茂治総務局長は「上京中の屋良主席に電話連絡しその旨を伝えたい」と答えており(38)、屋良の日誌には「与党運営委で反対の意思の伝えあり(39)」と記されている。屋良は、事前に宮里副主席から「やはり行〔幸〕啓奏請せざるを得ないから決意して奏請してくれ」との電話を受けていた。だが一方で、新垣総務局長から「奏請反対であるので此の際行〔幸〕啓を辞退してくれ」との与党の意思が伝えられ、屋良は「苦しい目に会うものだ(40)」と日誌に記している。その苦悩ぶりは、「植樹祭の天皇皇后両陛下の件行啓《ママ》幸奏請の件で四苦八苦懊悩苦渋する　従来の難問より更に難題である(41)」との屋良の記事からも明らかである。

一月二六日午前、屋良は山中総務長官と会談し、「植樹祭の天皇皇后両陛下の行幸啓奏請に関する件」について「沖縄のこの問題をめぐる諸情勢」を報告した。山中長官からは「そんな事だつたら大変な事だと指摘さ」れたが、続けて屋良は「主席としては奏請しないわけにはいかなゐ心境を説明」している。そこには、「奏請しない」ことによる「国民感情のうち外に追いやられ今後沖縄問題の解決に致命的な障害にな」ることへの恐れがあった(42)。屋良としては、「もう撤回はできない(43)」心境であったのだ。そこで屋良は「植樹祭、国体に二回の行幸啓を御願い」し、その点を山中長官が「根廻し」し、「その中の一つをえらばれる様にし、その機会は一一月植樹祭をさけて、来年五月の体育大会をえらばれる様」に進めることとなった(44)。

屋良は「私には、なるべく国体の方へとの気持ちがあ(45)」ったと回顧している。そこには、天皇皇后を受け入れるための警備上の準備期間の確保という理由があろうが、それ以外にも山中の意向を考慮した可能性が考えられる。屋良は、復帰記念の国体の名称をめぐり、文部省や日本体育協会が「国体の名称を使うことを好まなかった(46)」と述べている。それは、同年に千葉県で国体が予定されていたからであった。だが最終的には、山中長官の配慮で「復帰記念沖縄特別国民体育大会」との名称に決まったことから、屋良は「長官は、国体とうたうことで、天皇、皇后両陛下のご臨席を期待する気持ちがあったのではないかと思う(47)」と推察している。屋良は、こうした山中の意中を忖度し、植樹祭よりも国体の要請へと優先順位を変更したのだろう。

この後、先述のような屋良の内意は、山中長官から宮内庁へ非公式に伝えられた。それは、次の宮内庁の瓜生《うりゅう》順良《のぶよし》次長（当時）の回顧からも明らかである。「四十七年一月下旬、総理府の方から電話があって、陛下においでいただきたい内意がある。あらためて宮内庁に話を持っていくことになるので、よろしくということでした」[48]。

このように宮内庁への要請を決断した屋良は、早速二六日午後に琉球政府東京事務所長を通じて、宮内庁へ要請する件を国土緑化推進委員会に照会した。ところが、徳川理事長は伊勢在住のため不在であり、宮内庁の担当者も札幌オリンピックで出張であったため、同庁訪問は二月八日以降に延期せざるをえなかった[49]。

だが、屋良は後年、「結果的には、それがよかったかも知れない」と当時を振り返っている。それは、屋良の決断に対する「各方面から批判攻撃」を受けることとなり、「最後の決断を下し得るものではな」くなったからであった[50]。事実、屋良のもとには、沖縄から「天皇皇后を迎える事についての反対運動は大変[51]」との連絡が入っていた。屋良は、「高教組〔高等学校教職員組合〕、実力阻止決定。県労協〔沖縄県労働組合協議会〕も同じ。沖教組〔沖縄県教職員組合〕からも警告があった由[52]」と日誌をつけている。

とくに県労協からは、「先の大戦で、沖縄住民は天皇の名のもとに、多大の犠牲をしいられ、その戦争責任があいまいなまま天皇のご来訪を受入れるには、あまりに住民感情が複雑であるということと、天皇を政治的に利用して沖縄住民の望まぬ復帰形態があたかも住民祝賀のうちに迎えられたような擬装がなされることを警戒しなければならない[53]」との趣旨が打電された。屋良は、日誌に「夜、県労協からは物すごい電報が来てショックを受けた」と書いたが、県知事選の「立候補は恐らく断念せざるを得まい[54]」とまで書くほどの衝撃であったことがわかる。

翌二七日、沖縄に戻った屋良は、行政府で記者会見し「今回の上京でご出席の要請はしなかったが、行政主席という立場上、ご招待するという前提で、与党側と話し合うことにしている[55]」と語った。だが日誌には、「頭のいたい問題である。どうして切りぬけていくか従来にもまして大問題としてのしかかってくる[56]」と記し、「国家的行事というのも容易ではない[57]」と吐露している。屋良は、天皇皇后の出席を前提とする本土（総理府、国土緑化推進委員会、宮内庁）と、それに真っ向から反対する沖縄の狭間に置かれ、苦境に立たされたのであった。

なお、『沖縄タイムス』社説は、屋良が再度にわたり天皇招待への意思表示を行ったことは事実であり、「意思があることを表明したことにはなると判断せざるを得ない」と痛烈に批判し、「複雑な住民感情を考えた時、天皇、皇后両陛下をお招きすることは不適当であり、行政主席の立場上も慣習にとらわれ、これを要請することは思いとどまるものが妥当と考える[58]」と反対論を展開した。

四　皇室への要請断念

こうした状況下、琉球政府は、天皇出席の要請を断念していくこととなる。屋良は、「世論や社会情勢があり、また警備に完全に自信を持ち得る状態でなければ、最後の決断をくだし得るものではなかった。ことが重大であるだけに、私は非常に大事をと」り、後日、国土緑化推進委員会や宮内庁長官に経緯を説明し、沖縄の事情を率直に伝え、了解を願ったという。同じ頃、宮里副主席もまた山中総務長官に対し、「県内の警備情勢については、県と県警で十分対応できる」が、「本土から来る過激派については、県警もまだその実態を十分には把握していないから、それに対する対応は、本土側で検討していただきたい[59]」と要請している。

そのなかで、琉球政府が要請を取りやめたとの政府筋の情報が一九七二年四月一八日付の『毎日新聞』朝刊に掲載された。「両陛下ご臨席「お願いせず」」と題した同紙は、屋良が諸団体と話し合った結果、「警備上自信がもてない」との結論に達し、総理府、農林省、国土緑化推進委員会に伝えたと報じている[60]。

記事によれば、国土緑化推進委員会の専務理事・長井英照は、「正式にはなにも聞いていない」と即座に否定するものの、「両陛下のご日程は一年ぐらい前に決まるのだから、いまさらご臨席を申込むわけにもいくまい。とても理解できないことだ[61]」と不満の意を示した。一方、琉球政府東京事務所長は、「ご臨席を要請しなかったことに国土緑化推進委員会や宮内庁は怒っているようだが、沖縄の事情は複雑」とその苦悩ぶりを吐露し、「この問題だけは勘弁して[62]」と回答を避けた。

この報道を受け、自民党の西銘順治が一九日の衆議院特別委員会で、「まことに残念しごくな話」と述べたうえで、多くの県民は「陛下の御臨席を心から念じておると思う」が、「昨今の動きは、どうも国民感情をさかなでするように私は受け取っておる[63]」と一部の反対論に対し苦言を呈した。

実際のところ、沖縄には「ご来島、大歓迎です。このためにこそ復帰したのです」（名護市のタクシー運転手）、「ご来島歓迎は当然のことじゃないですか。一部の県民がなぜ反対するのか、わからない」（コザ観光ホテル経営者[64]）と積極的に天皇を迎える向きがあったが、そう「単純に割り切れない[65]」のが沖縄内の世論であった。たとえば、「積極的に歓迎するわけではない」が、「沖縄県民だけが天皇に対して本土国民と異なった態度をとるのはいかがなものだろうか」（沖縄弁護士会長[66]）と消極的な立場からの賛成論も存在した。その一方、反対論は、次のような二つの論理から議論が展開された。

天皇来沖など、考えられませんよ。植樹祭を手段にして天皇と国民を〝結びつけ〟ようとするねらいだろうが、直感的に反発を感じる。あれほど悲惨な戦禍をなめた沖縄にとっては、いまさらなにが、という気持ちだけが残る（平良幸市《たいらこういち》沖縄社会大衆党書記長）。

許せません。植樹祭を沖縄で開催すること自体、県民に天皇の存在を意識づけようとする宣撫策だと思う。考えてもごらんなさい。戦争で県民をかりたて、命を捨てさせた最高責任者が、どうしてもいまごろ来島できるでしょうか。これまでにたった一言の〝おわび〟もしないのにですよ（田場盛徳《たばせいとく》沖教組副委員長[67]）。

第一が、植樹祭を天皇と県民を結びつけるためのツールとして捉える論理である。これは琉球政府の植樹祭構想への反対を意味するが、天皇の存在を県民に意識づけるための政策として植樹祭の政治性を捉えたのであった。ただし「悲惨な戦禍をなめた沖縄」とあるように、そこには沖縄戦の記憶が常に存在し、さらに昭和天皇の戦争責任問題へと結びつける第二の論理が展開された。

戦前の昭和天皇は、統治権の総攬者であり、陸海軍の大元帥であった[68]。「たった一言の〝おわび〟もしない」のに「どうしていまごろ来島できるでしょうか[69]」との天皇への厳しい批判は、「封印されていたはずの天皇の戦争責任問題に小さな綻びが見え始めるようにな[70]」ったことに起因したものといえる。その契機となったのが、一九七一年秋の昭和天皇夫妻のヨーロッパ訪問であった。「センチメンタルジャーニー」と呼ばれた天皇皇后初の外国訪問は、イギリスやオランダを中心として昭和天皇に対する厳しい反対運動が展開された[71]。この外遊は、「天皇の戦争責任の問題が決して過去の問題ではなかったことを日本人に気づかせる契機となった[72]」というが、それは沖縄においても例外ではなく、むしろ強烈な反発となって現れたのであった。「昨年の欧州旅行でさんざん戦争責任を追及されたのに、いまさら沖縄に来るとは、どうゆうことですか」（会計士、琉球独立党党首[73]）など。

そして次のような賛成論でさえ、天皇の戦争責任問題への意識が常に存在したことがわかる。

来ていただきたい。そして、まことに相すまなかった、と一言、県民にいっていただきたい。昨年の欧州訪問に先立って沖縄にお寄りになっていたら、もっとよかったと思う。オランダのように天皇の戦争責任を追及するわけではないが、戦争の犠牲となった沖縄に対して、人間天皇として県民へのおわび、謝意、そして激励の声をかけられるのは当然だ（桑江《くわえ》朝幸《ちょうこう》立法院議員・自民党[74]）。

桑江は、「天皇の戦争責任を追及するわけではない」と述べながらも、昭和天皇に対して「県民へのおわび、謝意、そして激励の声」を「当然」のものと求めている。それだけ沖縄の感情というものは複雑であることを示すものといえる。

こうして沖縄当局は、五月一五日の復帰記念式典を経た九月六日、植樹祭に天皇皇后など皇室関係者や自衛隊関係者を一切招待しないことを正式決定した。その理由は、「復帰処理や記念国体、皇室への複雑な県民感情を考慮してのこと」とされた[75]。ここに皇室への要請は完全に断念され、植樹祭に天皇皇后が出席しない初の事例となったのであった。

五　天皇の海洋博出席案

一九七二年一一月二六日、摩文仁丘を会場に総勢四〇〇〇人が参加し、復帰記念の植樹祭が行われた。屋良は、沖縄県知事として「両陛下をお迎えするには手の及ばぬ点はあったにしても、植樹祭のような大事な行事をつまずかせてはならぬと最善の努力をつくした[76]」と述べている。一方、植樹祭を構想した大田政作は、復帰時まで全琉緑化推進運動委員会の会長を務めたが、結果として天皇・皇族の訪沖が実現されず、「特別に植樹祭を誘致した私のせっかくの願望も、残念ながら達成されなかった[77]」と無念さをにじませた。大田が志向した皇室と沖縄県民の「心の通い」は、未完のまま終わったといえる。そして一時天皇皇后の出席の可能性のあった特別国体も植樹祭と同じく実現に至ることはなかったが、国体自体は一九七三年五月三日から六日まで無事開催され、残るは一九七五年の海洋博だけとなった。

なお、一九七三年一一月には、高松宮夫妻による皇族として戦後初の訪沖が決定された（二八〜三〇日）。訪問の目的は、らい病予防や治療活動をしている藤楓協会総裁として、本島と宮古島のらい病患者施設を訪問するほか、南部の戦跡地を訪れるというものであった[78]。沖縄県は「県民の感情が変わってきている、警備上支障がない」と判断したようだが、一方では「海洋博、あるいはそれ以前に両陛下がおいでになるための県民の反応を見るためではないか」とのうがった見方も存在した[79]。

海洋博には皇太子が名誉総裁に就任し、開会式に出席するため、美智子妃とともに沖縄を初めて訪問することとなった。皇太子夫妻は一九七五年七月一五日に来県し、一七日にひめゆりの塔を訪れた。その時に発生した「ひめゆりの塔事件」はよく知られている[80]。屋良は沖縄の威信をかけて「必死に要請せざるを得な」く、「心をこめてお迎えしよう」と全県民に呼びかけたが、ひめゆりの塔を訪れた夫妻に対し、過激派が火炎瓶を投げつける大事件が起こってしまった。屋良は「ことの重大さに私は茫然自失言葉も出ない[81]」と振り返っている。とはいえ、この事件が皇太子の沖縄への関心を深化させたことは間違いない[82]。

写真1 復帰記念植樹祭で、リュウキュウマツを植樹する屋良朝苗県知事(右から2人目)(1972年11月26日)〔沖縄県公文書館提供〕

海洋博開催の直前、昭和天皇から宇佐美宮内庁長官にある意思が示された。一九七五年四月一六日、屋良知事は海洋博の打ち合わせのため上京し、その後宮内庁を訪れ、宇佐美長官と会談を行った。その際、屋良は、宇佐美から「天皇はどうなるのだとの話があつた、外国元首が見えて天皇が参加して居られぬ事になると大変具合が悪いとの事

写真2　若夏国体の開幕（1973年5月3日）〔沖縄県公文書館提供〕

を話されたようだ。戦跡の御巡拝は何よりも優先したいとの御希望[83]」が示されたことを聞かされたという。会談のより具体的な内容は、次のとおりである。

①是非戦跡巡拝をしていただく事
②その他の事については県知事に御委せする事
③天皇陛下から私はどうするのだ。アメリカに行く前に行けないかとの御下問があつて困つたとの御発言あり
④外国元首等が来訪した場合に天皇の御立場が困られる事になる事を心配して居られた。この話しを聞いて私も非常に話しにくい立場に立たされた。しかしうかつの事は云えず今後の問題として考えていく事にする
⑤皇太子は3回御訪沖なさるのではないかとの事であつた[84]

同年二月、天皇皇后初のアメリカ訪問が正式決定されたが[85]、昭和天皇はそれより前の訪沖、つまりは海洋博への自身の出席を強く希望したことがわかる。「戦跡巡拝」を「何よりも優先したい」と述べたように、昭和天皇が訪沖をいわゆる「戦後巡幸」の一環として位置づけたことは確かであるが、注目は海洋博に天皇が出席しないことへの懸念であった。先述のとおり、昭和天皇は、海洋博の開会

式に各国元首が来るのに、そこに天皇がいないことを「大変具合が悪い」ことと捉えていた。

それまでも昭和天皇は、一九六四年の東京オリンピックや一九七〇年の大阪万博の開会式など国際的な舞台には必ずといっていいほど出席していた[86]。それゆえ、海洋博が国際的行事である以上、天皇の出席は必要との認識であったものといえる。昭和天皇は事実上の「元首」としての体面に重きを置き、海洋博に出席しないことの問題性を深く憂慮したのであった。それは、「象徴」となった天皇が、戦後も事実上の「元首」意識を保持し続けていたことの証左ではないだろうか。

こうした昭和天皇の意向に対し、屋良は「非常に話しにくい立場に立たされた」と感じ、「今後の問題として考え」ることに決めたが[87]、先述のとおり、海洋博には天皇ではなく名誉総裁の皇太子が出席するのであった。昭和天皇が訪米直前に希望した訪沖は、結局のところ実現に至ることはなかった。

当の昭和天皇は、訪米後の公式記者会見（一九七五年一〇月三一日）で、「戦後、私は、今いわれたように各地を巡幸して激励しましたが、沖縄県には残念ながら行かれなかったのであります。機会があるならば、今いったように近い（将来）……行きたいと、私は希望しております[88]」と訪沖への思いを表明したが、そのチャンスが訪れるのは最晩年まで待たねばならなかったのである。

おわりに

本土復帰後の植樹祭と若夏国体への昭和天皇出席をめぐる論議では、本土と沖縄の天皇観の相克が浮き彫りとなった。

本土側では、主として国土緑化推進委員会、総理府（山中総務長官）から、国家的行事である植樹祭・国体と天皇皇后の出席は〝不離一体〟との論理が示され、琉球政府を代表する屋良朝苗はその要請を迫られていった。それは慣例という名の事実上の〝強制〟を意味したものと考えられる。つまり、琉球政府による行幸啓の要請とは、沖縄が本土に復帰する上での一種の〝通過儀礼〟としての意味を有するものであった。

沖縄側には、大田政作のように皇室と県民との関係構築を志向する人物もいたが、本土と相対する琉球政府は、本土側からの強い要請と県内の複雑な感情の板挟みとなり、決断を追い込まれていった。そのなかで琉球政府は、警備面の懸念はもとより、要請しないことの重大性、さらには本土の沖縄に対する差別感が生まれてしまうことまでも強く危惧し、最後は本土側の論理に圧される形で、要請を決定したのであった。

だが、琉球政府の決断に対し、与党や屋良の支持団体からの激しい反発が相次ぎ、植樹祭・国体への行幸啓は政治問題となってしまった。そこでは、先述したような本土側の論理に対する反発が主であったが、その根底には、昭和天皇の戦争責任問題への強烈な意識があった。本土と沖縄の相克を目の当たりにした屋良は窮地に追い込まれ、最終的に沖縄の論理を優先した決定を下すこととなった。すなわち、屋良をはじめとする沖縄当局が要請を断念した背景には、こうした沖縄内の政局が大きく作用したのであった。

以上のように、沖縄が本土に包含されるなか、植樹祭と国体への天皇出席をめぐっては、敗戦後断絶していた皇室と県民の紐帯の再構築が迫られる過程であったが、そうした論理は、沖縄側の論理の前に最終的に破綻することとなった。それは、一九五〇年代に定着したとされる象徴天皇制[89]の〝傷〟が、本土復帰後の沖縄行幸啓をめぐる相克のなかで表出したことを意味したのであった。

註

（1）宮内庁ウェブサイト「象徴としてのお務めについての天皇陛下のおことば」http://www.kunaicho.go.jp/page/okotoba/detail/12#41（閲覧日：二〇一九年九月一七日）。
（2）古川隆久「昭和天皇が果たせなかった沖縄再訪」（『中央公論』二〇一四年九月号）一四一頁。
（3）「NHKスペシャル」取材班『日本人と象徴天皇』（新潮新書、二〇一七年）一二六、一五二頁。舟橋正真「昭和天皇の外遊とその晩年」（古川隆久／森暢平／茶谷誠一編『「昭和天皇実録」講義』吉川弘文館、二〇一五年）一七六頁。
（4）櫻澤誠『沖縄現代史――米国統治、本土復帰から「オール沖縄」まで』（中公新書、二〇一五年）一七三～一七四、一八八頁。
（5）古川、前掲「昭和天皇が果たせなかった沖縄再訪」一三七頁。
（6）櫻澤、前掲『沖縄現代史』一八八頁。
（7）後藤致人「昭和戦後期における地域社会と天皇権威――第二十五回国民体育大会をめぐって」（同『昭和天皇と近現代日本』吉川弘文館、二〇〇三年）を参照。
（8）小松寛『日本復帰と反復帰――戦後沖縄ナショナリズムの展開』（早稲田大学出版部、二〇一五年）七五～八二頁。
（9）中島琢磨『沖縄返還と日米安保体制』（有斐閣、二〇一二年）を参照。
（10）「両陛下、沖縄ご訪問　復帰後、来秋にも県民の苦労ねぎらう」（『読売新聞』一九七一年六月四日）。なお、昭和天皇の沖縄返還交渉への関心については、吉次公介「戦後日米関係と「天皇外交」――占領終結後を中心として」（五十嵐暁郎『象徴天皇の現在――政治・文化・宗教の視点から』世織書房、二〇〇八年）を参照されたい。

(11) 前掲「両陛下、沖縄ご訪問　復帰後、来秋にも県民の苦労ねぎらう」。「戦後巡幸」については、瀬畑源「象徴天皇制における行幸――昭和天皇「戦後巡幸」論」（河西秀哉編『戦後史のなかの象徴天皇制』吉田書店、二〇一三年）を参照されたい。

(12) 同前。

(13) 「〝人間天皇〟二七年の旅　お待ちしております」（『読売新聞』一九七二年六月四日）。

(14) 同前。

(15) 同前。

(16) 「両陛下の沖縄訪問検討もしていない　宮内庁長官語る」（『朝日新聞』一九七一年六月五日）。

(17) 同前。

(18) 大田政作『歴史の証言――米占領下における沖縄の歩み』（力富書房、一九八〇年）三六八～三六九頁。

(19) 同前、三六九頁。大田は一九六二年一〇月の園遊会で、昭和天皇から「みんな力を合わせてさらに努力してもらいたい」との言葉をかけられ、「ありがたいお言葉を賜わり、感激に耐えません。お言葉に従い、さらに努力を致す覚悟であります」と答えている。「全く光栄の至りである」と評するほど、大田の天皇・皇室への思い入れは強いものがあった（同前、二七七頁）。

(20) 大田政作『憶う、時の流れに』（非売品、一九八九年）一三七、一三八～一四〇頁。

(21) 屋良朝苗『激動八年　屋良朝苗回顧録』（沖縄タイムス社、一九八五年）二〇六頁。「屋良朝苗メモ　118」（沖縄県公文書館所蔵）。

(22) 「摩文仁丘で特別植樹祭」（『毎日新聞』一九七一年一〇月二四日）、「来年十一月の沖縄で植樹祭」（『朝日新聞』一九七一年一〇月二六日）。

(23)「屋良朝苗日誌　29」一九七一年一〇月二五日条（沖縄県公文書館所蔵）。
(24)前掲『激動八年　屋良朝苗回顧録』二〇六頁。一九七一年一〇月二六日の『読売新聞』は、「屋良主席はとくに発言を求め、この記念植樹祭に天皇、皇后両陛下のご出席を希望した」と報道している。
(25)「復帰事務に関する書類（収発文書、局長会議録②）一九七一年」（沖縄県公文書館所蔵）。
(26)前掲『激動八年　屋良朝苗回顧録』二〇六頁。徳川理事長は、のちに「天皇、皇后両陛下のご臨席は沖縄の事情もあるので、とくにこだわりはしない。臨時の植樹祭なので先例とはならない」と証言している（屋良朝苗『屋良朝苗回顧録』朝日新聞社、一九七七年、二三三頁）。
(27)前掲『激動八年　屋良朝苗回顧録』二〇六頁。
(28)前掲「屋良朝苗日誌　29」一九七二年一月一二、一三日条。
(29)「復帰事務に関する書類（局長会議録）一九七二年」（沖縄県公文書館所蔵）。以下、局長会議における議論の内容は、断わらない限り同文書より引用したものである。なお同文書は、佐治暁人氏より提供を受けたものである。記して感謝申し上げる。
(30)「いまは白紙の段階　宮内庁長官語る」（『朝日新聞』一九七二年一月二一日）。なお、一九七二年一月一八日の閣議では、東京と那覇で「沖縄復帰記念式典」を国の行事として実施することが決定されている（「沖縄復帰記念式典の開催を閣議決定」『毎日新聞』一九七二年一月一八日夕刊）。
(31)前掲『激動八年　屋良朝苗回顧録』二〇六頁。
(32)前掲「屋良朝苗日誌　29」一九七二年一月二〇日条。
(33)「両陛下沖縄訪問の見通し」（『沖縄タイムス』一九七二年一月二〇日夕刊）。
(34)「両陛下をご招待　主席が上京、正式要請へ」（『琉球新報』一九七二年一月二五日）。
(35)前掲『激動八年　屋良朝苗回顧録』二〇七頁。
(36)「両陛下招くべきでない　与党が申し入れ」（『琉球新報』一九七二年一月二六日夕刊）。
(37)同前。

(38) 同前。
(39) 前掲「屋良朝苗日誌　29」一九七二年一月二五日条。
(40) 同前。
(41) 同前。
(42) 前掲「屋良朝苗メモ　118」一九七二年一月二六日。
(43) 前掲『激動八年　屋良朝苗回顧録』二〇七頁。
(44) 前掲「屋良朝苗メモ　118」一九七二年一月二六日。
(45) 前掲『屋良朝苗回顧録』二三二頁。
(46) 同前、二三六～二三七頁。
(47) 同前。
(48) 読売新聞社社会部編『天皇・その涙と微笑』（現代出版ＫＫ、一九七九年）二七〇頁。
(49) 前掲「屋良朝苗メモ　118」一九七二年一月二六日。
(50) 前掲『激動八年　屋良朝苗回顧録』二〇七頁。
(51) 前掲「屋良朝苗日誌　29」一九七二年一月二六日条。
(52) 同前。
(53) 「天皇御来訪に反対」（『朝日新聞』一九七二年一月二七日）。これ以外にも屋良のもとには、反対の申し入れが相次いだといい、沖縄県祖国復帰協議会（祖国復帰協）の事務局長（当時）・仲宗根《なかね》悟《さとる》は、「沖縄島の戦いで県民の二人に一人が死んだ。沖縄守備の日本軍は、〝天皇の軍隊〟という名の下に、県民に対してアメリカ軍以上の残虐行為を加えた。ほとんどの県民が天皇来島に反対していたし、いまも反対していると思う」と振り返っている（前掲『天皇・その涙と微笑』二七一頁）。
(54) 前掲「屋良朝苗日誌　29」一九七二年一月二六日条。
(55) 「〝両陛下お招きしたい〟主席与党側と話し合う」（『沖縄タイムス』一九七二年一月二八日）。

(56) 前掲「屋良朝苗日記　29」一九七二年一月二七日条。
(57) 同前。
(58)「社説　天皇ご招待について」（『沖縄タイムス』一九七二年一月三〇日）。
(59) 宮里松正『復帰二十五年の回想』（沖縄タイムス社、一九九八年）一八三頁。
(60)「沖縄植樹祭　両陛下ご臨席「お願いせず」」（『毎日新聞』一九七二年四月一八日）。
(61) 同前。
(62) 同前。
(63)「衆議院沖縄及び北方問題に関する特別委員会会議録」一九七二年四月一九日。
(64)「沖縄いま帰る〈11〉」（『毎日新聞』一九七二年四月二八日）。
(65) 同前。
(66) 同前。
(67) 同前。
(68) 山田朗『昭和天皇の軍事思想と戦略』（校倉書房、二〇〇二年）を参照されたい。
(69) 前掲「沖縄いま帰る〈11〉」。
(70) 吉田裕『日本人の戦争観――戦後史のなかの変容』（岩波現代文庫、二〇〇五年）一八〇頁。
(71) 舟橋正真「「皇室外交」とは何か」（吉田裕／瀬畑源／河西秀哉編『平成の天皇制とは何か――制度と個人のはざまで』岩波書店、二〇一七年）、同『「皇室外交」と象徴天皇制　一九六〇～一九七五年――昭和天皇訪欧から訪米へ』（吉田書店、二〇一九年）を参照。
(72) 吉田、前掲『日本人の戦争観』一八一頁。
(73) 前掲「沖縄いま帰る〈11〉」。
(74) 同前。
(75)「両陛下お招きしない」（『毎日新聞』一九七二年九月七日）、「植樹祭の皇室招待取りやめ」（『日本経済新聞』

一九七二年九月七日)。
(76) 前掲『激動八年　屋良朝苗回顧録』二〇七頁。
(77) 前掲『憶う、時の流れに』一四一頁。
(78)「高松宮ご夫妻、沖縄へ」(『毎日新聞』一九七三年一一月二二日)、「高松宮ご夫妻がひめゆりの塔ご巡拝」(『毎日新聞』一九七三年一一月二九日)。
(79) 同前。
(80) 河西秀哉『平成の天皇と戦後日本』(人文書院、二〇一九年)一一三～一一五頁。
(81) 前掲『激動八年　屋良朝苗回顧録』二〇七頁。
(82) 河西、前掲『平成の天皇と戦後日本』一一三～一一五頁。
(83) 前掲「屋良朝苗日誌　36」一九七五年四月一六日条。
(84) 前掲「屋良朝苗メモ　111」一九七五年四月一六日。
(85) 舟橋、前掲『「皇室外交」と象徴天皇制　一九六〇～一九七五年』を参照。
(86) 舟橋正真「高度経済成長期の香淳皇后と美智子妃」(森暢平／河西秀哉編『皇后四代の歴史』吉川弘文館、二〇一八年)を参照。
(87) 前掲「屋良朝苗メモ　111」一九七五年四月一六日。
(88) 高橋紘『陛下、お尋ね申し上げます』(文春文庫、一九八八年)二二七頁。
(89) 冨永望『象徴天皇制の形成と定着』(思文閣出版、二〇一〇年)、河西秀哉『「象徴天皇」の戦後史』(講談社選書メチエ、二〇一〇年)、同『天皇制と民主主義の昭和史』(人文書院、二〇一八年)などを参照されたい。

第3章　象徴天皇制と北海道北部
――「国境」という自己意識の形成――

河西秀哉

はじめに

明仁天皇は二〇一六年八月八日、退位の意向をにじませた「象徴としてのお務めについての天皇陛下のおことば」のなかで、次のように述べている。

天皇が象徴であると共に、国民統合の象徴としての役割を果たすためには、天皇が国民に、天皇という象徴の立場への理解を求めると共に、天皇もまた、自らのありように深く心し、国民に対する理解を深め、常に国民と共にある自覚を自らの内に育てる必要を感じて来ました。こうした意味において、日本の各地、とりわけ遠隔の地や島々への旅も、私は天皇の象徴的行為として、大切なものと感じて来ました。皇太子の時代も含め、これまで私が皇后と共に行って来たほぼ全国に及ぶ旅は、国内のどこにおいても、その地域を愛し、その共同体を地道に支える市井の人々のあることを私に認識させ、私がこの認識をもって、天皇として大切な、国民を思い、国民のために祈るという務めを、人々への深い信頼と敬愛をもってなし得たことは、幸せなことでした。(1)

明仁天皇はここで、「象徴」として、日本の各地を訪問することの意味の重要性を説いた。人々との接触を重要視したいわゆる「平成流」(2)において、天皇と皇后の訪問によって人々と天皇との関係性は構築されてきた。天皇はそうした場が、「共同体を地道に支える市井の人々のあること」を認識する機会になったと述べた。特に彼は、「遠隔の地や島々への旅」を大切に感じてきたという。

本章は、天皇によるそうした「遠隔の地や島々への旅」を検討してみたい。冨永論文（第1章）、舟橋論文（第2章）は沖縄を取り扱っているが、本章が対象とする地域は、その対極ともいえる北海道北部である。なぜこの地域に注目するのか。後に詳しく述べるように、戦前の日本は南樺太を植民地として領有しており、この地は「日本の北端」ではなかった。ところが敗戦後、一九五一年に調印されたサンフランシスコ平和条約によって、日本は南樺太の権利等を放棄し、北海道北部、とくに稚内は「日本の北端」となった。一九五四年八月六日〜二三日、昭和天皇は一九四六年から続く戦後巡幸の事実上の完結編として、北海道を巡幸する。札幌で開催される第九回国民体育大会開会式出席に合わせて巡幸を実施した天皇は、函館・室蘭・苫小牧・夕張・岩見沢・旭川・北見・網走・釧路・帯広・小樽などの北海道各地を訪問した。しかしこのとき、稚内など北海道北部を訪問することはなかった。この巡幸について、『北海道新聞』の検討などを通じてその状況を明らかにした坂本孝治郎は、次のように述べている。

北海道には根室、稚内という二つの「赤い風穴」のあるソ連との国境地帯があり、労働運動も強く赤旗が舞う恐れもあったせいか、警備態度が特に留意されたゆえに、「菊のカーテン」「ポリスの幕」というそしりを招く一面も生じた。[3]

北海道の面積は広大であり、この一九五四年の巡幸では日程の関係で、昭和天皇の北部訪問は実施されなかった。しかし、坂本が述べるように、北海道がソビエト連邦との国境に位置するという側面は大きな要素としてあり、しかも北部はソビエト連邦とまさに接して対峙する場所としての意味があったと思われる。アジア・太平洋戦争後の冷戦構造の構築は、北海道北部に北方という意識を自覚化させ、ソビエト連邦との関係性という問題を突きつけた。昭和天皇自身、北海道の防衛についてはたびたび興味関心を寄せており、[4]こうした要素を考えながら、北海道北部への天皇訪問を考える必要があるだろう。その後、昭和天皇と北海道との関係は、一九六一年五月に植樹祭への出席のために支笏湖・札幌・夕張・苫小牧などを訪問したこと、そして一九六八年八月に北海道百年記念祝典出席のために札幌・旭川・稚内などを訪問したことなどと続く。このとき、天皇は北海道北部を初めて訪問したのである。この訪問はどのようにして行われ、北部、特に稚内の人々はどのようにこれを受け止めたのだろうか。

一方、明仁天皇は天皇に即位してすぐの一九八九年九月、北海道北部を訪問した。天皇としての地方訪問は二カ所目であり、かなり早くにこの場所を訪れている。北海道訪問の目的は札幌で開催される第四四回国民体育大会開会式出席のためであるが、それに先だちわざわざ稚内に立ち寄った。それはなぜなのだろうか。その様子と反応を検討してみたい。なお、明仁天皇は退位を控えた二〇一八年八月四日、最後の離島訪問として、北海道北部の利尻島を訪れている。それは、先述した「象徴としてのお務めについての天皇陛下のおことば」に示された思いを果たしたともいえるだろうか。

なお、二人の天皇の訪問以外にも、それを補完する形で、北海道北部へは皇族の訪問がなされた。その実態を明らかにし、この地域の反応を検討する。それによって、天皇制と北海道北部の関係性から地域社会と天皇制の問題をより重層的に提起してみたい。

一　戦前における天皇・皇族の訪問

まず、戦前における天皇・皇族の北海道との関係性を見ておきたい。天皇・皇太子が戦前に北海道を訪問したのは六回である[5]。

明治期の一八七二（明治五）年から始まる六大巡幸と呼ばれる巡幸のなかで、まず一八七六年六月～七月、明治天皇は東北巡幸の後に函館を訪問した。具体的には、開拓使函館支庁・裁判所・砲台・五稜郭などを見学している。次に一八八一年七月から一〇月にかけての東北・北海道巡幸においては、天皇は青森から海路で小樽へ入り、その後、札幌で開拓使仮庁舎などを見学、室蘭や函館などを訪問している。これらの巡幸は、それまで京都にいた天皇の存在を全国に示し、その権威を伝播させて天皇を中心とした国家体制の構築を人々に知らしめる意図があった。それとともに、近代化が進む場所を天皇が訪問することによって、それを奨励するという意味もあった。北海道への天皇の訪問は、北海道が本格的に日本へ組み込まれ、開発が進むことを示したといえる。

その後、戦前日本において天皇が北海道を訪問することはなかった。代わりに皇太子が北海道へやって来る。一九一一年八月～九月、嘉仁《よしひと》皇太子が地方見学を目的として、北海道を訪問する。これは皇太子の来道が北海道側より請願され、それに応えて実施されたものであった。天皇の名代として、嘉仁皇太子は函館・札幌・旭川・帯広・釧路・室蘭・苫小牧などを訪問している。ここでは、釧路のように北海道東部まで訪問場所を広げているのが特徴的である。原武史によれば、そのなかでは同化のための役割として、アイヌの人々が奉迎に動員されることもあった(6)。この訪問は、皇太子の側からは体力増進や健康、知識獲得のために北海道を訪問したと評価できるとともに、国家や地域の側からは北海道を日本へとより組み込む方策の一つであったと見ることもできるのではないだろうか。

皇太子の北海道訪問は、次の裕仁《ひろひと》皇太子のときにも実施された。一九一五年ごろから、裕仁皇太子は地方見学を目的とする各地への訪問を続けていた。そして一九二一年三月から九月にかけてヨーロッパを外遊、その状況はマスメディアで大きく伝えられ、彼に対する人気は高まった。一一月には摂政に就任、翌一九二二年七月に北海道訪問が実現する。つまり、期待感が高まった時期に実施された訪問だった。この訪問は、北海道側からの請願による実現ではなく、裕仁皇太子自身の「特別の思召」によって実施された。具体的には、函館・小樽・札幌・旭川・網走・釧路・帯広・苫小牧・新冠・室蘭などを訪問しているが、網走への訪問など、それまでの明治天皇や嘉仁皇太子以上に北海道の広範囲をまわった。また、このなかで裕仁皇太子は平服を多く着用し、学校や産業施設に多数訪問している。また、台覧の場が設けられるなど人々との接触を意識した訪問であったともいえる。それは、第一次世界大戦後の世界的な君主制危機のなかで、日本の天皇制がいかにそれを回避して「民主化」した像を打ち出せるのかという当時の状況[7]があったからである。なお、裕仁皇太子はその後も、一九二五年八月に植民地視察のための南樺太行啓の途中、稚内に立ち寄っている。[8]これが皇太子の北海道北部初めての訪問であるが、詳しくは後述するように特別な意味が込められたものではなく、中継地としての意味合いでの訪問であった。

以上のように、近代初期の明治天皇の北海道訪問は、開拓奨励としての意味合いがあった。それ以後、北海道からの求めに応じて皇太子の見聞を広める目的で行われた訪問は、北海道統合の意味合いも存在していた。裕仁皇太子の訪問も、北海道を統合する機能を有していたといえる。とはいえ、その範囲は基本的には北海道南部・中部・東部までに限定されており、北部までには至っていなかった。

では、皇族たちも北海道北部を訪問したことがなかったのだろうか。天皇・皇太子とは異なり、皇族はその代わりにたびたび訪問していたようである。[9]その始まりは、日露戦争中の一九〇五年七月、樺太攻撃に備え宗谷海峡の警備にあたっていた軍艦千代田が稚内に入港したときである。その千代田の艦長が東伏見宮依仁《ひがしふしみのみやよりひと》親王で、これが、皇族が初めて北海道北部を訪問した事例となった。その後大正期になり、一九一七年七月に東久邇宮稔彦《ひがしくにのみやなるひこ》王が北海道を視察する。新冠御料牧場ほか、函館・小樽・札幌・旭川など[10]を訪問しているが、二六日に稚内着、北門神社で休憩して参拝し、記念植樹を行っている。これが、皇族が北海道北部へ目的を持って訪問した初めての事例となった。

昭和に入ると、皇族が北海道北部を訪問するペースは増加する。一九二九年六月には樺太で開催された水難救済会支部発会式に総裁宮として出席するため、伏見宮博恭《ひろやす》王が二五日に稚内へ着き、その後に船で樺太へ渡った。そして終了後、七月一日に再び稚内に到着、東京へと帰っていく事例があった。このように、北海道北部は樺太への中継地となっていく。同じ月の二八日に旭川で開催された北海道馬術競技会へ出席した賀陽宮恒憲《かやのみやつねのり》王は七月一日に稚内を訪問しているが、これは中継地としての訪問ではないめずらしい事例である。一九三一年七月九日に旭川で開催された帝国在郷軍人会第七師団連合支部総会に出席した閑院宮載仁《かんいんのみやことひと》親王は、北海道と南樺太の視察を行い、一三日に稚内へ着いた後に樺太へ渡り、二二日に帰路で再び稚内へ立ち寄った。一九三三年五月にも、北海道と南樺太見学を実施していた閑院宮春仁《はるひと》王と直子妃が二五日に稚内着後すぐに樺太へ渡り、六月四日再び稚内に来て東京へと帰った。一九三三年七月に札幌で開催された愛国婦人会北海道支部総会へ総裁として出席した東伏見宮周《かね》子《こ》妃も、北海道・樺太の視察を実施、八月一日に稚内へ着いた後すぐに樺太へと向かい、一二日に再び稚内へというルートをたどった。一九三六年七月には、大日本山林協会・大日本消防協会総裁の資格で北海道・樺太を視察した梨本宮守正《なしもとのみやもりまさ》王が二二日に稚内へ着いた後に樺太へ渡り、二九日に再び稚内へ到着して東京へと帰った。これが戦前、最後の皇族の北海道北部訪問となった。

　以上のような皇族の北海道訪問は、天皇・皇太子と同じように、北海道を日本に統合する役割を担っていたものと思われる。彼らの訪問は、その多くは総裁宮としての活動に付随していた。札幌や旭川などで自身が関係する団体の大会が開催され、北海道を訪れた。そのついでとして、広大な北海道を回りきれない天皇・皇太子に代わって、北海道北部や南樺太を訪問し視察したのである。これは鉄道の開通とも大きく関係する。宗谷本線は一九〇三年に名寄まで、一九二二年には稚内まで開通（一九二六年には現在のルート（天塩線））となった。北海道北部への鉄道の開通によって、皇族をそこまで運ぶことが容易になった。そして、日露戦争によって獲得した北方の植民地である南樺太への中継地としての役割を果たすことになったのである。宗谷本線はまさに北海道中央部から南樺太への連絡線としての意味を持った。

近代になって、明治政府は北海道開拓を積極的に実施した。天皇・皇太子・皇族の訪問はその奨励と、北海道を統合するために行われたものであったといえる。とはいえ、その範囲は当初、札幌・函館・室蘭・苫小牧など南部や中部に限定されていた。次第に釧路や帯広など東部にまで広がったものの、北部は取り残された。日露戦後、南樺太という植民地を得、「日本」の範囲は広がる。そして、北海道北部は南樺太への中継地としての意味合いを持つようになった。そのため、皇族は南樺太への中継地として、北海道北部を訪問するようになったのである。

二　戦後における皇族の訪問

アジア・太平洋戦争の敗戦後、天皇は日本国憲法に「象徴」と規定された。その前後から、戦争責任を回避し、天皇制を存続させる政策が様々に実行された[11]。天皇の「人間宣言」、そうした「民主化」を人々に印象づける戦後巡幸などである。こうした活動は、天皇のみが行っていたわけではない。皇族も同様に、「人間化」「民主化」を人々に示し、天皇制の存続や「象徴」という概念の定着に大きく寄与した[12]。皇族は天皇と同じように全国を訪問し、北海道北部へもこうした観点からの皇族の訪問が続いていった。

敗戦後、最初に北海道北部を訪問したのは、高松宮宣仁《たかまつのみやのぶひと》親王・喜久子《きくこ》妃夫妻である。高松宮が一九五七年七月に北海道を訪問することになり、それに合わせて北海道北部にも来ることとなった。その状況は、稚内の地元紙『日刊宗谷』の次の記事に詳しい。

本夏御来道する高松宮両殿下をゼヒ北辺の地にもお招きしようと、稚内市、利礼両島では懇請していたところ、徳田稚内海上保安部長あて渡辺一管本部長から管内御視察の正式日程が入り、初の宮様のお出でだけに市および利礼両島では歓迎準備に大童、喜びにわいている。(13)

ここからは、稚内・利尻・礼文からの求めに応じる形で、高松宮が北海道北部を訪問することになったことがわかる。なぜ地元側から高松宮の来訪を求めたのかについては、ここでははっきりとしない。ただし「はじめに」で前述したように、一九五四年の昭和天皇の北海道巡幸ではこれらの地域は訪問対象とはならなかったため、弟の高松宮が北海道へ来ることがわかったことから、天皇の代わりとして、地域の人々は自分たちの場所である北海道北部への高松宮訪問を求めたのではないだろうか。一九五六年に日ソ共同宣言が調印され、ソビエト連邦との国交が回復したことも大きいだろう。

この記事からはまた、海上保安庁が高松宮北海道訪問の事務を担当していた様子もわかり興味深い。後述するように、高松宮は広大な北海道の移動に、海上保安庁のヘリコプターを使用することになる。飛行機の離発着ができる空港が北海道北部にいまだ整備されていない段階で、いかに効率的に訪問するかを考えたとき、ヘリコプターという移動手段が出てきたのだろう。また、海上保安庁がヘリコプターを導入したのは一九五三年であり、皇族が新しい輸送機を伴って登場し、そのような新しさ・技術を地域の人々に印象づけることにつながったものと思われる。

高松宮夫妻は七月二三日、海上自衛隊函館基地からヘリコプターに乗って北海道北部の天塩《てしお》町へ入った。その後、再びヘリコプターに乗って礼文島の香深《かふか》に到着する。このとき、地元紙である『日刊宗谷』によれば、ヘリコプターは香深中学校校庭に「フンワリ空から御来島」し、「軽やかに着陸」したという。そして、校庭で小中学生をはじめとする島民が迎えるなか、スーツ姿の高松宮と洋服姿の高松宮妃殿下があらわれた[14]。こうした登場の仕方は、人々に大きな印象を与えたと思われる。ヘリコプターという最新鋭の輸送手段で登場した皇族が、「軽やか」という表現がなされるように、颯爽としたスーツ姿で、しかも夫婦そろって登場したのである。このことは、伝統的ではない新しい皇族の印象を与え、象徴天皇制になって「民主化」されたことを、礼文島やその後に立ち寄った利尻島の人々に、そしてそれを新聞で読む北海道北部の人々にアピールしたのではないだろうか。

それは、翌日の稚内訪問のときも同様であった。再びヘリコプターに乗って登場した高松宮夫妻は、「カケ足の御旅行日程ながら、両殿下とも旅のつかれもみせず終始ニコやかに笑顔をみせ」、稚内市民からの歓迎を受けた。車の窓を開けて歓迎に応える高松宮の姿に対して、「スポーツの宮様らしい庶民的なお姿だつた」との評価もなされている。高松宮自身も「島や稚内地方の人達が非常に朗らかで、健康的で、街も活気のあるのに驚いた……来年飛行場が完成するそうだがそうすれば東京から真すぐ稚内へ来たいネ」と述べ、それは「冗談をいわれる程打ちとけた感じ」とも地元紙には評価された[15]。

この高松宮夫妻の北海道北部訪問は、敗戦後に天皇が「人間」となり、人々に近づいたこと＝天皇制の「民主化」をこの地において示す絶好の機会となった。「人間天皇」像を体現する皇族の姿を、人々はこの訪問で感じ取ったといえるだろう。高松宮は天皇の代理としてそれを演じきった。天皇が敗戦後の全国巡幸で行くことができなかった地域に出向くことで、皇族は新しく生まれ変わった象徴天皇制を体現していく。こうした事例は、北海道北部に限らず、様々な地域で存在していた[16]。

一方でこの高松宮夫妻の訪問には、北海道北部独自の状況も加味されていた。西岡斌《さかん》稚内市長は「高松宮殿下、妃殿下を御迎えして」という文章を発表しているが、そこからは地域の独自性を見出すことができる。

　畏くも高松宮両殿下には此度我が国最北端の当稚内市に遙々台駕を進ませられ、御英姿を仰ぎ挙げて欣喜感激の極みでありまして衷心より慶祝に堪えない所で御座います。本市は終戦後南樺太を失陥致し一時沈滞の懸念も御座いましたが、種々の困難に屈することなく道北地方の中心地としての自覚と誇りを以つて水産日本の北方拠点の確立に鋭意努力致し居る次第で御座います[17]。

ここからは、敗戦後に植民地である南樺太を失い、北海道北部が中継地としての役割を終えたことに起因して、停滞への懸念がこの地域にあったことをうかがわせる。しかしそれを乗り越え、「道北地方の中心地」として「水産日本の北方拠点」としての自覚を高めていったこと、そしてそれを踏まえて「国境」の街を皇族が訪問したという自己意識（おそらく、懸念を乗り越え発展してきたことを皇族が顕彰してくれるとの意識）を有していることが読み取れる。敗戦によって中継地から「国境」へと地域の性格に変動があった北海道北部は、自己意識も変化を迫られた。この高松宮夫妻の訪問は、そうした自己意識の変化を定着・強化する意味を有したのである。

そうした意識は、地域だけのものでもなかった。高松宮も稚内の印象を聞かれ、「先年根室のノシヤツプ岬〔納沙布《のさっぷ》岬の誤り〕に行つたが同じ国境でも稚内の野寒布岬はずつと明るい感じがする、これも水産業などが活発なためでしようね」と答えており、稚内が「国境」であることを意識した発言をしている。また高松宮妃はより直接的に、「樺太がなくなつたのにこんなに発展した大きい町とは思いませんでした。却々好い町です」と述べて、南樺太を失った後のこの地域の変化について言及している。[18] 訪問する側にとっても、礼文島・利尻島や稚内は「国境」であり最北端の街を訪問しているとの意識があったのだろう。高松宮妃は「いかで我わするへしやは宮と共にさいはての島めぐりし旅を」「さいはてのお花畑に我立ちて夢見る心地にしばしなりぬる」「日の本の北のはてなるこの島の高原に咲く花のかずかず」という歌を残し、日本の「さいはて」「北のはて」を訪問した印象を強く有していた。[19] このように訪問する側にとっても、北海道北部は他の地域とは異なる意味合いがあったのである。その意味では地元と意識を共有していた。

高松宮夫妻訪問後、地元紙『日刊宗谷』は社説で以下のように訪問を総括している。

騒ぎではあつたにはあつたが、どこか昔のようなカタ苦しいところは全く無かつた。……とにも角にも、天皇陛下を除いて、日本最高の御夫婦である。……今更、北端の香深村まで行かれることもなかろうが、ワザワザ行かれたのは、日本最北端の島という意味もあり、又或は、これで、日本は西南北全部お知りになつた事になるのかも知れない。[20]

ここからは、新しい象徴天皇制の姿を示す訪問であったこと、「日本最北端」の地であり、「国境」の街を訪問することは高松宮にとって、日本を「お知りになる」、つまり戦後型の「シラス」としての意味があったと北海道北部では認識されていたことがうかがえる。天皇は「象徴」となり、国土を治める立場ではなくなったが、皇族が代理として「国境」を認識する必要性（「シラス」）が意識されていたといってもよいだろうか。

その後、北海道北部を皇族が訪問するのは、一九六三年七月の義宮正仁《よしのみやまさひと》親王である。兄の明仁皇太子は一九五九年に正田美智子と結婚をし、いわゆるミッチー・ブームが起きた。義宮は一九五八年に学習院大学理学部を卒業後、東京大学大学院理学研究科の研究生となって研究を続けており、兄に続いて彼自身の結婚も取りざたされ、人々の期待を浴びていた。その義宮が理学研究科研究生の身分で植物学研究のために北海道内を旅行することとなり、稚内や豊富、礼文島や利尻島なども訪問することとなった。その訪問は、単なる学問的な個人旅行ではなかった。ミッチー・ブームから続く象徴天皇制への、そして義宮への期待感が存在していた。だからこそ、東京から全国紙の宮内庁担当記者、テレビや雑誌などの記者などが三二人もこの訪問に同行しており[21]、それを受けて北海道北部もその歓迎モードへと入っていく。そして義宮は鉄道で稚内へと入った。

ここでも先の高松宮夫妻の訪問と同様に、義宮の北海道北部への訪問は「民主化」された象徴天皇制を示す機会となった。地元紙では「御気軽に市民の歓迎に応え」る様子、「庶民的に御挨拶を交す」義宮の姿が報道された[22]。ミッチー・ブームによって、そうした像はより増幅していったのではないか。それだけではなく、義宮が昭和天皇の次男であることに大きな意味を持たせる記事もあった。たとえば、「天皇陛下御一家にとつて稚内の旅行は初めてのこと[23]」と言及されるように、彼は「天皇御一家」として括られたのである。それは、天皇の弟でありすでに宮家として独立した高松宮とはまた違ったレベルの皇族が北海道北部を訪問したということを意識しているといえるだろうか。

> 今上天皇の第二皇子であらせられる義宮様も、すつかり国民（くにたみ）に親しまれ、群衆にとけ込んだプリンスぶりをご発揮になられる。それがまた人気の的になるのだろうか[24]。

昭和天皇の子ども（＝「天皇御一家」）が稚内など北海道北部を訪問したという事実は、この地域にとって、より天皇を身近に感じ、自らの空間を天皇や皇族たちに認識してもらっているという意識へとつながっていったのだろう。

その後、一九六八年七月には三笠宮《みかさのみや》百合子《ゆりこ》妃が名誉副総裁を務める日本赤十字社北海道大会に出席するために北海道を訪問した際、稚内も訪問する。北海道開道一〇〇年の事業として稚内にノシャップ寒流水族館が開館するため、その開会式に三笠宮妃は出席することとなった[25]。その後彼女は、日赤奉仕団稚内市地区大会に出席、稚内公園などを視察する予定となった。準備の途中、日程の変更が生じたが、日赤北海道支社を通じて宮内庁や三笠宮妃へその確認がなされており、そうした事務は日本赤十字社が行っていたようである。[26]そしてこの訪問で重要なのは、稚内公園の視察だと思われる。『日刊宗谷』はその様子を次のように伝えた。

二十二日朝浜森市長の案内で稚内公園をご視察になった。……妃殿下は南極犬タロー、ジローの銅像を車の中から見られたあと、氷雪の門の前で車を降りられ、氷雪の門九人の乙女の像など感慨深かげに見学なされ、浜森市長の説明に一つ一つうなずかれていた。[27]

この公園には氷雪の門や九人の乙女の像があった。そこを三笠宮妃は「感慨深かげに見学」したという。これは、後述する同年の昭和天皇と香淳《こうじゅん》皇后の北海道北部訪問とも通底する。この公園で三笠宮妃は「市長の説明をききながら濃霧につつまれた宗谷海峡を眺め」たが、「旧カラフト島が見えないのが残念なご様子であ」ったという。[28]敗戦後に南樺太を失い、「国境」の街となった稚内を訪問した意味がここに見られる。ある種の「シラス」を三笠宮妃は行い、それが地元紙に報道されたのである。

以上のように、戦後における皇族の北海道北部への訪問は、「民主化」して新しくなった象徴天皇制をこの地にまで伝える役割を果たすとともに、敗戦後に新たに「国境」となった地を訪問して地元にそれを自覚させる契機ともなった。

三　昭和天皇・香淳皇后の稚内訪問

昭和天皇と香淳皇后は一九六八年八月から九月にかけて、北海道を訪問することになった。昭和天皇はここで敗戦後初めて、北海道北部を訪問することになる。八月三一日に東京羽田から飛行機で北海道へ入り、千歳などを視察、翌日九月一日には札幌養老院、二日には北海道庁やサッポロビール工場などを視察、北海道神宮に参拝の後、北海道百年記念祝典に出席した。これが、この北海道訪問の主目的である。その後、三日に旭川へ入り、四日の休養日を経て、五日に鉄道で豊富町を訪れ、車で稚内へと入った。翌日、稚内から鉄道で札幌へと帰り、七日に農林省北海道農業試験場を視察して、帰京する。以上がこの北海道訪問の概要である[29]。

九月二日の北海道百年記念祝典で天皇は「おことば」を発し、そのなかで「たくましい開拓者精神をうけつぎ、国運の進展に寄与するよう希望します」と述べた[30]。この北海道訪問の主目的である祝典の場で、天皇は北海道の「たくましい開拓者精神」を強調し、それとともに北海道北部を初めて訪問することで、そうしたイメージがこの地域により結びついていく。この一九六八年は、稚内市は「開基九十年、市制施行二十年」という記念の年であり、たとえば地元紙のコラムでは、「「風雪百年」開拓の歴史を祝い、新しい百年の建設を誓う全道民の姿を、お二人の目でお確かめ頂きそのお言葉を新しい世紀の励みにしたい[31]」というように、天皇の「おことば」や訪問が、それまでの自身の先祖を含めた「開拓者」への顕彰になるとの意識、そしてそれを踏まえて自身も頑張っていこうとする意識が形成されつつあったことがうかがえる。また別の地元紙コラムでも、「わが国のシンボルであられる天皇陛下のご尊顔を当地方で拝されるとは光栄である。これも北海道百年記念のおかげであると思えば、北海道二世紀に向かって強くたくましく生きよう…〔ママ〕との意気込みも新たに湧いてくる」と記される[32]ように、これからの「開拓者」としての自己意識が強化されている状況があった。

ここからは、先祖や自身はフロンティアを生きているとの自己イメージを、昭和天皇の訪問をきっかけにして北海道北部の人々が強く有していった様子がうかがえる。それは、北海道開拓という歴史的な状況があり、しかもたまたまこの年が北海道一〇〇年かつ稚内の開基九〇年にあたり、それを顕彰するムードが高まっている時期だからこそ、そうした意識を強化していったものと思われる。またそれだけではなく、この時期は稚内港の大規模な整備計画も具体化し、それは「大消費地である大東京と直結の計画」であると地元では評価されていた。そして、北海道北部はいまだ「未利用の土地も多く、また天然資源も至って豊富で」あり、また「全国有数の漁業基地」としての意味合いも大きく、将来の日本の国民生活を担う場所たりうるとの認識もあった[33]。稚内はそうした「道北開発の拠点」として位置を占めており、単なる一地域の開発に留まらず、これからの日本社会にとって、この地域の発展は大きな意味を持っている、彼らはそう感じていたのだろう。昭和天皇の北海道北部への訪問は、こうした現在進行形の開発をも後押しする意味がある、そのようにとらえられていたのである。それゆえ、天皇訪問にあたって、石崎重義稚内市議会議長は次のような談話を発表している。

日本最北端のこの地に両陛下をお迎えできるのは光栄のいたり。市民とともに心からお迎えしたい。

九十年前、この〝不毛の地〟に命がけで〝クワ〟を打ちこんだ先人たちの苦労のあとや、現在の発展ぶりをゆっくりごらんになっていただきたい(34)。

ここからは、北海道北部に天皇がやって来ることに対する強烈な意識を読み取ることができるだろう。北辺としての自己イメージを形成し、強化していく様子ともいえるだろうか。「開拓者」として、自身の先祖が北海道北部の「不毛の地」に入って努力したからこそ、「現在の発展ぶり」がある、そうした認識が天皇の北海道北部訪問によって稚内の人々に定着していったのである。

なお、この訪問の準備はすでに七月より行われており、宮内庁などによる下検分は同月に実施された(35)。地元はとくに道路整備などに熱心であったようで、「陛下のお通りになるコースはチリ一つ落ちていない道路にしたい考え」を有していた(36)。北海道北部において天皇の巡幸は初めてだったため、従来型とも戦前からの意識を継続させた形式ともいえるような、歓迎の仕方が準備されていたのではないか。それは、「あらゆる面に粗相のないように…〔ママ〕と、神経を使っている(37)」という言葉が代表しているような意識ともいえよう。稚内市の食品協会では沿道の清掃や市内店舗の清掃・整頓、ハエの駆除など実施したほか、保健所による環境衛生の指導、清掃強化運動も展開された(38)。また、徹底した巡幸へのリハーサルが行われ、それを踏まえて町村金吾北海道知事は「天北の雄大さを生かすよう」に、視察場所での天幕の使用を止め、報道写真に北海道北部の自然が映されるよう配慮するよういい添えた(39)。これは北海道北部の「開拓」としてのイメージをアピールするための方策だろう。こうした準備過程を踏まえていた結果、昭和天皇・香淳皇后訪問の当日の『日刊宗谷』は以下のような社説を掲げ、天皇らを迎えようとした。

> ご来訪は今春からもれ伝えられていたため、陛下のお通りになる国道関係などは早くから整備清掃に力をこめていた。……宮内庁では、ありのままの姿を陛下にお見せしてほしい〔ママ〕…とのことだったが「ありのまま」といっても、あまりにも薄汚れた所をお目にかけるのでは失礼にあたる――と、当事者は配慮し、ありのままの姿ではあっても、できるだけ清潔に快いものにしたい意向が強く現われた。……各地での奉迎ぶりをみていると、やはり天皇こそは日本の象徴であるという実感が湧いてくるしその気高くも暖かい人徳のしからしむるところと痛感させられる。……陛下のおことばの通り、われわれ道民は、美しい雄大な自然を保護しながらも調和のとれた開発に一致協力して、ニユー・フロンテイア精神と英知をもとにして前進に前進を続ける覚悟を、この機会に新たにしたいものである[40]。

これまで繰り返してきたように、北海道北部のなかでは、天皇がやって来ることで、「フロンテイア」＝「辺境」という自己意識が形成され、熟成している様子がわかる。そして、それを基にして今後の発展に寄与しようとする決意がここで表明されているのである。天皇の訪問はそうした契機になった。だからこそ、天皇を歓迎するとき、彼らは清掃のような「配慮」が必要だと感じたのである。

昭和天皇と香淳皇后は稚内市を訪問し、稚内漁業協同組合冷凍工場で加工の工程や水産品展示などを閲覧した。ここで天皇は、「水産を通じて、日本の食料問題に一そう貢献するよう」との「おこと

写真1　氷雪の門〔筆者撮影〕

ば」を奉迎者たちにかけた[41]。昭和天皇自身、稚内の人々の自己意識に応えるかのように、北方漁業における稚内の貢献をうながしたのである。

その後、夕方に天皇と皇后は稚内公園の頂上に立ち、説明役の浜森辰雄稚内市長から氷雪の門、九人の乙女の像について説明を受けると、「感慨深げに大きくうなず」き、「冥福を祈られるように頭をさげ」たという[42]。この氷雪の門と九人の乙女の像への昭和天皇の訪問が、翌日の新聞では大きくクローズアップされた。氷雪の門は、一九六三年八月二〇日に「異国となった樺太への望郷の念とそこでなくなった人々を慰めるため[43]」、南樺太からの引揚者の寄付によって樺太島民慰霊碑として建立された記念碑である（写真1）。九人の乙女の像も同じ日に建立された記念碑である（一一六頁の写真2）。一九四五年八月二〇日、南樺太の真岡へのソビエト軍の侵攻に際して、真岡郵便電信局で電話交換業務のために残った女性九人が、業務終了後に自ら命を絶つという出来事があった。彼女らを英霊として顕彰しようとする動きが高まり、遺族や氷雪の門と同じように南樺太からの引揚者らの寄付によって、記念碑が建立された。屏風状の碑には亡くなった九人の名前、交換手姿の女性の像を刻んだレリーフ、彼女たちの最後の言葉である「皆さん、これが最後です。さようなら、さようなら」が刻まれている[44]。昭和天皇が北海道北部を訪問するこの一九六八年に完成しており、先述したように三笠宮妃もこの年に稚内を訪問していることから、天皇皇后よりも先にこれらの記念碑を見学した。

この二つの記念碑を実際に昭和天皇が訪問したのは約八分であり、それほど長くはない。ただし、次の日の全国紙にもその様子が写真付きで掲載されるなど、注目を浴びた[45]。実はすでにそれらの見学が決まった時点で、稚内では「稚内の象徴ともいえる氷雪の門は、両陛下のご視察によっていっそう意義を深めると、旧樺太からの引揚者は感激しているが、これはひとり引揚者たちだけの心情ではなく、稚内市民あげての感慨であろう」と報じられていた[46]。それだけ、地域のなかでは天皇が氷雪の門と九人の乙女の像を訪問することに対して期待感が存在していたといえるだろう。

それはなぜなのか。地元紙『日刊宗谷』と『稚内プレス』は、四三年前の一九二五年に南樺太へ渡る際に稚内へ裕仁皇太子が立ち寄ったエピソードを訪問前に紹介する[47]。そして、そのときの日本は南樺太という植民地を有し稚内は中継地であったこと、そしてそれを敗戦によって失ったことが提起される。氷雪の門と九人の乙女の像は、それを一九六八年の天皇訪問の時点で記憶する装置であった。しかも九人の乙女の像は、その植民地を最後まで守ろうとした「悲劇」の人物たちを慰霊する記念碑であり、天皇がそこを訪問することはそうした人々を顕彰することにもつながった。だからこそ、南樺太から引き揚げてきた人々や稚内の人々は、この二つの記念碑への天皇の訪問を歓迎し、地元紙を含めてそれを強調する報道が展開されたのである。そして昭和天皇は訪問時、双眼鏡で樺太方面の水平線を見ていたという。まさに「国見」であった。

この昭和天皇の北海道北部への訪問は、この地域にとって自己意識を強化する意味を有した。「開拓者」としての意識、「日本最北端」＝北辺の都市としての位置づけを形成することで、これからの発展にどのように貢献すべきかを考えていく機会ともなった[48]。そして氷雪の門と九人の乙女の像への天皇の訪問は、敗戦によって植民地を失うにあたってなされた犠牲に対して天皇が弔意を示したことになり、そうした人々への顕彰ともなった。天皇にとっては、過去に訪問した樺太に対する想いを新たにする機会になりつつ、敗戦後の日本の「最北端」を訪問する機会となった。それは、敗戦後に「象徴」となったものの天皇として、「国見」としての意味を有したのではないだろうか。

四　徳仁親王の訪問

一九八六年八月、明仁皇太子の長男である浩宮徳仁《ひろのみやなるひと》親王が北海道北部を訪問することとなった。一八日に札幌を訪れ、青少年科学館など視察し、翌日に天皇在位六〇年記念全国慶祝都市緑化祭に出席などをする。そして二〇日に札幌の丘珠空港より空路で稚内へ入り、市内を視察したのち、フェリーで利尻島へ向かう。二一日には利尻岳を登山し、再び稚内へと入り、二二日はサロベツ原生花園（豊富町）を見学、稚内空港から千歳経由で帰京するという訪問であった[49]。この訪問の目的は何だったのか。

それは、徳仁親王の趣味に基づいた訪問であった。彼は登山が趣味で、「写真で強烈な印象を受け、あこがれていた利尻島」「小さい時から写真を見て、登ってみたいと思っていた利尻山の登山を兼ねての視察」と報じられた[50]。徳仁親王は一九八三年から八五年までイギリスのオックスフォード大学に留学、それを終え、一九八六年はいわゆる「お妃選び」の話が持ち上がりつつあった時期でもあった。それゆえ北海道北部でも彼の訪問は大きく取りあげられ、「明るい話題のお人だけに、北志向離島観光ブームにさらに拍車をかけるという期待」も訪問の際にはあった。(51)

とはいえ、地元では細心の注意を払って準備が進められて警護もなされていたようで、(52)その状況に「登山道は、かなりの奥まで舗装され、中腹のかん木は必要以上に刈りひろげられて、北海道の自然の山とは思えないほど変わり果てていた」との投書も寄せられた。(53)新しい世代の皇族が北海道北部を訪問することに対する期待感は存在しており、徳仁親王の一挙手一投足が報じられるなどの反応がありつつも、一方では権威としてそれを迎え入れるような意識も存在していたのである。

さて、この訪問で注目される点は二つである。第一に、「最北端」への訪問ということが強調されている点である。徳仁親王訪問の様子を伝える新聞は、「きょうお成り／浩宮さま最北の旅」「最北端、初のご訪問／浩宮さま稚内入り」「浩宮さま／念願の利尻島入り／きょう〝最北の富士〟を登山」「最北端の海を眺め／浩宮さまたたずむ」という見出しを掲げ、(54)「最北端」への訪問であることを読者に印象づけようとしている。いずれも地元の北海道北部の人々が読むことを想定すれば、昭和天皇の訪問のときに定着していた自己意識をこの徳仁親王訪問時にも再び表出させたといえるだろう。徳仁親王は「日本最北端」の地である宗谷岬の「最北端」の碑の前に立つなど、この訪問がそうした印象をより強くした。そして、北海道北部訪問終了時の新聞でも「最果ての旅終える／利尻岳の印象もお強く」「浩宮さま最北の夏を満喫」との見出しを掲げており、(55)こうした北辺の都市という意識が皇族の訪問のたびに出てくることになる。

写真２　九人の乙女の像〔筆者撮影〕

第二に、昭和天皇訪問との連続性が語られる点である。稚内市訪問に際して、徳仁親王は稚内公園に立ち寄り、氷雪の門や九人の乙女の像を訪問した。そこでは、「かつて天皇、皇后両陛下も訪れられた」「天皇、皇后両陛下が、ご訪問になられたときの話を交じえて」と報道されるように[56]、前述した一九六八年の昭和天皇訪問との関連が強調された。しかも、その訪問についての昭和天皇の御製「樺太に命を捨てしたおやめの心思えば胸せまりくる」と香淳皇后の歌「樺太につゆと消えたる乙女らのみたまやすかれとただいのりぬる」が行幸啓記念碑として一九六九年に稚内公園に建立されたことから、徳仁親王はその歌碑も見学し、祖父である昭和天皇との訪問の連続性が演出されたのである。

この徳仁親王の北海道北部訪問終了後、「皇太子ご夫妻が、まだ一度もお成りになっていない道北へ――の期待もある」と報道されるようになる[57]。こうした期待の高まりは、昭和天皇から明仁皇太子、そして徳仁親王へと続く「天皇ご一家」が北海道北部を訪問することの意味を地元が認識しているがゆえであったといえる。昭和のころにはそれはなされなかったが、平成の最初、訪問が実現する。

五　明仁天皇・美智子皇后の訪問

明仁天皇は天皇に即位した年、そして退位する前年に北海道北部を美智子皇后とともに訪問した。まず即位した年の訪問について見てみよう。

一九八九年九月、第四四回国民体育大会秋季大会開会式に出席するため、北海道を訪問することになった。即位してすぐの五月に全国植樹祭出席のために徳島県を訪問しており、北海道は二つ目の地方訪問となった。一五日に東京羽田空港から稚内へ入り、宗谷合同庁舎や宗谷岬、漁協ホタテ貝処理加工場、そして稚内公園を見学して宿泊する。翌日は老人ホームやサロベツ原生花園を訪問し、稚内から飛行機で千歳へ向かい、札幌に到着する(58)。一七日には札幌の北海道大学植物園を見学、国民体育大会開会式に出席、翌一八日にはバスケットボールやラグビーなどの競技を観戦し、空路で羽田へ帰るというルートをたどった。つまり、訪問場所は稚内と札幌の周辺に限られている。国民体育大会開会式に出席するために札幌を訪問する必要のあった天皇皇后は、なぜその前にわざわざ稚内に立ち寄ったのだろうか。

この訪問が初めて地元で報道された紙面では、宮内庁からのコメントとして、「在りのままの道北の姿、多くの道民や自然に触れたい」というのが稚内に立ち寄った理由だとされている(59)。これではなぜ札幌以外の訪問場所が稚内なのか、判然としない。そのためか、稚内市議会でこの問題が取りあげられた。浜森稚内市長は答弁のなかで、「この度、天皇、皇后両陛下の強いご希望により、道北地方の事情をご視察される」ため、稚内を訪問することになったと述べた。天皇と皇后が自ら希望したことにより、北海道北部訪問が実現したのである。ではなぜ天皇と皇后は訪問を強く希望したのか。それは、第四節で述べた徳仁親王の訪問の影響であった。利尻岳への登山、稚内での氷雪の門や九人の乙女の像、そして昭和天皇の歌碑を視察した徳仁親王は、「非常に感銘を深くされておりまして、当時皇太子殿下であった現在の天皇陛下にいろいろお話をして、稚内行きが急遽決まった」という。[60]つまり、徳仁親王が訪問時の状況や思いを両親に話し、それを聞いたことで北海道北部へ行きたいという意思を持つようになったのだろう。明仁天皇は皇太子時代、北海道を八回訪問しているが、北部へは来たことがなかった。そのため、北海道を訪問する機会を得たことから、その前に北海道北部の稚内へ立ち寄る希望を述べたのではないだろうか。

稚内の立場からも、天皇の訪問は歓迎すべき状況だった。前に述べたように、昭和天皇、徳仁親王の訪問はすでに実現しており、そのあいだでもある明仁天皇の北海道北部への訪問は待望されていたともいえる。またそれだけではなく、このときに開催された国体との関係においても、北海道北部が抱える問題が以下のようにあった。

　この完全国体、夏の大会が函館市などで開かれ、開催地はいずれも国体ムードで湧き返った。うらやましい。稚内市を含め宗谷管内での国体開催はゼロ。全道的な盛りあがりの国体、宗谷管内はカヤのそと。……せめてこの炬火リレーで健康的な汗を流そう。特に天皇、皇后様が御出になる国体稚内からその御一歩だけに、この国体リレーも大きな意義があるような気がする。[61]

北海道内では、国体の開催にともなう盛り上がりがある一方、それらの競技が開催されない北部は取り残されているとの認識が地元にはあった。また、昭和天皇の訪問時とは異なり、この時期の北海道北部は発展という意識が減退していた。というのも、北海道北部は一九七〇年代後半から過疎化が進行し、この地域が北海道や日本社会のなかで取り残されていくのではないかとの不安も地域では高まりつつあった。国体が行われないことを「カヤのそと」と見ていたのも、そうした感情が根底にあったからに他ならない。だからこそ天皇皇后の訪問は、それを解消する機会になると見られ、歓迎されたのである。

訪問決定後、稚内では準備が急ピッチで進められた。道路の整備が行われ、支庁などは事前の準備に忙殺されていたようである。また、万全の警備体制が敷かれ、「行幸啓予行練習」も実施された。[62]こうした状況は、昭和天皇のときとほとんど変わっていない。とはいえ、人々が実際に天皇皇后を迎えたとき、その状況は変化していた。

大勢の市民がご奉迎の列。それらの人達に、いちいちご会釈されるお気軽さ。お車のお通りになる沿道の市民にも、車窓からお手をふられるなど、「平民天皇・皇后両陛下」のお姿に、市民も感動。ひらかれた皇室、平成時代の国民とお親しく過ごされようとするお気持が、随所に見られ、市民はいっそう、ご無事で楽しいご旅行であることをお祈りしていた。[63]

写真3　昭和天皇の歌碑〔筆者撮影〕

　ここには、前述したような変わらぬ準備風景のなかでも、平成の新しい人々と天皇皇后との接触様式が生まれ、両者が混在している状況を見ることができる。即位後、明仁天皇の進める路線は「開かれた皇室」として人々に歓迎されており[64]、この稚内訪問でもその様子がうかがえる。

　この稚内訪問での注目点は、日本最北端の地碑がある宗谷岬を見学し、稚内公園を訪れたことである。明仁天皇・美智子皇后は徳仁親王と同様に、稚内公園にある氷雪の門、九人の乙女の像、昭和天皇の歌碑（写真3）を見学した。それは、地元紙で「昭和天皇・皇太后両陛下がおいでになったとき、宗谷湾とサハリン州を望まれた場所がこの碑のあるところ。亡き昭和天皇をしのばれよう[65]」と述べられるように、昭和天皇との連続性が強調されている。昭和天皇死去後、明仁天皇への「代替わり」が行われたことを、稚内公園にあるこれらの記念碑を訪れることで示すかのようである。当日のニュースでも、「この公園では、二一年前、昭和天皇も、同じ電話交換手の話を聞かれ、その時お詠みになったお歌が記念碑に刻まれています。この記念碑をご覧になった両陛下は感慨も新たなご様子でした」と語られた[66]。このように、昭和天皇が訪問した場所を、天皇に即位してすぐの明仁天皇が訪問することで、まさに天皇の引き継ぎが行われたこととして人々にとらえられたのである。

明仁天皇と美智子皇后はこれらの記念碑を訪れ、献花をした。そして、「最北端の宗谷岬より遠く樺太を望み、氷雪の門、九人の乙女の碑を訪れ、深い感動を覚えました」との感想を侍従を通じて伝えた[67]。この「おことば」を伝える記事のなかには、「最北の地」という言葉が出てくる。これは、昭和天皇の訪問のときに見られたような意識の再生産ともいえるものだろう。昭和天皇・明仁天皇・徳仁親王という三代にわたる天皇・親王の訪問によって、そうした地域の認識を地元紙は次のように強くしていった。

稚内公園はまた、三代にわたるご視察の場所となった。ともに氷雪の門・九人の乙女の碑に手を合わされたわけだが、樺太（サハリン州）に散った同胞への慰霊のお姿は、真しそのものだったという。それだけ、戦火に散った人々に対する、哀悼のお気持ちが強いことを物語っている[68]。

ここでも、南樺太を敗戦後に失い、稚内が「最北端」の地となったことが強調される。そうした出来事を記念する空間を天皇が訪問し、そして「国境」を見ることこそ、まさに古代以来の天皇による「国見」であった。即位してすぐにこの地を訪問することで、天皇は「日本国の象徴」として、「日本国」の位置を確認しに来たともいえるだろう。

そして、明仁天皇は退位を控えた二〇一八年八月四日、最後の離島訪問として、北海道北部の利尻島を訪問することとなった。このときの訪問は、札幌で五日に開催される北海道一五〇年記念式典に出席することが主な目的で、利尻島の訪問は空路で日帰りであった。稚内訪問と同様に、わざわざ訪れたことに意味があるだろう。利尻島訪問は二〇一一年に検討されていたものの、東日本大震災で取りやめとなり、「念願かなった訪問となった」[69]。明仁天皇の離島への訪問は皇太子時代を含めて利尻で五五島目で、「両陛下は以前から一度は訪れたいと思っていたので大変喜んだ様子だった」という[70]。このように、天皇皇后の強い意思で訪問が実現したことが強調されていた。

迎える側も、「全島民感激と感動」と地元紙に見出しが掲げられるように[71]、その訪問を歓迎していた。「退位前に遠い利尻島まで来てくれて元気をもらって、平成最後の夏に島民みんなの思い出になる」と述べる島民[72]、「両陛下が離島住民をとてもきにかけていただいている証でありまして、大変有り難いことと思っております」とあいさつする利尻町長[73]ともに、自分たちは忘れられた存在ではないことを天皇皇后の利尻島訪問によって認識する機会になったと述べている。過疎化によって発展から取り残された離島に、わざわざ天皇皇后が来、人々と接触することで、地元の彼らは感謝する。それは、自らが「日本」にいることを認識する空間となったのではないだろうか。

おわりに

これまで見てきたことをまとめておきたい。北海道は近代になって本格的に「日本」に組み込まれた。しかし北海道は広大な面積を有しているため、天皇や皇太子などが北海道を訪問して、その権威を広めていったものの、北部までには至らなかった。しかし、日露戦争後、植民地として、南樺太を獲得して変化が訪れる。植民地への中継地・立寄地としての役割が北海道北部にもたらされ、皇族の訪問がなされるようになっていく。それによってその権威は伝播していった。

敗戦後、それが変化する。南樺太という植民地を失い、北海道北部は中継地・立寄地ではなく、北方の「国境」となった。冷戦の構築は、ソビエト連邦との関係性を微妙なものとし、日ソ共同宣言以前は北海道北部は皇族すら訪問しなかった。何かの危険性を考慮したからだろう。その後、高松宮夫妻の訪問を契機として、皇族による訪問がなされるようになる。それは、利尻・礼文などの離島にまで及んだものであった。彼らは、新しい象徴天皇制の状況を「日本の最北端」であるこの地域に伝える役目を担った。

そして、開道一〇〇年になって、昭和天皇の訪問が実現する。それをつうじて、北海道北部では「開拓者精神」・フロンティア・北方という自己意識が形成・強化されていった。またそのなかでは、氷雪の門や九人の乙女の像への訪問に見られるように、失った植民地で犠牲になった人々に対する思いも強調された。それは、敗戦後に「最北端」「国境」となったことを強く意識化させることになった。日本の伸び縮みを天皇によって意識していったのである。

平成の初期、明仁天皇と美智子皇后がわざわざ稚内に訪問したことの意味も大きかった。即位後すぐであったことで、昭和天皇との連続性が認識され、新天皇によるある種の「国見」としての意味をもった。昭和天皇のときとは異なり、この地域は過疎化が進み始め、国家の発展に寄与するという意識は薄れていた。しかし天皇訪問によって、「最北端」であるという地域アイデンティティは再認識されていく。つまりこの地域において自分たちが「日本」の内部にいることが確認されたともいえる。それは、退位を目前とした訪問でも同様であった。周縁の地域への天皇の訪問は、ナショナルな意識形成と大きく結びついていたのである。

註

(1) 宮内庁ウェブサイト「象徴としてのお務めについての天皇陛下のおことば」http://www.kunaicho.go.jp/page/okotoba/detail/12#41（閲覧日：二〇一九年九月一七日）。
(2) いわゆる「平成流」に関しては、吉田裕／瀬畑源／河西秀哉編『平成の天皇制とは何か――制度と個人のはざまで』（岩波書店、二〇一七年）を参照のこと。
(3) 坂本孝治郎『象徴天皇がやって来る――戦後巡幸・国民体育大会・護国神社』（平凡社、一九八八年）一六五〜一六六頁。
(4) 河西秀哉『天皇制と民主主義の昭和史』（人文書院、二〇一八年）二三四〜二三五頁。
(5) 以下、原武史『可視化された帝国――近代日本の行幸啓［増補版］』（みすず書房、二〇一一年）を参照した。
(6) 原武史『大正天皇』（朝日新聞社、二〇〇〇年）一七三〜一七四頁。
(7) 河西秀哉『近代天皇制から象徴天皇制へ――「象徴」への道程』（吉田書店、二〇一八年）など。
(8) 『昭和天皇実録』第四（東京書籍、二〇一五年）一九二五年八月八日条。
(9) 以下、稚内市史編さん委員会『稚内市史』（稚内市、一九六六年）、稚内市百年史編さん委員会『稚内百年史』（稚内市、一九七八年）、稚内市史編さん委員会『稚内市史』第二巻（稚内市、一九九九年）を参照した。
(10) 『読売新聞』一九一七年七月一八日。

(11) 河西、前掲『天皇制と民主主義の昭和史』一七～九五頁など。
(12) 茂木謙之介『表象としての皇族――メディアにみる地域社会の皇室像』（吉川弘文館、二〇一七年）、河西秀哉「戦後皇族論」（同編『戦後史のなかの象徴天皇制』吉田書店、二〇一三年）。
(13) 『日刊宗谷』一九五七年七月一六日（『日刊宗谷』は稚内市立図書館所蔵）。
(14) 『日刊宗谷』一九五七年七月二四日。
(15) 『日刊宗谷』一九五七年七月二五日。
(16) 茂木、前掲『表象としての皇族』二二三～二五五頁など。
(17) 『稚内プレス』一九五七年七月二四日（『稚内プレス』は稚内市立図書館所蔵）。
(18) 『稚内プレス』一九五七年七月二五日。
(19) 小田桐清実『利尻と礼文』（小田桐清実、一九六四年）一五五～一五七頁。
(20) 『日刊宗谷』一九五七年七月二六日、社説「高松の宮様」。
(21) 『日刊宗谷』一九六三年七月一〇日。
(22) 『日刊宗谷』一九六三年七月一四日。
(23) 同前。
(24) 『日刊宗谷』一九六三年七月一九日、「宗谷ほうき」（コラム）。
(25) 『日刊宗谷』一九六八年七月一八日。
(26) 『日刊宗谷』一九六八年七月一九日、二一日、『稚内プレス』一九六八年七月一九日、二一日。
(27) 『日刊宗谷』一九六八年七月二三日。
(28) 『稚内プレス』一九六八年七月二三日。なお、一九七三年には三笠宮が、一九七九年には三笠宮容子（次女）が利尻島を訪問している。
(29) 『昭和天皇実録』第十二（東京書籍、二〇一七年）一九六八年八月三一日～九月七日条、「北海道行幸啓関係録　№１　昭和43年」（北海道立文書館所蔵）、「行幸啓録　昭和43年」（筆者による宮内庁への情報公開請求資料）。
（30）『朝日新聞』一九六八年九月三日。
（31）『稚内プレス』一九六八年九月五日、「話題」（コラム）。
（32）『日刊宗谷』一九六八年八月三日、「宗谷ほうき」（コラム）。
（33）「昭和43年　天皇行幸関係文書」（筆者による稚内市への情報公開請求資料）、『稚内プレス』一九六八年八月三日「話題　天皇、皇后お成り」（コラム）、八月六日「先週のことども」（コラム）。「周縁の島」が天皇皇后の訪問によって、ナショナリズム的な意識を有していくことについては、井上亮『象徴天皇の旅』（平凡社新書、二〇一八年）から示唆を受けた。
（34）『北海道新聞』留萌宗谷版、一九六八年九月四日。
（35）前掲「昭和43年　天皇行幸関係文書」。
（36）『日刊宗谷』一九六八年八月二日。
（37）『日刊宗谷』一九六八年八月一八日。
（38）『日刊宗谷』一九六八年八月一六日、二五日。
（39）『稚内プレス』一九六八年八月二四日、『日刊宗谷』一九六八年八月二四日。
（40）『日刊宗谷』一九六八年九月五日、「社説　両陛下を心から奉迎する」。
（41）『日刊宗谷』一九六八年九月六日。
（42）前掲『日刊宗谷』一九六八年九月六日、『わっかない』第一九八号（稚内市広報、一九六八年一〇月、稚内市立図書館所蔵）。前掲『昭和天皇実録』一九六八年九月五日条は二つの記念碑に「黙礼」した、前掲『稚内百年史』は「眼をうるまされた」（三三七頁）と記す。
（43）一般社団法人稚内観光協会ウェブサイト「氷雪の門」http://www.welcome.wakkanai.hokkaido.jp/archives/listings/hyousetunomon（閲覧日：二〇一九年九月一七日）。
（44）『読売新聞』一九六八年九月二八日、「一般社団法人稚内観光協会ウェブサイト「九人の乙女の碑」http://

www.welcome.wakkanai.hokkaido.jp/archives/listings/otomenohi（閲覧日：二〇一九年九月一七日）。
(45)『朝日新聞』一九六八年九月六日、『読売新聞』一九六八年九月六日。
(46)『稚内プレス』一九六八年九月四日、「話題　礼儀正しい市民」（コラム）。
(47)『日刊宗谷』一九六八年八月八日、『稚内プレス』一九六八年九月三日。『北海道行幸啓誌』（北海道、一九六九年）でも、「四十三年前をご回想」との文言があり、訪問終了後にもそうした回顧はあった。
(48)とはいえ、こうした意識を有して昭和天皇の訪問を歓迎するのは、比較的上の世代が多かったようである。彼らは訪問を「ありがたい」と意識し、それによって自己意識を形成していくのに対し、若い世代は「大げさ」と批判することも多かった（『北海道新聞』留萌宗谷版、一九六八年九月七日）。
(49)『日刊宗谷』一九八六年八月九日、『稚内プレス』一九八六年八月九日。一九八三年に起こった大韓航空機撃墜事件の犠牲者を慰める「祈りの塔」（一九八五年完成、稚内市に所在、稚内が事件の調査や報道の前線基地になったこともあり建立）にも車のなかから目をとめた。
(50)『北海道新聞』一九八六年八月二一日、『稚内プレス』一九八六年八月二四日「時の話題　浩宮さま」（コラム）。
(51)『日刊宗谷』一九八六年八月一七日。
(53)『日刊宗谷』一九八六年八月二〇日、『稚内プレス』一九八六年八月二四日。
(53)『北海道新聞』一九八六年八月二一日。
(54)『日刊宗谷』一九八六年八月二〇日、『北海道新聞』一九八六年八月二〇日夕刊、八月二一日、『朝日新聞』北海道支社版、一九八六年八月二一日。
(55)『日刊宗谷』一九八六年八月二三日、『北海道新聞』一九八六年八月二三日。
(56)『朝日新聞』北海道支社版、一九八六年八月二一日、『日刊宗谷』一九八六年八月二一日。
(57)『日刊宗谷』一九八六年八月二七日。
(58)「行幸啓録　平成1年」（筆者による宮内庁への情報公開請求資料）、『日刊宗谷』一九八九年八月二三日など。

なお、この訪問につき稚内市へ文書史料の情報公開請求をしたところ、廃棄して文書は存在しないとのことであった。また、北海道の情報公開条例に基づき文書史料を請求したが、大量にあることなどを理由に、三年以上経過した現在も閲覧できていないことを付記しておく。
(59)『稚内プレス』一九八九年八月一七日。
(60)「平成元年第4回（定例会）稚内市議会会議録」（稚内市立図書館所蔵、一九八九年九月一日会議）。天皇自身、訪問時に侍従を通して「道北の訪問はこの度が初めてで」との「おことば」を発しており、北海道北部という場所に来ることが大きな目的であったことを示唆している（『北海道新聞』一九八九年九月一六日）。
(61)『日刊宗谷』一九八九年九月一〇日、「宗谷ほうき」（コラム）。
(62)『稚内プレス』一九八九年八月一九日、八月二七日、九月一日、九月一四日、『日刊宗谷』一九八九年九月六日、九月八日など。
(63)『日刊宗谷』一九八九年九月一六日。
(64)河西秀哉『平成の天皇と戦後日本』（人文書院、二〇一九年。初出は二〇一六年）一二一～一二三頁。
(65)『日刊宗谷』一九八九年九月一五日。『日刊宗谷』は翌日の紙面でも「昭和天皇お偲びに」との見出しを掲げ、この稚内公園訪問の様子を伝えている。
(66)「NHKニュース」一九八九年九月一五日（この原稿は「G-Search」http://db.g-search.or.jp/で検索した）。
(67)『読売新聞』一九八九年九月一六日、『稚内プレス』一九八九年九月一七日。
(68)『日刊宗谷』一九八九年九月一七日。ここには、その後の「平成流」の柱の一つでもある、戦争の記憶についての取り組みの萌芽が見える。
(69)『朝日新聞』二〇一八年八月五日。
(70)『北海道新聞』二〇一八年八月六日。
(71)『日刊宗谷』二〇一八年八月五日。
(72)『北海道新聞』二〇一八年八月五日。

(73)『広報りしり』四九四号（利尻町広報、二〇一八年九月）。

【付記】利尻島に関する史料については、西谷榮治氏に様々な史料の提供と教示を得た。記して感謝したい。本稿は、科学研究費・萌芽的挑戦研究二〇一四～二〇一五年度「国境未満の異文化接触／衝突／浸潤」（研究代表：池内敏）、科学研究費・若手（B）二〇一三～二〇一五年度「象徴天皇制形成期の総合的研究」（研究代表：河西秀哉）の成果の一部である。

第Ⅱ部

地域から見た天皇制

第4章　戦前期の乳人選定と地域社会の変容

森　暢平

はじめに

乳人《めのと》とは、生まれたばかりの皇室の乳児に母乳を与える女性のことである。昭和天皇・香淳《こうじゅん》皇后（裕仁《ひろひと》・良子《ながこ》）の代の乳人は、それ以前の乳人とは大きな相違がある。それは、縁故には頼らず、皇室とまったく関わりのない女性を「地域」から選んだことであった。宮内省が府県に乳人選考を依頼し、その依頼は市町村レベルにおろされ、乳人にふさわしい人物が見いだされた。裕仁・良子夫妻には、一九二五（大正一四）年生まれの成子《しげこ》内親王（照宮《てるのみや》、のちの東久邇成子）から三九（昭和一四）年生まれの貴子内親王（清宮《すがのみや》、のちの島津貴子）まで七人の子供がいる。それぞれに二〜三人、計一八人の乳人がいた（表1）。そのありようは一様ではない。当初は、「平民」性をもった女性も選考対象となり、しだいに都市新中間層の妻であることが重視され、最後には地方の名望家の女性が選ばれやすくなる。この変化は、大正デモクラシーから総力戦への時代の変化に対応している。それ以上に重要な

表1　裕仁・良子夫妻の代の乳人一覧

選考年	対象皇子	名前	年齢	推薦府県	学歴	夫の職業
1925年	成子	辰巳恒子	23	東京	島根県浜田高女 →奈良女高師	陸軍大尉
		平山シズヱ	22	神奈川	高等小学校	農業
		△飯島家寿	22	東京	高等小学校	下駄製造販売
1927年	祐子	木内喜代子	22	東京	福岡県小倉高女	会社員
		八田義子	21	山梨	長野県諏訪高女	銀行役員
		△桜井ムメ	26	神奈川	高等小学校	神奈川県技手
1929年	和子	奥野智恵子	23	東京	兵庫県神戸高女	慶應大学予科講師
		竹村玉恵	25	神奈川	神戸市立女子技芸学校	建設会社技師
1931年	厚子	森岡節子	28	東京	東洋高女	陸軍大尉
		北野貞	30	東京	滋賀県彦根高女	陸軍中佐
1933年	明仁	野口善子	21	埼玉	埼玉県久喜高女 →山脇高女専攻科	呉服商
		進藤はな	23	茨城	高等小学校 →女子技芸塾	県師範学校教諭
(1934年)		△竹中敏子	20	岐阜	大垣市立高女 →報徳女学校	小学校訓導
1935年	正仁	福島治	22	長野	長野県大町高女 →共立女専	農林省技手
		狩野のぶ	30	群馬	千葉県安房高女	陸軍少佐
		△前田聡子	27	神奈川	和歌山高女	海軍少佐
1939年	貴子	矢部経子	25	福島	福島高女	呉服商
		松本夫佐	25	新潟	新潟県巻高女 →音羽洋裁学院	医師

註）△は補充員からの「昇格」。年齢は、発表または発令日の満年齢。

のは、変化が地域社会の変容と連動していることである。大正末期から昭和戦前期の地域社会では、名望家秩序が後退し、平準化・大衆化が進んでいく。裕仁・良子夫妻の乳人はこうした過渡期のなかにあり、乳人の変化を明らかにすることはすなわち地域社会変容の解明につながるのである。

こうした乳人の変化に注目した研究はこれまで存在しなかった。乳人制度が、明仁皇太子・美智子妃（現上皇・上皇后）の代で廃止されたことはよく知られる。しかし、「平安時代から続いてきた歴史と伝統」がここで断ち切られ、美智子妃自身の母乳で皇子が育てられたと強調されるにとどまっている。乳人を「伝統」として静態的にとらえ、その廃止が皇室の近代化であるという単線的な語り方がなされるだけなのである。筆者は近年、「近代皇室における「乳人」の選定過程と変容」[1]と題する論文（以下、前論文）を発表し、裕仁・良子夫妻の乳人についての研究を進めてきた。そこで明らかにしたことは、母乳を与えられる女性を単に選べばよいという考え方が変革され、国民と皇室をつなぐ回路として新たな制度が構築されたことであった。前論文はまた、当初「身分・職業不問」が強調され、国民と皇室のフラットな関係という理想が存在したものの、天皇神格化の風潮のなかでそれが形骸化していくことを実証した。そこで、乳人の選考過程など基本的なことは前論文に任せ、本章はそれを発展させる形で、地域社会のなかの乳人という視点を提示していきたい。社会のどのような変容が、乳人の変化につながったのかを明らかにすることが本章の目的となる。変化を巨視的にとらえるため、前論文とは異なり、各回の乳人選考を網羅的に扱うことはしない。一九二五年の成子内親王、二九年の和子内親王（孝宮《たかのみや》、のちの鷹司和子）、三三年の明仁皇太子（継宮《つぐのみや》）、三九年の貴子内親王の四皇子の乳人に注目し、それぞれがどのような人物でどのような背景で選出されたのかを検討していく。

表2　乳人選考の対象とした府県

選考年	対象府県数	
1925年	4	東京・神奈川・埼玉・千葉
1927年	8	関東8府県（1925年の4府県＋茨城・栃木・群馬・山梨）
1929年	8	関東8府県
1931年	8	関東8府県
1933年（明仁第1回）	8	関東8府県
1934年（明仁第2回）	7	岐阜・静岡・愛知・滋賀・京都（のちに東京・茨城追加）
1935年	13	関東8府県＋福島・新潟・長野・静岡・愛知
1939年	25	1935年の13府県＋青森・岩手・宮城・秋田・山形・富山・石川・福井・岐阜・三重・滋賀・京都

最初に、筆者の前論文が明らかにした乳人選考の基本的な部分だけおさえておこう。乳人は当初、東京・神奈川・埼玉・千葉の四府県で選考されたが、二回目の一九二七年からは山梨を含む関東八府県に拡大し、最後の三九年は、京都・三重以東の本州全体に選考対象が広域化していく（表2）。乳人の要件は選考年によって若干の違いがあるが、基本は「身体、精神共ニ健全ニシテ血統正シキコト」であり、対象年齢は二〇歳から三五歳であった。もっとも重要な条件は母乳が出ることで、少なくとも採用される直近に出産した女性でなければならなかった。さらに、自分が生んだばかりの乳児を帯同して、宮中に住み込むことを了承する必要がある。給料は、「世話婦」の雇費込みで月一五〇円。待遇はかなりいいが、女官の序列では上位とはいえず、女嬬と同格であった。

一　乳人候補の多様化と社会統合

裕仁・良子夫妻に最初の子、成子内親王ができたのは一九二五（大正一四）年一二月であった。すでに、大正天皇・貞明《ていめい》皇后（嘉仁《よしひと》・節子《さだこ》）の代から、皇室においても夫婦と親子が団欒する「近代家族」化の趨勢は明確になっており、それは側室の廃止、皇子哺育に対する両親の関与拡大などに現れていた。裕仁・良子夫妻はこれをさらに進め、女官が、裕仁の身の回りを世話することをやめさせ、彼女たちが宮中に住み込む形態を廃止した。家族としての私的領域（家内領域）を明確にし、そこへの宮内官・女官の介入を最小限に止めようという試みである。こうした改革は、乳人廃止という方向に向かうはずである。しかし、現実には乳人は存置された。これについて宮内省の記録は「御誕生アルヘキ皇孫ノ御乳ハ主トシテ妃殿下ノ御母乳ニ依ラル、コトハ改テ御決定相成リ居レルモ、万全ノ方法トシテ予備的ニ御乳人ヲ選定シ置ク必要アリ」と記している(2)。良子妃の母乳で育てることは決定していたが、「万全ノ方法」として「予備的」に乳人を選んでおくとされたのである。乳人を一気に廃止するのではなく、予備的に存置したという位置づけであった。

しかし、自分の子供に他人が授乳する乳人のありようは〈近代家族〉の理念から外れる。そこで打ちだされた新方針が二つある。一つは家族についての要件であった。それは「身分、職業ノ如何ヲ問ハサル」という新要件だ。「身分・職業不問」の原則が掲げられたのである。もう一つは、近郊県にまで候補者推薦を依頼したことだ。それまでは、東京府下の一部の郡に依頼したのみであったが、これを大幅に広げ、乳人を国民と皇室を結ぶ回路としようと意図した。

宮内省が、東京・神奈川・埼玉・千葉の四府県に候補者選考を依頼したのは一九二五年一〇月五日。出産予定日は一一月二六日であったから、その一月半前である(3)。依頼は市町村レベルにおろされた。産婆に適任者を問い合わせるなど現場での選び方はさまざまであった。東京府でみると、主に郡部から候補が推薦され、身長体重、母乳の脂肪度などの検査により、七人が宮内省に推薦されることになった。他県をみると、神奈川県、埼玉県からそれぞれ二人、千葉県から一人が推薦され、宮内省にあがった候補者は全部で一二人であった。

ここで東京府の七人の候補のうち、特徴的な何人かを見ていく。

まず、荏原郡駒沢町（現世田谷区）の農業、大場いち（三一歳）である。[4]彼女は一八九四（明治二七）年、同郡松沢村（同）の磯崎金太郎の長女として生まれ、二二歳のとき、大場種次郎と結婚した。東京府の調書には、身長四尺九寸（約一四八センチメートル）、体重一三貫（約四九キログラム）で、「肉付強健ニシテ曾テ病気シタルコトナシ」とある。乳人候補となるまで四人の子をなしたが、いずれも母乳で育て、子供たちは「発育至極良好」であった。身体検査では母乳の脂肪分がやや少なかった。これは、検査の二カ月前に出産したあと、「旧式ノ食物摂生ヲ守リ毎日肉類、魚類脂肪分等ヲ禁シ粥食ニ梅、野菜等副食」を中心にしていたからだった。

大場は、それまでの乳人と共通点がある。それは、東京近郊の農家の女性という点だ。明治期から大正前期まで、皇室に乳人が必要となったばあい、宮内省は荏原・豊多摩・北豊島の三郡に依頼することが多かった。健康な女性は農村にいるという前提で、近世から変わらない生活が残る三郡に推薦を依頼し、土地持ちの女性が推薦されていたのである。大場はこれと同じ、典型的な乳人であった。大場のような明治期・大正前期と連続する乳人を〈近郊農村型〉の乳人と呼ぶことにしよう。

興味深いのは、大場家が、「貸地」収入をあげていたことだ。関東大震災を境に東京近郊の農村部に、急速に都市住民が流入してくる。大場家の近くには玉川電鉄上馬駅があり、路面電車が渋谷まで通勤・通学客を運んでいた。農村といっても、駒沢町は「郊外」への変容の途上にあった。

〈近郊農村型〉の変種として、北多摩郡府中町（現府中市）の宇田ま寿（二二歳）がいる。埼玉県入間郡越生《おごせ》町で代々、松屋の屋号で小さな旅人宿を営む田島家に一九〇三年に生まれた女性である。(5)八人のきょうだいの五番目であった。当時の越生は周辺農村からの生糸集積地として栄えていたが、松屋は時流に乗れず、子供が多かったこともあって豊かではなかった。彼女は、三歳で同郡坂戸町（現坂戸市）の叔母宅に預けられて、育てられた。同町で尋常小学校に通い、一五歳で府中町の宇田広次に嫁した。宇田家は、広次の祖父の代の明治初年から続く染物屋（紺屋）であったが、(6)広次の父の芸者遊びで家が傾きかけ、宇田が嫁にきた三年後にその父は失踪している。宇田は乳人候補になるまで三人の子供をもうけながら、夫とともに借金を返済し、生活を立て直していた。府中町は多摩地方の中心であり、宇田家は商家である。だが、近郊郡部の市井の女性からというのが〈近郊農村型〉との共通点である。

実家の田島家は明治末、越生の旅人宿をたたみ、一家は豊多摩郡大久保町（現新宿区）に出て、父が鉛筆工場で働いたり、行商をしていた。宇田が乳人に選ばれたとき、父は小学校の小使い（用務員）をしていた。田島家は近世からの暮らしを維持できず、上京し都市労働者として細々と生計を立てていた。そうした実家をもつ女性が、乳人候補に選ばれたのは、「身分・職業不問」のスローガンがあったからである。皇室と国民とのフラットな関係という理想のなかから、宇田のような女性が候補にあがってくる。

〈近郊農村型〉と対極の位置にある女性が辰巳恒子（二三歳）であった。一九〇二年、島根県邑智《おおち》郡川戸村（現江津《ごうつ》市）の能美順治郎の五女として生まれた。能美家は近世末期には村役人を務める家柄で、明治期以降、父（順治郎）と兄が村長を務めたことがあった(7)。家は楮《こうぞ》など和紙の原料を都市に出荷するなどして利益をあげていた。県立浜田高等女学校（以下、高等女学校は、高女と略記）を卒業し、学業が優秀であったため奈良女子高等師範学校（女高師）に進んだ。実姉が同郷の将校と結婚した縁で、浜田に赴任した経験がある陸軍大尉、辰巳栄一と結婚することになり、奈良女高師は途中退学した（結婚は一九二四年）(8)。乳人候補となったとき、栄一は陸軍大学校で学んでおり、家は豊多摩郡千駄ヶ谷町（現渋谷区）にあった。地方農村の名望家出身の女性が、結婚を機会に都会に出て、俸給生活者の妻となる典型であった。辰巳は〈新中間層型〉の乳人として位置づけることができる。

東京府の七人の候補のなかで、乳人に選考されたのは、辰巳であった。これまで高等教育を受けた乳人は出たことがない。前代までの乳人選びは、〈近郊農村型〉の女性が選ばれていたから、新しいタイプの乳人となった。

前代までの乳人はあくまで皇族に母乳を授けることができる女性を求めるもので、乳人決定が積極的に発表されることはなかった。しかし、裕仁・良子夫妻の代の乳人選びは、選考すること自体が報じられ、その人となりが新聞を通じて関心の的となった。あるばあいは人びととの近さ、別のばあいは母としての婦徳が強調された。「身分・職業不問」の原則は、〈近郊農村型〉から〈新中間層型〉、その中間のバーションなど乳人の選考対象を多様化させたといえる。

大正時代、日本社会は急速に変貌を遂げていた。都市に住民が流入し、大衆化が進むいっぽう、従来の農村・山村は、都市との関わりのなかで、消費社会を享受できる層と、困窮し都市に流入する層に分化していく。大正末期の乳人選考は、流動化する社会を統合する役割の一部を担っていたといえる。すなわち、どのような階層の女性であっても、乳人に選ばれる可能性があることを期待させ、そのことによって天皇制を通じた社会統合が図られたとみることもできるのだ。

ところで、成子内親王の乳人選びの調査は、基本的には、宮内省皇宮警察部が一日出張して、簡単な身元調べを行うものであった。これは、内舎人《うどねり》調査と呼ばれ、女嬬など下級女官の採用時と同じ手続きである。基本的には市町村推薦であるからそこで身元が保証されているという前提があった。

二　新中間層乳人

デモクラシー期の乳人選びが、「身分・職業不問」の原則のもとに、新しい装いで始まったことを前節で述べた。ところが、国民と皇室のフラットな関係という理想は変容せざるをえなくなる。この節では、その変容が明らかになる一九二九（昭和四）年の乳人選びを取りあげたい。この年九月三〇日に生まれる和子内親王に奉仕する乳人である。

和子内親王の乳人が発表されたのは九月二一日。東京府推薦の奥野智恵子（二三歳、豊多摩郡中野町）、神奈川県推薦の竹村玉恵（二五歳、鎌倉郡鎌倉町）が選ばれた。奥野の夫は、慶應義塾の大学予科講師の信太郎。[9]発表時の新聞写真は、うず高く積まれた専門書の前で、生後四カ月の男児を抱きながら、四歳の女児と一緒に写る奥野の姿がみえる。[10]「少壮学者の妻」として、育児にあたる主婦ぶりが強調されている。竹村についても、鎌倉町材木座に住み、「文化生活」を営んでいることが焦点化された[11]。竹村の夫は建設会社・浜口組で技師を務める。奥野も竹村も都市の新中間層の女性、つまりは俸給生活者の妻（主婦）であった。前節の辰巳と同じ〈新中間層型〉の乳人だといえる。

新中間層は、第一次世界大戦後、日本において本格的に形成された。主婦は、サラリーマンとして働く夫のパートナーとして、家事育児など性別役割分業を担った女性たちである。大衆消費社会を担い、その文化生活は、当時の人々のモデルとみなされ、その意識を反映する『主婦之友』などの女性雑誌は、売上を大きく伸ばしていた。一般社会における「乳母」は、生活があまり豊かでない女性が身体を資本にするイメージがあった。しかし、皇室の乳人は、高貴な乳児に授乳する、それに相応しい女性であるべきだという考え方がしだいに定着してくる。

実際、新中間層の女性とはどのような経歴なのかを、奥野についてみていこう[12]。彼女は一九〇五（明治三八）年、兵庫県津名郡仮屋町（現淡路市）の生まれであった。父の名前は、坂東佐左衛門。坂東家は近世、仮屋港を拠点に「渡海屋」の屋号で、五五石と三〇石の小規模廻船を使って、大阪湾の物流を担う海運業者だった[13]。佐左衛門の代には、海運業に代わり、肥料商、材木商、あるいは岡山での陶器材料採掘業など商売を広げていた。佐左衛門は郡会議員を一度、町会議員を六度務める政治家でもあり、奥野が乳人となったときも町会議員であった。

奥野は淡路島内の洲本高女に一年通ったあと、神戸市の県立神戸高女を卒業した。洲本高女に通っているときに下宿したのが、のちに夫になる信太郎の親戚宅であった。奥野はここで六歳年長の信太郎と出会った。文学好きの二人がどのように恋愛感情をはぐくんだのかはわからない。奥野の卒業の一年後、二人は事実上の結婚生活を始める。彼女は一九歳。信太郎は二五歳でまだ慶應義塾大学文学部の学生であった。当初、二人の結婚は周囲に認められず、駆け落ちして認めさせた。当時はまだ珍しい恋愛結婚である。

二人は、中野町本郷の文化住宅で暮らし始めた。そして、二人目の子供ができた三カ月後、中野町から乳人候補として白羽の矢があたる（一九二九年八月中旬）。もともとは農村であった中野町は大正期から皇室の乳人選びに熱心であった。このとき、信太郎は慶應義塾大学の職を得ていた。奥野の実家も、信太郎の実家も、ともに資産があり、余裕がある暮らしをしていた。さらに、奥野はきわめて健康でなおかつ、「容姿端麗」であることから、中野町は奥野を東京府に推薦することにしたようだ。奥野自身は「八月の中頃私が子供と一緒に鎌倉に居りました時に東京府から「候補にあげた」といふお達しでびつくりしました」と語っている(14)。知らない間に候補となっていたのであろう。

このとき、東京府が各区市町村から推薦を受けたのは七二人。奥野はその一人であり、警視庁による調査、および東京府衛生課による健康診断を受けた。奥野の実家は兵庫県に調査が依頼され、実際に報告書をあげたのは岩谷警察署仮屋派出所の巡査部長であった。その内容は、父佐左衛門が「性質素行、温順ニシテ理智ニ長シ政治的才能ヲ有シ其ノ態度等モ堂々タル紳士」であると報告している。問題点として、佐左衛門が妾を囲っていたことをあげている。神戸市福原の芸妓を身受けし、町内に住まわせ、妾との間には三人の子があったことである。奥野本人については、素行性質が温順で、風紀・思想にも問題がないことが書かれている。父親の蓄妾の問題を指摘はしているものの基本的によい家庭のよい子女であることを報告するものだ。

奥野は東京府の候補として宮内省に推薦された。他県からの推薦を合わせると全部で候補は一三人。

このとき二度目の兵庫県警察部の調査が入る。畜妾については「町民ヨリ非難又ハ指弾ヲ受クルガ如キ事ナシ」と問題はないと判断された。宮内省はさらに健康診断を実施し、奥野はこれも通過し、乳人に選ばれた。信太郎の母方の祖父は陸軍軍医総監、日赤病院院長（初代）、東宮拝診御用などを務めた橋本綱常であることは選考資料には現れない。だが発表時の新聞には書かれており、人物評価にプラスに働いていたことは想像にかたくない。

しかし、問題が起きる。新聞に発表された直後、宮内大臣・内大臣・枢密院議長宛に、奥野の血統を問題視する投書が届いたのだ（九月二四日）[15]。奥野の曽祖母の実家は癩病の家系である、祖父母ともに肺病で亡くなっている、祖父は「狂人」であった、父は素行が悪い……と、奥野の家系の悪口が書いてあった。宮内省は東京府に再調査を指示し、属官が淡路島に派遣され、現地警察とともに、古老への聞き取りを含めた包括的な再調査が実施された。

投書者は、坂東家の隣家出身で、当時は大阪府に住んでいた六四歳の男性であった。この男性は当初、大阪市東区大川町の「田中栄一」という偽名を使っていた。だが、九月二六日に大阪朝日新聞社で実名を明かして同じ告発を行い、これを新聞社が当局に通報したことから身元が発覚する。坂東家への嫉妬的感情や政治的反目からの投書であった。男性は、仮屋町で代々、庄屋を務めながら酒造業を営む町一番の名家出身であったが、商売に失敗し没落しはじめていた。いっぽうの坂東家は、近世後期に海運で財をなした町内では新興の家である。資本主義経済が地域社会に浸透するなかで、没落する家と勃興する家の対立という側面があった。

再調査の結果、告発の大部分は根拠のない言いがかりにすぎなかったが、祖父については問題が残った。祖父は、その三〇年以上前に原因不明の熱病により痴呆の症状をみせはじめ一九二〇（大正九）年に七二歳で亡くなっていた。

ここには、戦前社会において、「精神病」「癩病」などを根絶しようという優生学の影響がみられる。「悪い」遺伝的要素を根絶しようとする優生保護政策が、「精神病」「癩病」を特別視し、嫉妬的感情を正当化するために使われたという面を見逃してはならないであろう。

この年の選考では、もう一人の乳人、竹村についても、一四年前、高知県幡多《はた》郡宿毛《すくも》町の町長であった祖父が自殺したことが問題となった(16)。自殺もまた、「精神病」の一つと考えられていたのである。さらに、補欠ともいえる「乳人補充員」に選ばれた茨城県稲敷郡竜ケ崎町の女性についても、高祖母の「癩病」が問題とされる(17)。この女性は町の有力政治家の娘であった。乳人選びでは、地域社会の嫉妬的感情に「精神病」「癩病」への差別的意識が混在するなかで、当局は批判を封じるための厳格調査の実施を迫られるようになる。

一九三一年誕生の厚子内親王（順宮《よりのみや》、のちの池田厚子）の乳人選考から、調査に内務省が前面にでて指示するようになった。奥野のばあいの兵庫、竹村のばあいの高知のように、問題が起きるのは推薦府県以外が絡むことが多かった。内務省は一九三〇年一一月二四日、直接、選考対象になっていた八府県をのぞく、府県知事に対し、「本件ハ申進候迄モ無ク極メテ重要ナル事項ニ有之其ノ照覆ニ対シテハ最モ慎重ニ御精査ノ上遺憾ナキヲ期セラルル様」に指示した(18)。直接推薦しない府県のばあい、ややもすれば「お手盛り」の報告書をあげていたこともあったが、厳格調査を求めたのである。

成子内親王の乳人選びが、宮内省皇宮警察部による簡単な身元調べであることは前述のとおりである。ところが、厚子内親王の誕生時以降、乳人選びは、担当府県にとっては大掛かりかつ、慎重さを求められるイベントと化していく。

三　農村共同体の再編と乳人

前節では、新中間層の妻（主婦）が乳人に選ばれやすくなったこと、乳人選考に際して問題が起こり選考が厳格化していったことを指摘した。結果として、その後の乳人は、公務員の妻、とくに軍人の妻が選ばれることが多くなる。〈新中間層型〉が、さらに〈公務員・軍人妻型〉と進化していくのである。夫が軍務に就いていれば、乳人奉仕を断られることも少なく、近親者に不穏思想をもつ者がある可能性も減ずるだろう。すでに最初の辰巳恒子も軍人の妻であった。一九三一（昭和六）年の厚子内親王の乳人は、二人とも軍人の妻が選ばれた（森岡節子と北野貞、ともに東京府推薦）。三五年誕生の正仁親王（義宮、のちの常陸宮）のときも、狩野のぶ（群馬県推薦）、前田聡子（神奈川県推薦）が軍人の妻であった。多様な女性を選ぶために、「身分・職業不問」の原則を打ちたてたのに、逆にあるきまった人びとが選出されるという傾向は宮内省にとっても好ましいものではなかったであろう。選考対象府県を広げるという方針変更は、こうした事態をなるべく避ける対策であったように思われる。一九三二年に皇后宮大夫が広幡忠隆に変更後、対象府県拡大の方針が出されるようになった。

一九三四年、明仁皇太子の二回目の乳人選考[19]は、岐阜・静岡・愛知・滋賀・京都・東京・茨城の各府県に依頼された。対象が西日本にまで広がった最初である。ここで選ばれたのは、岐阜県揖斐《いび》郡八幡村（現池田町）の竹中敏子（二〇歳）であった。彼女は一九一四（大正三）年、代々、村の庄屋を務める家に生まれ、義父は村の指導者である。対象を地方に広げると、結果として、こうした地域の名望家層の一族からの選出が多くなる。〈地域名望家型〉は、〈新中間層型〉と並び、乳人のもう一つの傾向といえるであろう。〈地域名望家型〉は、誰もが納得できる家格の家から選ぶという意味もあるが、再編される農村社会のなかで「人びとの代表」が選ばれることで共同体を統合する意義をもった。そのことを竹中選定を通じて検討していく。

彼女の実家は前述したとおり、近世、村の庄屋を務めていた[20]。実父である竹中三郎は竹中家の一四代目にあたる。彼女は市立大垣高女を卒業後、静岡市にあった静岡報徳女学校に学んだ。竹中家の隣には、「新家《あらや》」と呼ばれる竹中家分家があり、竹中は、その養子であった義哉と結婚し（一九三二年）、翌年一一月に長女をなしていた。竹中家分家の当主（義哉・敏子の義父）、竹中保一は郡会議員、村長を経て、乳人決定当時は県会議員であった。

村には竹中家をめぐる伝説があった。村内には、西国三三番霊場華厳寺に至る谷汲巡礼街道が通っていたが一八二三（文政六）年、そこで倒れた老人があった。竹中家の九代目・与惣治保常の妻である、おみねが、この老人に乳を与えて助けようとするが、老人は息途絶えた。老人は死の直前、この地に地蔵を立てるように懇願し、遺骸を葬り建立されたのがいまも残る乳くれ地蔵である。これが、おみねの乳くれ伝説で、地蔵には、乳の出ない女性が詣でるようになった。竹中敏子は、みねの玄孫にあたる。竹中が乳人に選ばれたことは、「おみねの慈悲が応報したような、強い因縁を感じさせる」[21]と受けとめられた。よい行いを積めば、よい報いがあるという報徳思想を担った側面はあるだろう。

竹中は一九三四年五月八日から奉仕をはじめ、一二月一〇日まで乳人を務める[22]。八幡村への帰郷は一二月一二日。最寄りの伊勢電鉄養老線池野駅から村社・八幡神社まで、大勢の人が竹中とともに行進し、神社では村民ら約二〇〇〇人が帰還を祝った。村の人口は約三〇〇〇人だったから、村の多くの人が神社に集結した。最後に皇居遥拝し、皇太子の成長を祝った。村には現在も、乳人を顕彰する記念碑が残る。八幡小学校の「皇太子殿下御乳人奉仕記念」石碑、八幡神社境内の「皇太子殿下御乳人奉仕記念樹」の石碑である。前者は八幡村婦人会が三五年に建立した[23]。

竹中家（分家）では、竹中が乳人奉仕から戻ってから四年後の一九三八年、敷地内に「此ノ光栄ヲ永久ニ記念スベク」、御乳人記念館を建て、「竹園荘」と名づけた（建物は現存）。「竹園」はむろん皇室を表している。完成式に出席した町長は、「〔竹中の奉仕以後〕皇室ハ弥〻栄エニ栄エマシ臣トシテ幸福何者カ之ニ如カン」と祝辞を述べた[24]。竹園荘に保管されていた奉仕の際の装束である白い絹の小袖は、竹中が上京のまえ、岐阜市の百貨店（丸物岐阜店）で購入したものであった[25]。乳人奉仕は、地域のなかで何度も参照され、村落から乳人が奉仕した記憶は共同体のなかで繰り返し召喚されるのである[26]。

揖斐郡は大正から昭和初期、小作争議が盛んな地域であった。県会初の普通選挙となった一九二七年選挙では、小作代表が当選するほど勢いがあった[27]。このなかにあって八幡村は早くから地主層と小作人の協調的な動きが目立つ村であった。村長時代の竹中保一は二三年の村の争議を円満に解決に導き、農業倉庫建設、預金奨励などでも力を発揮した[28]。村は「西濃の模範村」と呼ばれた[29]。

前節で検討した奥野のばあい、乳人選考が地域社会の分断の事態を招いた。これと比較すると、八幡村での乳人選考は、地域社会に統合を促すものとなった。その相違は何だろうか。

昭和初期は、争議や普通選挙によって一般農民の社会的な地位が向上し、農村の名望家秩序が後退する時期である。そこに一九三〇年から翌年の恐慌が重なる。ここで政府が強力に押し進めたのが、「経済更生運動」とよばれる農村の新しい組織化の動きであった。政争や争議を鎮静化し、農業生産を合理化するいっぽうで共同体のあり方を再編する官製運動である。小作人、青年、あるいは女性を共同体運営に積極的に参与させ、農村の自治のあり方を根本から見直す動きであった。運動は、家と村の因習のなかにいた人びとを、共同体のなかに積極的に位置づけ、農村での対立関係を止揚する効果をもった(30)。

竹中家のような名望家層（地主層）が村の指導役であり続けるために、皇室の権威を利用することは都合よかったという側面はある。だが、それ以上に、一般村民にとって皇室イベントを祝うことは「公民」としての自意識を満足させるものであった。村からの乳人選考は、共同体の再編期にあった八幡村にあっては、共同体統合のために有効に働いたといえよう。争議、恐慌と国家的な危機にあった農村社会は、普通選挙、経済更生運動を通じて、平準化が進んだ。皇子誕生という「国の慶事」を、乳人誕生という「村の慶事」に変換することによって、人びとは皇室をより身近に感じ、皇室の前での平準化を実感できた。一九三〇年代、皇室の慶事を村全体で奉祝する地盤が整いつつあったといえよう。

宮内省の側からいえば、東京近郊の狭い地域から選ぶより、地方の共同体から選考するほうがメリットがあった。地域社会が慶事をこぞって祝うことによって、皇室と地域とのつながりを強化できたからである。

四　戦時下の乳人

最後に、裕仁・良子夫妻の最後の皇子、貴子内親王（一九三九（昭和一四）年三月誕生）の乳人であった新潟県の松本夫佐（二五歳）について検討してみる。松本は同年三月二日、福島県耶麻《やま》郡喜多方町（現喜多方市）の矢部経子（二五歳）とともに乳人に選ばれた。日中戦争が本格化するなかでの最後の乳人は、滅私奉公という名の過度の自己犠牲が強いられた時代、地域のなかで過度に理想化された。乳人もまた人びとのモデルたろうとしたのであった。

宮内省が、京都・三重以東の本州二五府県に乳人選考を依頼したのは一九三八年一〇月である。乳人選考が地域的に徐々に拡大され、ここにいたる。さらに、府県への依頼は出産予定の五カ月前のことで、一カ月半前から開始された成子内親王のときと比べると、かなり前倒しされている。ときを経るごとに、調査が厳格化し、そのために時間をかけたのである。一九三〇年代、「母」役割を通じた国民統合が進んでいた。最後の乳人選びは、日本のほぼ半分を対象にして、顕彰すべき「母」を厳格に探しだし、女性の「国民化」のモデルとするという意味を含むようになった。松本自身のちに「健康優良の母日本代表選考会に出たようなものですね。そうミセス日本です」と語っている。[31]

松本夫佐は旧姓鈴木。一九一三（大正二）年、開業医、鈴木鋳一郎の五女として新潟県西蒲原郡曽根村（現新潟市西蒲区）に生まれた。地元の巻高女を卒業後上京し、海軍予備少将の伯父方で家事見習いをしながら小石川区（現文京区）の音羽洋裁学院に通っていた。卒業後、同学院の助手・教諭を務めた。三五年に同じ新潟県出身の四歳年上の医師、松本重博と結婚。しばらく、東京で暮らしていた。夫重博が開業医である父（重次郎、夫佐の義父）を手伝うために三島郡関原町（現長岡市）に戻ることになり、新潟で暮らし始めた（三七年）。

松本重次郎は、長年関原で内科・産科医院（松本医院）をいとなむ開業医であるいっぽう、村会議員・町会議員を四期務めるなど地域の有力者であった（乳人決定の直前に死亡）。重博の母（重次郎の妻）タカは大正末年に亡くなっていたが、新潟県初の女性医師であった[32]。松本家はもともと隣村の庄屋を務めた名望家であったが、二男であった重次郎が分家し、新たな家を関原にたて、一代でその地位を築いた。乳人に決定したときには、松本には二歳の長女・敏子、生後二カ月半の長男・重邦がいた。

乳人選考では、新潟県は三人を推薦し、松本はそのひとりであった。他府県を含め宮内省には計一九人が推薦され、松本と矢部が選ばれた。松本が乳人に選ばれたのは、その健康が評価されたからであった。身長は当時としては大柄な五尺三寸（約一六〇センチメートル）。五歳のときに麻疹にかかって以来病気という病気がなく、小学校での欠席は五年生のときの一日、巻高女では無欠席[33]。バレーボールの選手として活躍し、新潟県の健康診断の評価は「体格概評甲」であった。夫と義父がともに産科医で、衛生的にも模範にたる家庭であったこともに評価のプラスとなった。

松本は〈地域名望家型〉の乳人にもみえるが、前節の竹中のように地域に何代も根づいた家の出身ではない。医師という専門職を資源にして、地域社会で新たに力をつけた家である。地域社会の再編のなかの新たな村の指導階層といえるだろう。

貴子内親王が誕生したとき、日中戦争は本格化し、一九三九年初頭は重慶への爆撃、海南島の占領などがつづき、日本は戦勝気分にひたっていた。誕生のその日、『東京朝日新聞』社会面の見出しは「戦捷の春・重なるこの慶び」である。関原町ではこの日の夜、青年団、婦人会などが提灯行列を行い、さらに翌日午前、町内の小学生約八〇〇人が旗行列を行って、奉祝の意を示した。児童たちは、松本家の前で止まり、万歳をした[34]。

松本は、新潟に残る夫と頻繁に手紙のやり取りを行う。当時は電話代も安くはなく、細かいやり取りは手紙を通じることが多かった。残念ながら松本自身の手紙は残っていないが、夫重博からのものは六三通が残されている[35]。これらを読むと、重博が何を心配し、何に気を使いながら、妻の宮中奉仕をみつめていたのかがわかる。

たとえば、重博は、妻の乳量が減り、うまく奉仕ができなくなることを常に心配していた。医師であると同時に、公共心、愛国心が強い人物であり、「御奉公」をつつがなく務められる環境づくりに心を砕いた。卵巣ホルモン剤であるオバホルモン、催乳剤ママイン、ビタミン剤オリザニンなど薬を頻繁に送っている。深夜の勤務も多く生活も不規則で、夜眠れなくなることもしばしばだった。また、奉仕の後半になると、やはり乳量は減り、「乳もみ屋」を頼んで乳腺をマッサージするようにアドバイスしている。奉仕の最後、同僚の矢野の乳が出にくくなると、松本はその分をカバーするため、連続勤務することも多くなった。過剰な労働をしていたのである。

重博は、新潟に残した長女が元気であることを常に強調し、妻を安心させようとした。娘、家族への心配が乳量に影響しないようにとの配慮である。重博はおおむね月に一回、長女を連れて上京し、妻に面会しているが、これも同様な思いからであろう。出征兵士の留守を預かる女性たちが「銃後の守り」と呼ばれたことになぞらえ、家族が「銃後の者」として家は守るので、身を国に捧げたつもりで奉公してほしい旨が繰り返し書かれた。

手紙を読むと、新潟からの来客が多く、松本への故郷の期待が大きかったこともわかる。知事夫人など要人だけでなく、同じ関原町民というだけで知らない人からの面会希望があった。重博は、関原町民が物見遊山で皇居に入ろうとすることを不快に感じ、親族や、町の有力者以外は面会を断るように指示している。ただ、地元の有力者が来ると、手土産を持たせるだけでなく、体裁のため、それなりの和服などで対応しなければならない。付き合いに金がかかり、重博が足りない分を送金することも頻繁であった。

松本の宮中奉仕は、地域では「銃後の女性」たちの見本とされた。母校・巻高女の校長室には松本の写真が掲げられた。巻高女の後輩たちは、夏休み明けに、松本に作文を書いて送った。四年生のひとりは、「私達は先輩にこんな立派な御方を持つた事を嬉しく、又感謝する次第で御座います」としたうえで、八月末に行った繃帯術講習、歩行鍛錬などを報告。乳人を先輩にもつ巻高女の生徒は「銃後の女学生として恥かしくないやうに立つて行くつもりです」と松本に伝えている[36]。

乳人奉仕終了後の松本は故郷でしばらくは平穏な日々を送る。さらに二人の男児をもうけ、三男一女の六人家族となっていた。しかし、松本の乳人経験は家族のその後をも運命づけるものであった。大きな転機となったのは、夫重博が陸軍軍医として大陸に派遣されたことだった（一九四二年一一月し入隊）。召集ではなく、志願である。妻が乳人として国に奉公したのに対し、自分が町医者としてしか国に貢献できずにいたことへの忸怩たる思いからの決断であった。しかし、敗戦前後にマラリアにかかってしまう。南京から四六年春復員したものの、帰国直後、故郷で亡くなる（三七歳）。結婚生活は一〇年余りで、うち四年は妻の乳人奉仕と夫の出征のため別々に暮らした。国のために尽くした夫婦生活であったといえるだろう。

重博は中国出征前、死を覚悟して遺言状を妻に残した。そこには次の一文がある。「畏れ多くも清宮貴子内親王殿下に乳人として奉仕せし栄光に浴せる家庭の名誉を汚さざること」(37)。戦争未亡人となった松本はこの遺言を守ろうとした。戦後洋裁の賃仕事をしながら、教員免許を取得。一九四八年に地元の中学校の家庭科の教師となり、以後、二〇年間勤め、子供たちを育てた。松本自身は次のように回想する。「当時の戦争未亡人は生きるために女給さんになったりしたものです。が、私は、乳人という光栄を汚してはならないと必死になったものです。後ろ指をさされない人生をと闘いました。そして清潔な人生を過ごし、いつか貴子さまにお会いできる日をたのしみにがんばりました。教員免状をとり、生活を支えました。戦後のあの苦しいとき、乳人であった光栄が私の支えだったのです」(38)。

松本は二代続いた松本医院の再興を長男に託そうとした。しかし、長男は私大医学部に合格したものの学費の関係から入学を断念し、別の道に進んだため、医院再建はならなかった。子供たちはそれぞれ東京などに出たため、松本はひとり新潟に残り、余生を送った。しかし、最晩年はその家をたたみ、千葉県の長男のもとで暮らし、最期は老人介護施設で二〇一一年に亡くなった。九八歳の大往生であった。

松本夫妻は、戦中のある時期、地域の人たちを「国民化」するためのモデルとなり、自分たちも理想の「国民」として生きようとした。しかし、いま旧関原町には松本医院の痕跡はなく、地域に「光栄の乳人」がいたことは、ほとんど忘れられている。前節の竹中と異なり、事蹟を顕彰した石碑も残されていない。

松本の乳人奉仕は、戦時体制のもと、極端に「個」が抑圧された時代の女性のあり方を象徴している。そうした農村のあり方、村と家が「個」を犠牲にする古き地域社会は、戦後の高度経済成長など地域のさらなる変容のなかで、時間をかけて消滅していくのである。松本の後半の人生は、そうした戦後社会の変容のまっただなかにあったといえるだろう。

おわりに

従来、乳人は、伝統と連続した存在であると考えられ、一様なもの〈変容しないもの〉ととらえられてきた。しかし、そのように静態的に考えると、社会のダイナミズムのなかの乳人の変容をとらえることができない。そもそも、たんに、皇室の乳児に授乳する女性を求めた大正初期までの乳人と、裕仁・良子夫妻の代の乳人はそこに込める意図が大きく変わっている。そして、裕仁・良子夫妻の代の乳人も、当初は平民性が重んじられ、国民であれば誰でも選ばれる可能性を期待させる制度だったものが、地域の特別な女性が選ばれるようになっていく。乳人のタイプからいえば、〈近郊農村型〉の女性が選ばれやすかったものが、〈新中間層型〉とその進化系としての〈公務員・軍人妻型〉、さらには〈地域名望家型〉と変容していくのである。これは、大正デモクラシー期から総力戦の時代へと変わっていくことに対応している。

戦間期は、明治社会と現代社会を結ぶ転形の時代であった。伝統が流動化し、名望家層秩序が弱体化しつつある途上にあった。乳人は、地域が新しい秩序への転形する途上にいたのである。それは、農村社会で力をもっていた旧名主・庄屋層が、資本主義社会の進展のなかで勃興した新しい経済勢力、あるいは小作層と対抗・妥協しながら、新しい秩序が再編される過程であった。乳人選考は当初は地域に波紋と亀裂を生じさせ、地域の混乱を立て直そうとする農村更生運動のなかでは社会を統合する機能を果たしていく。そして、「個」の欲望を極端に抑圧し、「公」に奉仕することが地域のなかの公民としての正しいあり方であるという理念を示す装置になる。地域の人たちが、そうした乳人像を受容し、それをモデルとしたもの、そうしたことが、地域社会に参画する公民たる自らの立場を高めるものであったからなのである。

戦間期の乳人は、その変遷自体が社会が変動途上にあることを示す。そして、当該地域では流動する地域社会を統合するシンボルとなったのである。

註

（1）森暢平「近代皇室における「乳人」の選定過程と変容」（『史林』第一〇二巻第二号、二〇一九年）三四～六四頁。

（2）「照宮御誕生記録」大正一四年（宮内公文書館所蔵）。

（3）「皇孫殿下御誕生奉祝関係書類」冊の1、大正一四年（東京都立公文書館所蔵）。
（4）成子内親王の乳人と乳人候補者については、以下の史料を利用した。「照宮御誕生録3」大正一四年（宮内公文書館所蔵）。
（5）「松屋」については、越生町の郷土史家、間々田和夫氏、越生町生涯学習課の石川久明氏の御教示を得た。
（6）府中市郷土の森編『府中の家並地図』（府中市教育委員会、一九九一年）一四～一五頁。
（7）桜江町誌編さん委員会編『桜江町誌』下巻（桜江町、一九七三年）三三五頁。
（8）湯浅博『吉田茂の軍事顧問 辰巳栄一』（産経新聞出版、二〇一一年）四九頁。
（9）信太郎は戦後、テレビにおけるタレント学者のはしりともいえる文化人教授となる。
（10）『都新聞』一九二九年九月二二日。
（11）『読売新聞』同日。
（12）以下、奥野の選定については、以下の史料を参考にした。「皇后陛下御慶事御乳人選定書類」冊の28、昭和四年（東京都公文書館所蔵）。
（13）東浦町史編集委員会編『東浦町史』（東浦町、二〇〇〇年）四四六～四四九、四五五～四五七頁。
（14）『報知新聞』一九二九年九月二二日夕刊。竹村のばあいは、乳量が豊富で産婆が「珍らしく立派なお乳だから」と推薦したという。『時事新報』一九二九年九月二二日。
（15）河井弥八『昭和初期の天皇と宮中』第三巻（岩波書店、一九九三年）一六五頁、「倉富勇三郎日記」（国立国会図書館憲政資料室所蔵）一九二九年九月二四日条。坂東家では正式発表前から写真館で一家で記念撮影をするなどして、兵庫県の地元紙に、情報が漏れてしまった。こうした坂東家のはしゃぎようへの反発もあった。『神戸又新日報』一九二九年九月二一日夕刊。
（16）『国民新聞』一九二九年一〇月一八日。
（17）『国民新聞』『都新聞』一九二九年一〇月二九日。
（18）「乳人候補者選定に関する件」昭和六年（国立公文書館所蔵）。

(19) 明仁皇太子の乳人は、茨城県の進藤はな、埼玉県の野口善子が選ばれた（一九三三年一二月）が、進藤に問題があり、くわえて補充員（補欠）からの昇格もできなかったため、一九三四年三月に二回目の選考が実施された（森、前掲「近代皇室における「乳人」の選定過程と変容」五三～五五頁）。なお、進藤が「うつ」のため更迭されたと記述する書籍がある（河原敏明『天皇裕仁の昭和史』（文藝春秋、一九八三年）一〇八頁など）が、原史料である『木戸幸一日記』『牧野伸顕日記』の誤読、あるいは曲解である。進藤の名誉のため、ここに明記しておく。

(20) 日置弥三郎「八幡村庄屋竹中与惣治について」（『岐阜史学』第二五号、一九五九年）二三～二八頁。竹中家については以下の文献を参照した。岐阜大学地域科学部地域資料・情報センター編『美濃国池田郡八幡村竹中家文書目録』その1（岐阜大学地域科学部地域資料・情報センター、二〇一五年）。

(21) 地蔵の脇にある、由来を記した碑文から。

(22) 竹中のインタビューは、渡辺みどりによる以下があるが奉仕の開始と終了の期日など基本的な事実に誤りがある。渡辺みどり「実録！最後の乳人竹中敏子」（『歴史読本』第五四巻第一二号、二〇〇九年）一二二～一二七頁。

(23) 池田町八幡公民館編『ふるさとやわた』（池田町八幡公民館、一九九〇年）一〇七頁。なお、竹中の義母、かね（保一の妻）は村の婦人会長であった。

(24) 竹中の姪、竹中悦子氏（岐阜県池田町）が所蔵する乳人関係の史料に、祝辞が残っていた。

(25) 『朝日新聞』二〇一九年四月一八日夕刊。

(26) 竹中悦子氏は戦後、竹中が八幡小学校で乳人体験を児童たちの前で話し、子供時代の自分がそれを聞いたことを記憶している。おそらく、明仁皇太子の外遊（一九五三年）の際のことだと思われる。

(27) 池田町編『池田町史 通史編』（池田町、一九七八年）六五一～六六七頁。岐阜県の農民運動は以下の文献を参照した。森武麿編『近代農民運動と支配体制』（柏書房、一九八五年）。

(28) 桑原正睦『濃飛人物大鑑』（藍南社出版部、一九三五年）政治家、其他編四五頁。

(29)『新愛知』一九三四年一一月一二日。
(30) 農村秩序の変容については以下の文献を参照した。大門正克「名望家秩序の変貌――転形期における農村社会」（安田浩ほか編『シリーズ日本近現代史3　現代社会への転形』岩波書店、一九九三年）六五～一〇八頁。
(31) 松本夫佐回想「乳房を求めた紅葉のような手」（『ヤングレディ』一九七一年一月三一日号）四三頁。
(32) 林昇「関原地区における医師松本夫妻の活動」（『長岡郷土史』第五〇号、二〇一三年）二〇七～二一六頁。タカについては、小出正之『女医松本（山家）タカ小伝』（私家版、二〇〇四年）、関原町史編集委員会編『関原町史』（関原町史編集委員会、二〇一一年）二一〇～二一一頁。
(33)『東京朝日新聞』一九三九年二月一三日。
(34)『北越新報』一九三九年三月三日、『東京朝日新聞』新潟版、同年三月五日。
(35) 松本夫佐宛松本重博書簡（松本重晴氏所蔵）。
(36) 巻高等女学校四年月組、梨本百合の作文「我等のお姉様松本夫佐様に」一九三九年（松本久美子氏所蔵）。
(37) 松本重博遺言状（松本重晴氏所蔵）。
(38) 松本、前掲「乳房を求めた紅葉のような手」四五頁。松本のその後の歩みは以下の記事が参考になる。『新潟日報』一九六六年一月二六日、『長岡新聞』一九九三年五月二九日。

第5章　皇室・旧藩主家・小田原町・地域住民
――小田原城址地をめぐる所有と利用の関係史――

加藤祐介

はじめに

本章は、小田原城址地の所有と利用をめぐる各主体の動向に着目することによって、明治期から昭和初期における近代天皇制の一断面を捉えようとするものである。

本書は表題にもあるように地域という視角から近現代の天皇制を分析することを企図している。これに対し筆者は、様々な主体がせめぎ合う現場として地域という概念を捉え、せめぎ合いのなかから一定の秩序が立ち現れていく過程に着目し、その歴史的意味を検討することによって、近代天皇制という問題に接近してみたい。こうした方法は、天皇（皇族）の「地方」――「中央」の対概念――への行幸啓を素材として、そこにおける天皇（皇族）表象や「地方」側の反応について分析する方法[1]とは、その視角を異にしていよう。

具体的には小田原城址地という現場に着目する。[2]この土地をめぐっては様々な主体が関心を寄せていた。まず、もともと小田原城は小田原藩主である大久保氏の居城であった。一五九〇（天正一八）年の後北条氏降伏の後、徳川家譜代の大久保忠世《ただよ》が小田原城主となり、以降中断を挟みつつも幕末まで大久保氏が小田原藩を支配していた。明治維新を経て、一八七〇（明治三）年に藩の財政難[3]により小田原城は廃城となり、翌年の廃藩置県[4]によって大久保家も東京に移住して華族（子爵家）となるが、以降も同家は小田原城址地に対して隠然とした影響力を持ち続けた。次に小田原城址地は、地理的には小田原町の中心部に位置しているため、町当局もその所有と利用に強い関心を寄せていた。同時に、特に大正期以降において小田原城址の濠の周辺は遊覧地として地域住民から親しまれており、住民レベルにおいても城址地のあり方への関心は高かった。

その一方で、一八九九年に宮内省は小田原城址地を御料地（皇室財産中の土地のこと）として取得し、そこに御用邸を建造する（図1）。すなわち、小田原城址地をめぐっては、大きくいって四つの主体（皇室・旧藩主家・小田原町・地域住民）がそれぞれの関心から何らかの関わりを持ち、時にせめぎ合っていたのである。

さて、冒頭において秩序が立ち現れていく過程に着目すると述べたが、近代の小田原城址地においてそれには二つの局面が存在したと筆者は考えている[5]。第一の局面は、一八七〇年の小田原城廃城から一八九九年の御料地編入・御用邸建設までの期間である。廃城と廃藩置県によって小田原城は藩主の居城ないし藩政の中心としての性格を失う。その結果、今後の城址地の所有と利用のあり方をめぐって様々な議論が噴出し、状況が流動化していく。こうした状況は一八九九年の御料地編入によって一応終結し、〈城のなかの御用邸〉という秩序が立ち現れていく。第二の局面は、一九二三年の関東

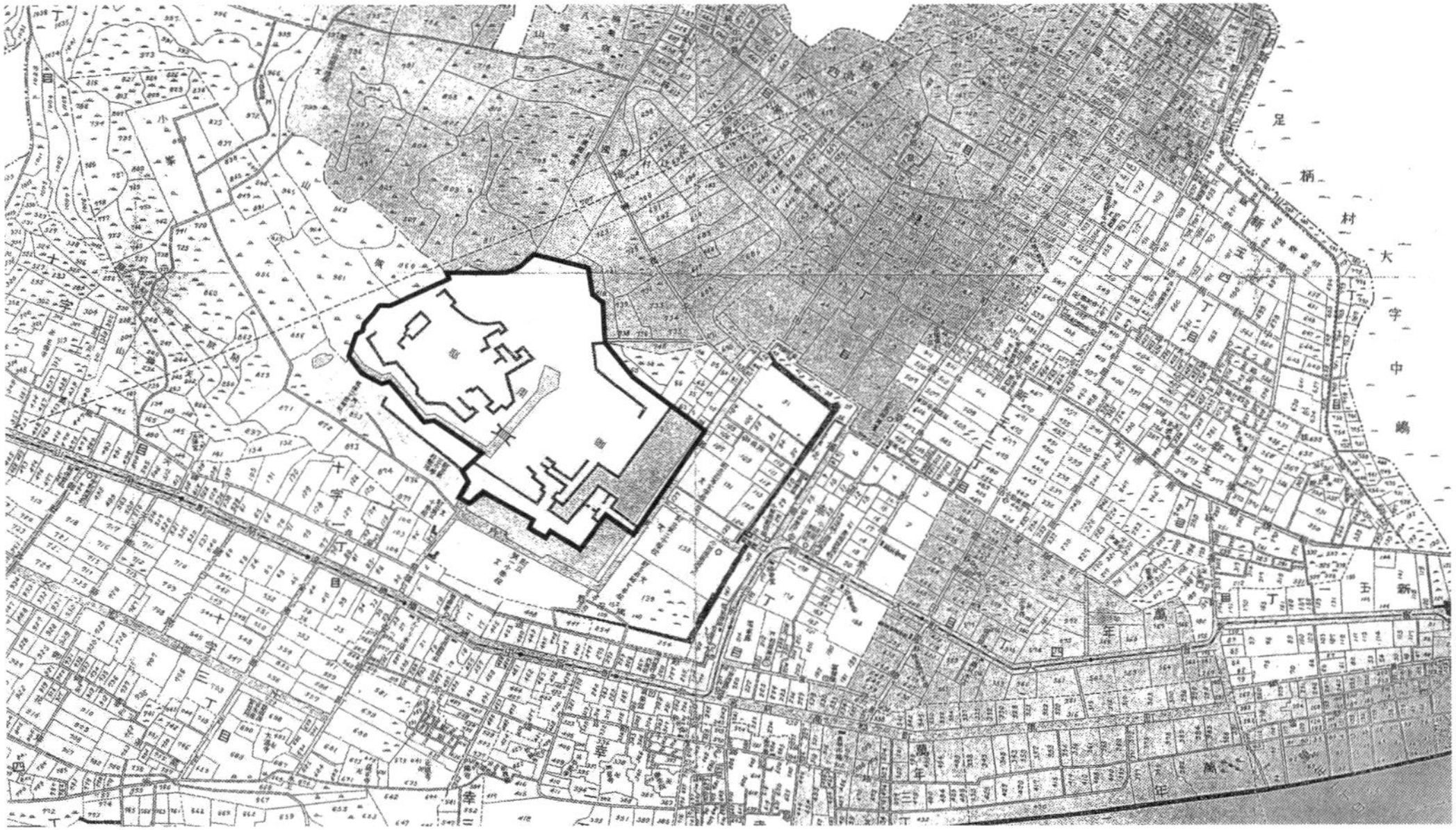

註）太線で囲った部分が御用邸地（御料地）。図右上が北側に当たる。御用邸地の北側には、点線で四角く囲われた熱海線（現東海道本線）の「停車場予定地」（現小田原駅、1920年開業）が見える。
出典）「小田原城全図」（小田原印刷、1915年）

図1　小田原城址に建つ御用邸（1915年）

大震災によって御用邸が全壊した後、一九二八年に御料地の一部が小田原町に払い下げられ、一九二九年に城址地に学校が建設されるまでの期間である。第一の局面において成立した秩序が崩壊した結果、再び城址地の所有と利用のあり方をめぐって議論が噴出していく。こうした状況は御料地払い下げと学校建設によって終結し、〈城のなかの学校〉という秩序が立ち現れていくことになる。

本論においては第一節において第一の局面を、第二節と第三節において第二の局面を扱い、最後に二つの秩序の形成過程を比較しつつ近代天皇制という問題についてささやかな検討を行う。

一　明治期における小田原城址地をめぐる諸主体

(1)　小田原城址地の払い下げ（一八八七〜一八九一年）

廃藩置県によって大久保家が小田原城を去った後、小田原城址地は陸軍省が所管する官有地となっていた。明治初年において、軍事上の理由により城址地は陸軍省の管轄となることが多かった。

一八八七年以降、小田原町内の商人・知識人層を中心として城址地の払い下げ運動が起こり、これを受けて小田原町は陸軍省に城址地の払い下げを請願した。[6]これに対し陸軍省は、「第一の縁故者たる旧藩主より出願なせば、特売の詮議をなす」と回答する。これを受けて小田原町は大久保家に相談するが、当初大久保家は「不必用」であることと「財政上の理由」をあげて町側の願いを謝絶した。しかし、小田原町からの再三の要請を受けて、結局、大久保家は払い下げの出願に同意するに至る。

一八八九年八月二三日、大久保家当主の大久保忠礼は内海春震（第一師団監督部長）に宛てて、払い下げの請願書[7]を提出する。その主要な部分を以下に引く。

私旧封相模国小田原城址之義は現今御省御所轄に相成居処、右は祖先以来歴代の居城にして追慕の情常に止む能はず罷在候に付、特別の御詮議を以て該城址一円御払下げ被成下候はば、塁壁之崩壊を修理し樹木を増植する等応分の維持を加へ永遠に之を保護し、或は其幾分を割きて旧城下人民の共益に譲与仕り候儀も可有御座候得共、専ら旧観を保存仕〔り〕長に子孫に伝へ度至願に御座候間、万一国家非常の事変に際し御入用等の節は御用に相供可申候に付、何卒願意御汲量相当の代価を以て御払下げ御許可被成下度此段奉願候也。

この請願に対して内海は、「旧藩主へ御払下相成候義は厚き御趣意も有之、特別を以て御処分相成候事と被存候」と大山巌（陸軍大臣）に上申している[8]。その結果として、一八九〇年二月二一日、小田原城址地約一八町三反二畝を一万円で大久保家に払い下げる旨が決定された。なお、この時期、全国の陸軍省所管の城址地は続々と払い下げられているが、その際の払い下げの第一候補は旧藩主家であったという[9]。小田原城址地の大久保家への払い下げは、そうした省内の先例に準拠したものでもあったろう。

続いて一八九一年一二月一四日に、小田原町と大久保忠礼《ただのり》との間で二通の「誓約書」が取り交わされる[10]。その内容は以下の二点に要約できる。すなわち、①大久保家が一万円で購入した小田原城址地約一八町三反二畝のうち約一二町二反二畝一三歩を五〇〇〇円で小田原町に転売する、②残りの大久保家所有地約六町九畝一七歩を小田原町が無償にて借り受け、代わりに公租や維持管理費を負担するという内容である。要するに小田原町は小田原城址地のうち約一二町二反二畝一三歩の所有権を獲得し、残りの部分については利用権を確保するという内容である。なお、大まかにいって大久保家の所有地は本丸・二の丸跡地、小田原町の所有地はその周辺箇所である。

なお、こうした契約を結ぶことは、当初から大久保家と町当局の間で内々に合意されていたと思われる。前述の大久保忠礼の請願書（一八八九年八月二三日）に、「或は其幾分を割きて旧城下人民の共益に譲与仕り候儀も可有御座候」という記述があることもそれを裏書きしている。

以上の経過を通覧した際に重要なことは、小田原城址地は地理的には小田原町の中心部に位置しているにもかかわらず、それを小田原町が払い受けることについて、周囲から理解が得られなかったということである。実は大久保忠礼の請願の後、大久保家が小田原町に対して小田原城址地の一部を転売するという話が漏れ、それに対して反発する動きが二つ起こっている。以下、その主体と論理を紹介したい。

第一に、旧小田原藩士層の反発である。旧小田原藩士の一部は大久保忠礼の請願書中の「其幾分を割き旧城下人民の共益に譲与」という文言に反発し、「其譲与は城址の旧態を失ふを歎じ旧藩主（＝大久保忠礼）に旧士族一般の衷情を告げ之れが停止を試み」る運動を展開している。[11]またそれが大久保家に拒否されたため、陸軍省への陳情も行っている。[12]

第二に、旧小田原藩の領内の村々の反発である。一八八九年一二月二日に、足柄上郡・下郡に属する桜井村・金田村・吉田島村・富水村・豊川村・上府中村の代表者が連名で今井徳左衛門（小田原町長）に宛てて以下の書簡(13)を送っている。なお、これらはいずれもかつて小田原藩の領内にあった村々である。

> 抑該地〔＝小田原城址地〕は元来藩主御住居之地に付、〔大久保家が〕全部御所有可相成は最も正当の義に可有之被存候へ共、果して其幾分を他江御譲与相成候義に候はば傍観するに忍びざる次第に候。何となれば数百年来藩主と苦楽を同ふし居る者は所謂城附土地人民にして、則ち足柄上下郡民たるは云を俟ざる義に候。且方今之形勢郡有財産之必用なる是又蝶々《ママ》〔喋々カ〕を要せざる義に候。仍而は貴町一部之御譲与可相成ものを転じ、広く〔足柄〕上下郡有財産に御譲与相成候様相願度候。

すなわち、旧小田原藩の領民（「城附土地人民」）イコール「足柄上下郡民」という表現に表れているように、これらの村々は旧藩という枠組みを設定し、それと現在の行政区画である郡を（おそらく意識的に）重ねることによって、郡こそが小田原城址地の転売を受ける資格を有しているという論理を導き出しているのである。

以上から窺えるのは、一八八七〜一八九一年という段階においては、旧藩という枠組みが主張の正当化の論理として一定の機能を果たしているということである。大久保家が小田原町に城址地の一部を転売することにさえ批判が集まるのだから、小田原町が当初意図していた単独での払い受けは全く不可能であっただろう。陸軍省はそうした状況をも踏まえた上で大久保家を直接の対象として小田原城址地の払い下げを行ったのではないか。また小田原町としても、費用を折半の上、小田原城址地を大久保家と分割し、その中心部を大久保家、周辺部を小田原町の所有とし、全体の利用権を確保するということで妥協せざるをえなかったのではないか。

なお、一八九三年に小田原藩祖の大久保忠世を祭神とする大久保神社が小田原城址地に創建され、大久保家は神社に対して所有地八畝四歩を寄付し、さらに三八六〇坪を無償貸与している[14]。神社の鎮座式に際して大久保忠礼は「旧藩士民の有志諸氏」への謝辞を述べており[15]、神社創建に際して旧藩士層の運動があったことが窺われる。ここからは旧藩主家と旧藩士層の紐帯が根強く残っていることが読みとれよう。

(2)　御料地編入（一八九九年）

一八九九年頃から宮内省において小田原城址地に御用邸を建造する計画が進み、城址地の御料地編入が模索されていく。この手続きは主に二つの過程から成るため、順番に検討したい。

①大久保忠一との交換　一八九九年一〇月二三日、岩村通俊《みちとし》（御料局長）と大久保忠一《ただかず》（大久保家当主、忠礼の実子）の間で、大久保の所有地五町八反九畝五歩（畦畔を含む）および地上物件悉皆と、御料地五一町六反五畝一三歩を交換する旨の契約が成立する[16]。このとき宮内省が作成した調書によれば[17]、「各交換価格も略同一のものに有之候」と認定されている。この時大久保家に引き渡された御料地の内訳は表1のとおりである。

表1　大久保家へ引き渡された御料地（1899年）

町村名	大字	字	地番	種目	反別	評価価格[註)]	備考
国府村	国府本郷	向原新藤		元二等林	3町1反4畝	8,782円	1900年に保安林編入
	国府新藤	向原		元二等林	3町6反10歩	17,443円	1900年に保安林編入
	国府本郷	向原	291、ロ号	芝地	5町2反6畝9歩	3,324円	
	国府新藤	向原	2、イ号	芝地	1町6反1畝2歩	2,142円	
	国府新藤	向原	2、ハ号	芝地	3町6反9畝17歩	4,609円	
	国府新藤	向原	2、ロ号	芝地	9反2畝24歩	1,457円	
	国府新藤	向原	2、ホ号	芝地	8反	1,859円	
	国府新藤	向原	2、ヘ号	芝地	2町2反9畝14歩	3,996円	
	国府新藤	向原	2、チ号	芝地	4反7畝16歩	639円	
	国府新藤	向原	2、リ号	芝地	2反8畝20歩	203円	
吾妻村	山西	浜辺		元二等林	2町4反	13,386円	1900年に保安林編入
平塚町	平塚南原	諏訪部、十里掘、西十町原		元一等林	27町1反5畝21歩	18,696円	
計					51町6反5畝13歩	76,536円	

註）立木の価格を含む。円未満四捨五入。

出典）「乙号　御料地取調書」（前掲「地籍録　明治三二年　七」所収）、「交換に係る元御料地は保安林編入の旨子爵大久保忠一に通知」（前掲「地籍録　明治三二年　七」所収）、「按」（「地籍録　明治三二年　六」（宮五六一四－六）より作成。

表2　平塚町所在御料地の貸し付け状況

借地人氏名	契約期間	貸し付け面積[註]	反当貸地料
今井政兵衛、益田金十郎、桝水熊太郎、原田市蔵	1890年9月〜1904年12月	14町7反4畝26歩	2円
原田清七	1891年11月〜1910年12月	10町6反5畝22歩	2.95円
原田清七	1892年12月〜1911年12月	3町24歩	2.95円

註）貸し付け面積の合計が平塚町所在御料地の総面積27町1反5畝21歩を超えているが、そのままとした。

出典）〔調書〕（前掲「地籍録　明治三二年　六」）より作成。

表1であげた御料地のうち、特に重要なのは平塚町所在御料地（二七町一反五畝二一歩）である。この御料地は立木伐採の後、開墾目的で貸し付けられていた土地であった。この御料地の借地人を表2に示す。実はこの借地人たちは、大久保家への御料地引き渡しに強く反発する動きを見せている。借地人総代原田清七らが岩村通俊に宛てた請願書⑱（一八九九年一〇月一八日）を以下に引く。

右御料地の義私共数名にて従来拝借致し居候処、今般華族大久保家へ御譲り渡し可相成哉之趣伝聞致し、借地人共一統甚驚愕日夜痛心仕候。依て甚恐懼の至りに候得共、左に請願の理由具陳仕候。……我々共に於て借地仕居候地所の義は、元来松林伐採跡の山地なりしを明治二十四五年の交に於て借地致し、其爾来自費を抛ち樹根を掘り荊棘を苅り砂石を掃ひ凸凹を鑿平し排水を為し辛ふじて畑地と為せしもの有之候。然るに山林原野開墾地の義は前述せる如く免租年期を付与せらるるは普通の例なるに拘らず、我々共借地の義は更に一ヶ年間免租の恩典をも蒙らず、借地当年無収利の時より普通の借地料（平均一反歩に付一ヶ年金二円九十五銭以内）を上納し来りしを以て、開墾着手後数年間は全く無収利の期間なるも年々右借地料を弁償し来り候而已ならず、其開墾費用を積算致し候得ば実費平均一反歩に対し金六十円余を要し候。広漠たる未墾地の時より借地料を即納し多額の費途と労力とを惜まずして多年の間丹精を尽し已に今日の地位に相進め候は、他に無之如斯縁故を有せる土地に付一般官地借用地の例に因り追ては必らず我々共へ御払下可相成ものと相信じ居候次第に有之。然るに一朝之れを他の無縁故者へ御譲り渡し相成候ては年来の希望も水泡に帰し、我々共に於ては最早之れが小作人と為り永久所有権を得るの予望も断絶し、将来新地主の進退に服従するの他無之、実以て悲嘆千万の義に付、恐懼を冒し嘆願仕候間、多年の情状深く御諒察を以て我々共へ相当の開墾労費御支給被下候歟、然らざれば他へ御譲り渡しの義は御中止被下度謹而請願仕候。

大久保家が所有する小田原城址地と平塚町所在御料地の交換の話は、御料地借地人にとって全く寝耳に水であった（「借地人共一統甚驚愕日夜痛心仕候」）。御料地借地人は、将来自分たちに開墾地が払い下げられることを期待して、厳しい契約条件に耐えつつ人的・経済的資源を投下して開墾に当たってきたのであり、その土地が全くの「無縁故者」である大久保家[19]に渡ることは許容できないし、またもしそれがやむをえないのであれば自分たちに対して一定の補償があってしかるべきと考えていた。なお、請願書の末尾には「前書之通願出に付奥印候也　神奈川県中郡平塚町長　原田太兵衛㊞」と、平塚町長の奥印を取り付けている。この奥印に法的な効力はないが、自らの主張の正当性を補強したいという御料地借地人の必死さは窺われる。

しかし、宮内省は借地人総代の原田を呼び出した上で、「本地大久保家へ無代価払下げの儀は主持者たる御料局の随意処分に出でたるものなれば如何なる儀申出候共採用相成り難し」と口達し、この請願を却下した[20]。これに対し借地人の原田らは再度請願書を提出している（一八九九年一一月四日[21]）。なお、今回は御料局長宛と宮内大臣宛の二通が作成・送付されている。内容は前回同様、自分たちへの御料地払い下げを主張し、それが叶わないのであれば一定の補償をしてほしいというものである。また御料地を借り受ける際に、「御掛官」から「他日本地を一個人へ御払下げの際は第一自費開墾者に御払下げ相成べき内規なれば、自分持地と心得精々開墾に従事可致」と口頭で指示されていたとも述べられている。注目すべきは請願書の末尾において、自分たちの希望が聞き入れてもらえないのであれば、「私共同様の情態に罷在り候御料地拝借人は全国各地に有之候間、右同人等へ洩れなく愚存のある所広告し、一同の与論に訴へ其是非曲直の判断に由り進退仕候心得に候」と訴えている点である。この一文からは彼らの思いの強さが伝わってくる。

しかし、宮内省はこの再度の請願を「固より採用すべき限りのものに無之」として却下した（一一月一三日[22]）。すでに一〇月二三日には大久保家と宮内省の間で土地交換の契約が成立していたため、この時点においては借地人への御料地払い下げは不可能であったが、その場合でも何らかの補償措置を取ることは可能である。それすらしないという宮内省の対応は、やはり一方的であるという感が拭えない。おそらく宮内省にとって、御料地を借り受けて生計を立てている人びとの主体性は、基本的には視野の外にあったのではないか。余儀ながら、一九二〇年代において御料地における争議が起こった際には、御料地において生計を立てている人びとの組織的な運動を前にして、彼らの要求を聞き

表3 平塚町の人口（人）

	人口	備考
1896年	4,340	
1902年	5,233	
1912年	7,276	
1920年	12,960	
1923年	18,514	
1929年	34,526	この年、平塚町と須馬町が合併。合併後の総人口。
1932年	39,079	この年、市制施行。

出典）平塚市教育研究所編『平塚小誌』（平塚市、1952年）34～35頁より作成。

入れざるをえない局面が生じていく。(23) 農民運動の段階の移行に伴って、宮内省の対応のあり方も変化していくと言えよう。

②小田原町からの購入　宮内省の意向を受けて小田原町会は、大久保家から借り受けていた土地を返還する件と小田原町の所有地四町二反三畝六歩（畦畔、堋地、用水路を含む）を二万五〇〇〇円で売却する件を議決（一八九九年一〇月一〇日）(24)し、宮内省とも合意を済ませた（一〇月二五日）(25)。

小田原町に対する条件（二万五〇〇〇円での買い取り）と、大久保家に対する条件（合計評価価格七万六五三六円の御料地(26)と交換）を単純に比較すると、そこまで目立った有利不利は存在しないようにもみえる。しかし、大久保家に引き渡された平塚町所在御料地は平塚駅に近い好立地であり、当時の御料局内においても「若し他へ売払ひの時は尚ほ高価に上り候見込に有之候」という意見が存在していた。(27) 明治後期以降において平塚町は急激な人口増に見舞われ（表3）、農地の宅地化が進んでいくが、そのなかでこの土地の価格はさらに上昇していくことになる。大久保家に引き渡す土地の評価額の査定に「手心」を加えているあたりに、宮内省の同家への優遇姿勢を読みとることも可能であろう。

小田原町の側からすれば、一八九〇年段階において小田原城址地を単独で払い受けることについて理解が得られなかったため、大久保家との間で費用を折半の上、土地を分割して所有し、なおかつ全体の利用権を得るという形で妥協していたのだが、それがいわば裏目に出たとも捉えられるであろう。こうした一八九九年段階の宮内省の対応に対して小田原町は不満を募らせていくのだが、この点については次節において検討したい。

なお、宮内省は、大久保忠一との交換・小田原町からの購入のほかに、旧小田原城址地に所在していた大久保神社の用地（約三反）も交換によって取得している[28]。これによって、大久保神社は城址の外に移転されている。以上の結果、小田原城址地は御料地に編入され、一九〇一年に御用邸が竣工した。御用邸は主に皇族の避寒地として利用された。一九一〇年には裕仁《ひろひと》親王も滞在している[29]。

二　関東大震災後における御料地払い下げ問題の展開

(1)　小田原町の請願

一九二三（大正一二）年九月一日の関東大震災によって、小田原町は甚大な被害を受けた。当時の総戸数五三一二戸のうち、焼失二二六八戸、全壊一七四〇戸、半壊一三〇四戸を数え、総人口二万二七七八人のうち、死者・行方不明者四〇七人を数えた。また官公衙や学校が軒並み被害を受け、御用邸も全壊した。こうした状況の下で、一九二四年四月一七日以降、小田原町では御料地となっていた小田原城址地の一部を借り受けて町立高等女学校と第二尋常高等小学校の仮校舎を建て、児童生徒の教育に当たっていた(30)。

一九二六年二月一日、小田原町長の今井広之助は本田幸介（帝室林野局長官）に宛てて、御料地となっていた小田原城址地の払い下げを請願した(31)。以下、この請願書の内容を検討する。

この請願書において小田原町は、小田原城址地三万七九三七坪と、別の町内の御料地一九町四畝の払い下げを希望している。町側の意図は三点に要約される。第一に小田原城址地の一部を町立高等女学校と第二尋常高等小学校の敷地に充てることである。この点について請願書では、「震災当時の惨況並に其後上級官庁よりの勧告等に鑑み、当町に於ても市街地全般に渉り区画整理を断行致し、且つ道路幅員を拡張せる等の為、該二校〔＝町立高等女学校と第二尋常高等小学校〕の旧校舎敷地は何れも道路敷地に蚕食せらるるの止むなきに至り一層狭隘と相成候に付、如何に考案を凝らすも再び此処に復帰の上全児童を収容し得る校舎を建築し得べき見込相立ち申さず、誠に困憊罷在候」と説明されている。すなわち、震災後の区画整理と道路拡張(32)により二校の旧敷地は利用不可となったことが大きく関係していた。第二に町の中心部に位置する小田原城址地に、併せて「公会堂」・「図書館」・「物品陳列場」を建設し、残りを「公園」とすることである。第三に町内の御料地一九町四畝を上水道整備のための貯水池の用地に充てることである。第二・第三の構想は、市制施行を見据えた都市づくりという性格を持っているように思われる。

なお、この請願書には、一八九〇年の小田原城址地払い下げから一八九九年の御料地編入までの過程を小田原町の側がどう捉えていたのかが示されている(33)。長文であるが引用したい。

御用邸敷地は元旧小田原藩主大久保氏の所領なりしも、明治三年当時の法令に基き自然陸軍省用地に編入せられり。然るに其後明治二十三年陸軍省に於て不用に帰したりと称し縁故者に払下げらるる事となれり。依て当町〔ママ〕〔地カ〕は前陳の如く当町の公共事業施設上将来最も重要の地なるを以て、一私人の所有に帰するを虞れ、大久保氏と共同にて之が払下を受くべく大久保氏へ協議せし処、当時大久保氏は殆ど利用の途なき土地なるを以て甚だ迷惑なりと称し、自分は全然之を所有する希望なきを以て小田原町は適宜払下を受けらるべし、最も〔ママ〕旧所有者たる縁故上共同出願を町の利便とする義なれば町の為に尽す意味に於て願書に連署調印位の事は之を辞せずとの事に付、茲に共同出願の形式となし当町は之が払下を受けたり。而して大久保氏よりは当町に対し共有名義なるも土地に対しては永代一切関係せざるに付、将来使用収益処分等に関し惣て町の任意に処理致し毫も異存なしとの念書を差入れ、当町は亦大久保氏へ対し土地の使用収益処分等一切町に於て之を専行致し貴殿へ毫も関係を及ぼさずとの念書を差入れ、爾来全く当町の独占に帰すると共に一切の管理及維持費を当町に於て負担し来れるものに有之候。然るに明治二十四〔ママ〕年御用邸敷地として御買上の御交渉を受けたる際に於ても、右交換せる念書の趣旨に基き一切大久保氏に関係せず当町に於て専ら其の衝に当りて之を提供致したるのみならず、彼の外濠及其堤塘地等は当時御交渉を受けたる買収地域に属せざりしも、町有として残し置くも別に独立して使用し難かりしに付、何等償ひなく附属物として当町より之を提供致したるものなる事は当時の記録中にも之を認め得らるる義と存ぜられ候。右の如く大久保氏は縁故者として僅に書類上に其の氏名を存したるに過ぎざるにも拘はらず、其後に至り（二十四年中《ママ》）自己の所有地を御用邸敷地に提供せしものなりと誇称し、貴庁の御同情を得て遂に時価百数十万円に価する当県中郡平塚町の彼の厖大なる御料地を換地の如く交付を受けたるものに有之候。然るに当町は敷地提供に関し何等御迷惑となるべき出願等を為したる事嘗て之なく今日に至れるものに付、現在前所有者として密接の縁故を有するは独り小田原町あるのみに有之候。

この史料では小田原城址地の御料地編入を「明治二十四年」としているが、この点は誤っている（実際は明治三二年である）。加えて、大久保家と小田原町は小田原城址地を分割して所有し（一八九〇～一八九九年）、小田原町は大久保家の所有地を無償で借り受けることで城址地全体の利用権を確保してきたのであって、両者が「共有名義」で城址地を所有していたという表現も正確ではない。ただその一方で、この史料においては小田原町側の憤りが率直に吐露されている点が興味深い。それは一八九〇年以降、小田原町が小田原城址地を一手に管理し、維持費も負担してきたにもかかわらず、一八九九年の御料地編入に際して、土地の所有権者ではあるが「僅に書類上に其の氏名を存したるに過ぎ」ない大久保家に、一九二六年現在の価格にして「時価百数十万円」（小田原町の試算）にもなる平塚町所在御料地が引き渡されたことに対する強い不満であった。そうした認識を背景として、小田原町は御料地を払い受けることに対してその正当性を主張したのである。

(2) 大久保家の請願

一方、一九二四年に大久保忠言《ただこと》(大久保家当主、忠一の実子)も、牧野伸顕宮内大臣に宛てて小田原城址地の一部の払い下げを請願していた(34)。その主要な部分を以下に引く。

今般小田原御用邸御不用と相成候に付、其御建物は既に或る者に御払下に相成、御邸地も亦早晩御払下可相成哉之趣伝承仕候処、該御邸地は旧小田原城の所在地に有之、同城は私祖先忠世が天正十八年茅土の封を拝して城主と為りしを始めとし、……明治の初に至るまで前後通計二百十余年の間皆其地に在りて藩屏の任務に服し、明治二年時の城主忠良版籍を奉還せし後も尚藩知事に任ぜられ、同四年七月廃藩の時に至るまで在城致し、其後同城は一時陸軍省の管轄と為りしが、明治二十三年私先々代忠礼の出願に依りて之を下付せられ候を、明治三十一年御用邸御設置の節父忠一御用便仕り、以て今日に至り候次第に有之候。前陳の如く同地は私祖先以来深き縁故ある土地に有之候に付、右御邸地を御払下相成候場合は、其一部の地区を何卒特別の御詮議を以て私に御払下被成下候様奉願上候。尤御払下の上は不体裁に渉らざる様相当の施設を為し、紀念地として永く保有可致心得に御座候。又前記忠世は就封以来深く意を民政に注ぎ、専ら人徳を以て下を化し、領民皆其堵に安んじ其業を楽み以て城下繁栄の基を開き、其の流風遺沢永く泯滅せざるを以て、明治二十六年旧藩士民相謀りて一祠を旧城内天守閣跡に営建し、以て景慕の意を表し歳時薦享懈らざりしが、御用邸御設置の際同祠を旧藩の操練場たりし小峯の一隅に移せしも、其地僻隅に在りて衆庶の詣拝に便ならず、皆深く以て遺憾と為し居り候に付、前陳の願意御允許の上は同祠を其地域内に移して詣拝者に満足を与へ、以て益々敬神の念を興起し風教上に裨益せしめ度奉存候間、何卒出願の通御允許被成下度此段奉願候也。

この請願書において大久保は、歴史的な由緒を根拠として小田原城址地の一部について払い下げを希望し、その一角に大久保忠世（小田原藩祖）を祀る大久保神社を再移転するという構想を提示している。具体的な箇所・面積こそ指定されていないものの、この構想は小田原町の希望とは衝突する可能性を含んでいる。さらに注目すべきはこれまでの経緯についての認識である。この史料では、一八九〇年の小田原城址地の払い下げから一八九九年における宮内省への土地提供[35]まで、大久保家が主体的に物事を進めたことが強調され、一八八九～一八九〇年において小田原町の慫慂を受けて消極的に払い下げを出願した点、その後も小田原城址地の維持管理を専ら町側に委ねていた点は捨象されている。先に検討した小田原町側の認識との間のギャップは大きいと言わざるをえない。関東大震災後において、小田原町と大久保家は、小田原城址地をめぐって潜在的な対立関係にあったといえるのではないか。

(3)　宮内省の決定

このように小田原町と大久保家からそれぞれ請願がなされたが、宮内省が交渉の相手に選んだのは小田原町の側であった。一九二六年八月の段階で今井町長は一木喜徳郎《いちききとくろう》（宮内大臣）・関屋貞三郎《せきやていざぶろう》（宮内次官）と面会し、小田原城址地の払い下げについておおよその承諾を得ていることが確認できる。[36]

小田原町には急ぐ理由があった。この点について今井町長は、帝室林野局管理課長の杉村愛仁に宛てて以下のように書き送っている（一九二六年九月二七日）[37]。まず小田原町は、町立の尋常高等小学校三校と高等女学校一校の復興建築を進めており、このうち第一小学校と第三小学校は一〇月中に竣工する見込みであったものの、区画整理事業によって敷地を侵食された第二小学校と高等女学校については、新敷地が未確定であったために工事に着手することができずにいた。こうした状況に際し、「其の敷地の選定に苦しみつつある事情を弁へざる父兄等は未着手の二校児童のみを特殊扱ひするものなりと誤解して目下紛争を惹起し」ており、それに対して町の側も「鎮撫の弁に窮しつつあ」った。加えて、高等女学校については建設後に神奈川県に移管する交渉をもともと進めていた関係で、「県庁よりは至急敷地選定の上建設に着手すべく縷々督促を受け」ており、また「区画整理の為其の敷地の大半を失ひたる小田原郵便局」の新敷地として、学校敷地としては狭隘となった第二小学校の旧敷地を当て込んでいたため、逓信省からも「第二小学校の新敷地を一日も早く他に求めたる上旧敷地を提供」するよう要求されていた。すなわち、震災後に区画整理による道路の拡張が行われ、それに伴ってインフラの再配置が進行していることが窺える。なお、小田原町の有力者である片岡永左衛門[38]は、この時期の小田原町の景観の変化について「当町は何も道路拡張となり、どこもかも電灯かがやき面目を一新したが、道路の巾広かりし為に返〔ママ〕て淋しみを感ずる」と感慨を込めて記している[39]。そうした文脈のもとで小田原町は様々な主体から批判や督促を受け、窮地を打開するために小田原城址地の払い下げを強く求めていったのである。

宮内省は御料地の一部を小田原町に払い下げる件について、本格的な検討を開始する。この過程に

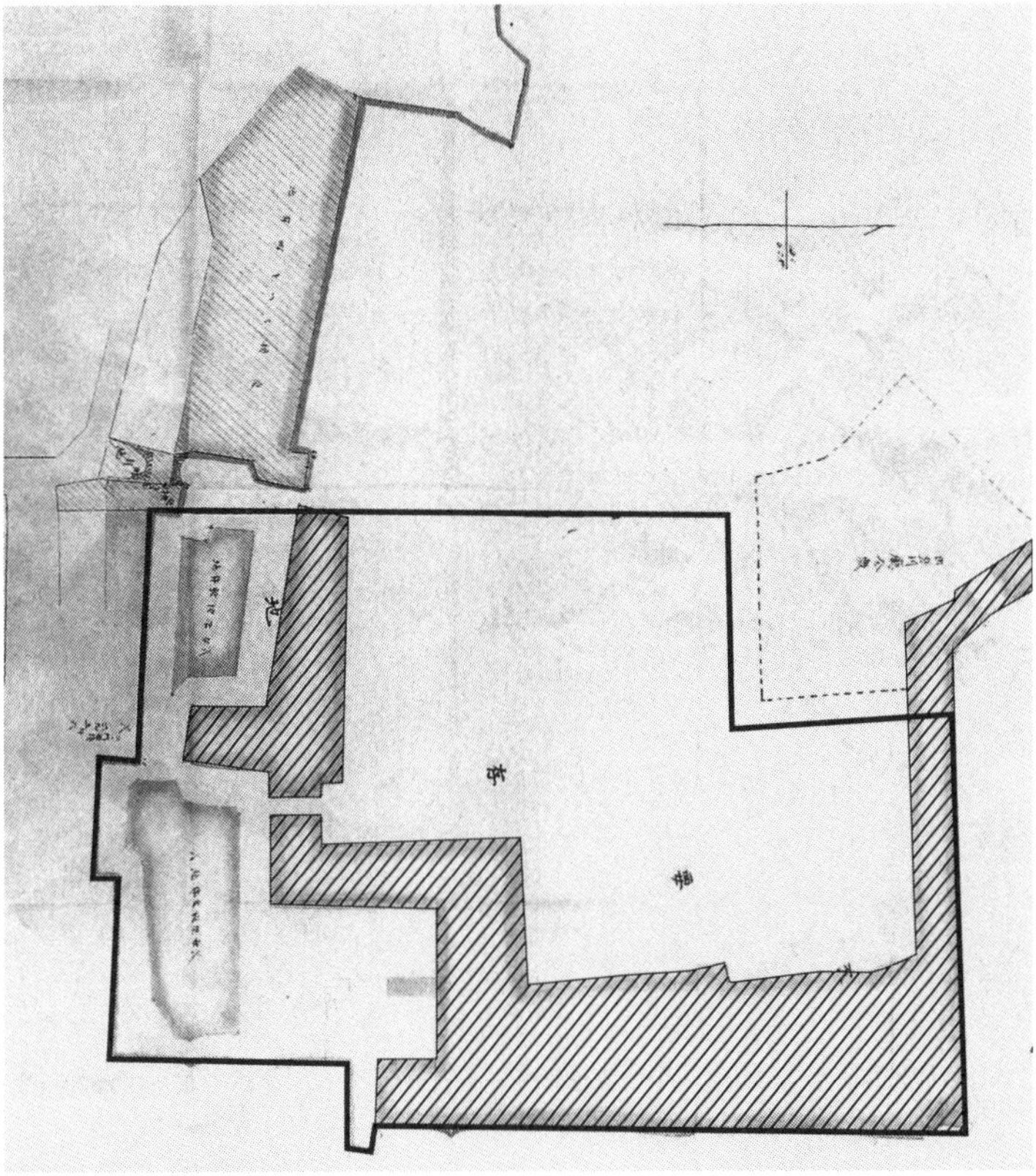

註）斜線部が濠部分にあたる。
出典）前掲「土地整理録　昭和四年」所収。

図２　小田原町に払い下げが決まった御料地（太枠内）（1927年）

おいて宮内省は神奈川県に照会を行っているが、県は小田原城址地の払い下げは「震災復旧施設上最も緊要のことと被認候」と、小田原町の主張を支持する旨を回答している[40]。県の同意も得た宮内省は、一九二七年七月までに県知事の池田宏を通じて払い下げのおおよその条件を小田原町に伝え、それに対して小田原町も「御申聞の価格及方法を以て難有御請仕候由」を申し入れた（七月二九日[41]）。なお、この過程からは調整・連絡役として県が間に入っていることが窺える。それは第一義的には高等女学校の移管に関わって県も問題の当事者であったからだが、後藤新平の腹心として帝都復興院理事兼計画局長を務め（一九二三～一九二四年）、東京における区画整理事業を主導した池田の個性も幾分かは関係していよう。

このとき小田原町に提示された払い下げの条件について、宮内省が作成した調書[42]から確認したい。その主な内容は、①御料地（小田原城址地）一万三八六一坪を学校敷地として小田原町に払い下げる、②そのうち一五六三坪は隣接する同面積の町有地と交換するという形をとる、というものであった。払い下げ予定地は図2において太線で囲んだ一画であり、小田原城址地の東面に当たる。すなわち、宮内省は小田原町の構想（本節(1)のうち第一の学校建設に限って承認したのである。

次に土地の評価価格であるが、陸地部分は坪当たり一二円、濠部分（図2の斜線部）は坪当たり四円と算定されている。濠部分の評価価格については、「埋め立て利用するものとして計算せば埋立後の土地は右陸地に劣れるを以て約二割五分（金五円五十銭）を減じ、尚埋立に要する費用一立坪（濠の深さ平均六尺）十二円五十銭を減じ一坪金四円を相当と認む」という計算によって算出されている。すなわち、宮内省は濠を埋め立てることを前提として評価価格を算定していることがわかる。それに

表4　御料地（小田原町へ引き渡し分）の評価価格

	御料地	町有地	差引	一坪当価格	総額
陸地部分	9,373坪	92坪	9,281坪	22.00円	204,178円
濠部分	4,488坪	1,471坪	3,018坪	4.00円	12,070円
計	13,861坪	1,563坪	12,298坪		216,248円
立木価格					2,696円
合計					218,944円

註）坪未満、円未満を四捨五入のため合計と必ずしも一致しない。
出典）前掲「小田原御料地調査の件」より作成。

立木価格を加えて、総評価価格は二二万八九四四円とされた（表4）。さらにこの二二万八九四四円を、土地が「公用に供せらるる」ことを理由として五割引きとして、払い下げ価格は一〇万九四七二円に決まり、また代金納入は三か年賦（無利子）とされた。

一九二七年一〇月三日、小田原町においては町会の議決を経て、宮内省に宛てて正式に払い下げを出願する。[43]なお、このとき町会では、前述の条件で御料地を払い受ける件について満場一致で可決されている。[44]これを受けて宮内省は手続きを進め、[45]払い下げ案の大臣決裁（一〇月二八日）、御料地一三八六一坪の不要存地編入（一一月四日）を経て、払い下げ許可を小田原町に通達した（一二月一六日）。これに対し小田原町は請書を提出し（一九二八年一月一八日）、二月一日には第一回分納金三万六四九二円を納入した。

三　地域住民による濠埋め立て反対運動と最終的決着

(1)　濠埋め立て反対運動の展開

すでに確認したように、宮内省と小田原町の合意には小田原城址地の濠を埋め立てるという内容が含まれていた。町当局が濠の埋め立てを計画していることは徐々に地域住民の知るところとなり、一九二七（昭和二）年一一月一九日には小田原保勝会が遺跡の保存・遊覧地の確保という観点から濠埋め立て反対を知事に申し入れている。[46]管見の限りこれは濠埋め立てに反対する運動としてはもっとも早いものであり、小田原保勝会が早くからこの問題に関心を寄せていたことが窺われる。小田原保勝会とは小田原の名所・旧跡の保存、小田原の振興などを目的として一九〇四年に結成された民間の団体であり、小田原城址の濠端の桜のライトアップなどの活動を行っていた。これは好評で毎年多くの見物人で賑わっていたという。[47]

一九二八年三月三〇日、「遊覧地として史跡を無視する埋立に極力反対」という立場から、小田原保勝会を中心として「小田原城お濠埋立反対同盟会」（以下、反対同盟会と略記）が結成され、濠埋め立てに反対し、二校舎を城外に建設することを求める運動が本格化していく。[48]四月二〇日の反対同盟会の会合では、「単に保勝会の史跡保存運動でなく遊覧地としての価値全滅は全町に影響する重大問題とて理事者に充分反省せしむ要あり」といった意見が飛び交っている。[49]反対運動の中核は小田原保勝会であったが、それにとどまらず、地域の商業者層が積極的に運動に関わっていたことも指摘できる。たとえば、「花柳界」と「二業組合」（芸者屋と料理店の営業者から成る同業組合のこと）が反対同盟会に対して「資金寄付方を申出てゐる」こと、[50]「旅館組合」が反対同盟会に参加していることはその傍証となろう。[51]震災によって小田原の商業者層は大きな打撃を受けていた。この点について片岡永左衛門は、「当地も商況極度の不況」であり「特に花柳界は甚しき様子なり」と記している。[52]彼らが濠埋め立てに対して危機意識を抱いた背景には、そうした震災後の経済状況も存在していたと考えられる。

また新聞を通覧すると、一九二八年四月中旬頃から運動がさらに広汎な層に波及していく様子が見て取れる。たとえば「町内各区長連」のなかにも埋立反対を唱える者が多いという報道[53]、「小田原人力車組合では遊覧地がなくなるとて二十四日反対同盟に加入を申込む」といった報道[54]である。当初、小田原保勝会を中核として始まった運動は、まずは商業者層を巻き込み、続いて地域の旧来的な有力者層（「区長連」）や、人力車夫のような非熟練労働者層をも巻き込む形で拡大していったのである。

こうして勢いを得た反対同盟会は、濠埋め立て反対の「調印」を集める運動を展開する。その結果、多くの人びとが「調印」に応じ、四月二三日段階で約一〇〇〇戸、五月二日段階で約三五〇〇戸、五月五日段階で約四〇〇〇戸の「調印」が集まったという[55]。一九二七年五月現在における小田原町の総戸数が五一七六戸であったことを考えると[56]、数の上では町住民の過半数を優に超える「調印」が集められたことが窺える。すなわち、一九二八年五月段階において、濠埋め立て反対運動は地域をあげた一大運動へと発展するに至り、地域住民と町当局の対決の構図が鮮明になっていったのである。

小田原町としては学校敷地として小田原城址地の払い下げを受け、濠を埋め立てることについても宮内省と合意を済ませており、すでに分納金の納入も済ませていた。二校舎を城外に建設せよという反対同盟会の要求は受け入れ難いものであり、苦しい立場に追いやられる。そのため五月一一日に吉田淳一町長と町会議員全員の辞職の意向が報じられ、神奈川県知事の池田宏が慰留するという事態にまで陥っている[57]。そうしたなか、これまで小田原城址地の払い下げ交渉を主導し、濠埋め立てをめぐって反対同盟会と対峙してきた吉田町長が急死する（五月二〇日）[58]。その結果、町当局は問題を自律的に処理する能力を事実上喪失してしまうことになった[59]。

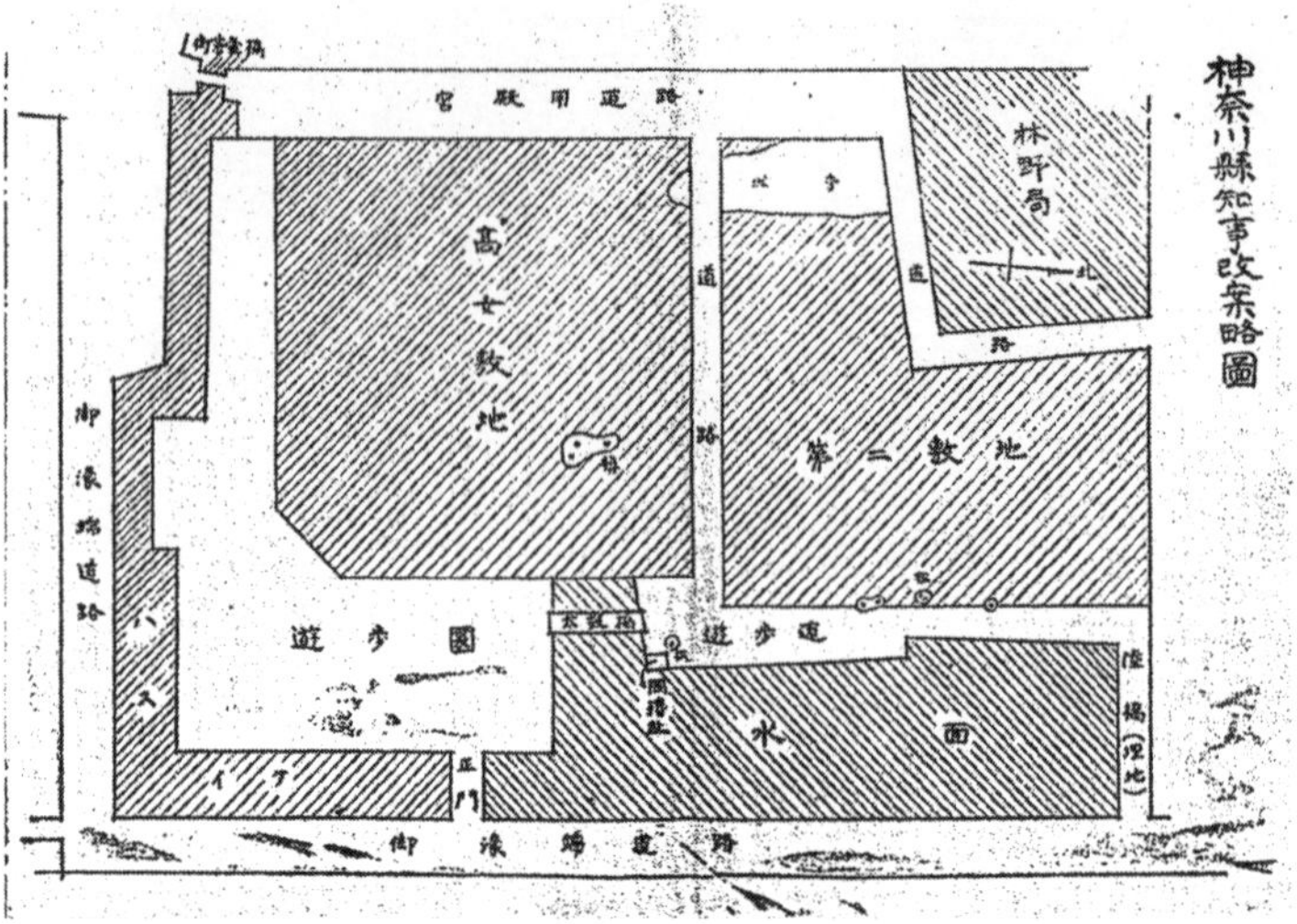

出典）前掲「土地整理録　昭和四年」所収。

図3　神奈川県知事改案略図

(2) 県による調停と最終的決着

以上の背景のもとで、県当局が調停に乗り出していく。六月二七日に池田知事は小田原町助役と会談し、「史跡保存の誠意ある運動」について一定の意義を認め、「外濠を絶対に埋めぬ」としつつも、反対同盟の主張する城外の二校舎建築については「不可能」として斥け、「敷地を更に極限して城内〔に〕二校建築する」ことを提案した(60)。このように池田知事の具体的な妥協案は、景観上より重要な東面の濠（「外濠」）を保存しつつ、城内の濠を埋め立て、校舎敷地を確保するというものであった（図3）。なお、それに合わせて、高等女学校の敷地面積を当初予定していた五〇〇〇坪から四三〇〇坪へ、小学校の敷地面積を四〇〇〇坪から三六〇〇坪へとそれぞれ縮小している(61)。

これに対して町当局は、「知事の改案につ

いてはその最初の払下趣旨より見て到底此以上の改変を望み難きと、一面町民諸賢の負担軽減の見地よりこの改案実行に最善の努力を吝しまない信念であります」[62]と、妥協案の受け入れを表明する。八月一〇日の新聞によると、一時は全員の辞職が観測されていた小田原町会議員は「知事の支援ですっかり強くなった」という[63]。

一方でこの時期、反対同盟会の側は、知事の妥協案を受け入れる「穏健」派と、あくまでも二校舎の城外建設を求める「強剛」派に分裂しつつあった[64]。もともと反対同盟会は、二校舎を城外に建設する際の用地や費用について確固とした代案を持っていたわけではなかった。この点は運動の限界であったが、それを背景としてこの時期に「穏健」派が台頭していったと推察される。そうした状況に際して町当局は、「〔反対〕同盟側の不結束を見透し、区長を個々に呼寄せ懇談せしに、各辞《ママ》区々にて一致に非るを機とし」て、八月一六日、知事の妥協案の受け入れを正式に決定したのであった[65]。これに対し、問題は決着したとみた反対同盟会内の「穏健」派は、電撃的に会の解散を宣言する[66]。この時の宣言において、「今後と雖も反対意見の者が個人として運動するやも測られずお含みを乞ふ」と述べられていることからも会内の路線対立が窺われるが、ともあれここにおいて組織的な運動は終結する。

以上検討したように、一九二七年一一月から一九二八年八月において盛り上がった濠埋め立て反対運動によって町当局と地域住民の間で対立が先鋭化していったが、最終的には県による調停が入り、小田原城址地の濠のうち景観上より重要な東面の濠を存置しつつ、城内に二校を建設するという線で妥協が図られた。その結果として一九二九年三月には第二尋常高等小学校が、八月には高等女学校がそれぞれ無事に竣工し、〈城のなかの学校〉という秩序が立ち現れていくことになった。こうした秩序が再び変容していくのは、小田原城址地が公園として本格的に整備されていく戦後のことである。[67]

おわりに

本章では、小田原城址地が一八九九年に御料地に編入されることによって〈城のなかの御用邸〉という秩序が立ち現れていく第一の局面と、一九二三年の関東大震災によって御用邸が全壊したのち、一九二八年に御料地の一部が小田原町に払い下げられ、その翌年に城址地に学校が建設されることによって〈城のなかの学校〉という秩序が立ち現れていく第二の局面を取り出して、小田原城址地をめぐって各主体がせめぎ合う様を描き出してきた。最後にこの二つの局面を比較しつつ、その歴史的な意味を考えてみたい。

(1)　旧藩という枠組みについて

まず、旧藩という枠組みについてである。一八八七年から一八九一年においては、小田原城址地が地理的には小田原町の中心部に位置しているにもかかわらず、それを小田原町の所有とすることに対して理解が得られず、陸軍省は旧藩主である大久保忠礼を直接の対象として小田原城址地の払い下げを行った（一八九〇年）。小田原町が城址地を所有することに対しては、旧小田原藩士と足柄上郡・下郡の代表者がそれぞれ反対の声をあげたが、彼らは旧藩という枠組みに依拠して主張の正当化を行った点において共通していた。陸軍省もこうした声を無視できなかったものと思われる。

これに対し、第二の局面の時期においては、旧藩という枠組みは主張の正当化の論理としてはほとんど用いられなかった。唯一そうした論理を展開したのは、「同地は私祖先以来深き縁故ある土地に有之」という根拠に基づいて、御料地の払い下げを請願した大久保家当主の大久保忠言であった（一九二四年）。しかし、この請願が全く顧みられなかったように、旧藩という枠組みは主張の正当化の論理としての有効性を失っていた。

なお、旧小田原藩士から構成される団体として、小田原有信会という組織が存在していた（一八九九年結成）。しかし、大正中期〜昭和初期の『会報』[68]を見ても、会員の子弟の育英事業や、関東大震災後における義捐金募集などの記事はあるものの、何らかの主張を地域社会に向けて発信するといったことは基本的にない。震災時の義捐金も、あくまでも罹災した会員を給付対象とする義捐金であって、小田原町民の救済という論理は含まれていない。また前述の大久保忠言の請願（一九二四年）に対しても、小田原有信会が何か支援したという形跡は全く窺われない（もっとも、ここには旧藩主家の当主の交代に伴う君－臣意識の希薄化という問題も関係しているだろう）。加えて、一九二八年の濠埋め立て反対運動に際して、小田原有信会として何か動いた形跡もない[69]。これらの事実から、第二の局面の時期において、旧小田原藩士層は依然として一定の凝集性を保持していたものの、地域社会における影響力や活性は減退し、互助的な集団として純化しつつあったと言えるだろう。

(2) 宮内省の対応について――近代天皇制の一断面

次に、宮内省の対応についてである。宮内省は、第一の局面の小田原城址地の御料地編入過程（一八九九年）においては、大久保家を優遇した面があると思われる。少なくとも小田原町は、宮内省を直接批判することは避けつつも、そのように捉えていた。これに対して第二の局面の御料地の払い下げ過程（一九二六～一九二八年）においては、小田原町と大久保家のうち、宮内省は小田原町の請願を聞き入れた。こうした対応の変化は、皇室の基盤が一部の「藩屏」から広汎な国民へと拡大していくという、いわゆる大正デモクラシー期の皇室のあり方に対応していると言えるのではないか。

一方で、宮内省は小田原城址地の濠を埋め立てることを前提として払い下げ価格を算定し、一九二八年一月までに町当局と合意を済ませていた。これに対し、地域住民は濠埋め立てに反対する運動を提起し、最終的には東面の濠を存置するという線で妥協が成立する（一九二八年八月）。以上の経過は、宮内省に何が見えており、何が見えていなかったのかを考察する上で示唆を含んでいるのではないだろうか。

町当局の意向から自立した運動主体を立ち上げた地域住民の関心は、地域の歴史的遺構と遊覧地を守ることであった。これは彼らにとって切実な問題であったことは間違いないが、震災復興や学校建設といったいわば国民的な課題とはやや位相が異なっていることも確かであろう[70]。またこの運動に「花柳界」の関係者、つまり近代国民国家の構成員としては必ずしも正当性の高くない人びとが多く加わっていたことも興味深い。

第二の局面の時期において宮内省は、一部の「藩屏」ではなく広汎な国民が抱える問題に向き合おうとしていたが、その一方で国民というカテゴリーに包摂しきれない人びとの動向に対しては、それを抑圧してかかったわけではないものの、やや鈍感なところがあったのではないか。近代の皇室はしばしば国民統合の「基軸」として観念されていたが、そのことの意味を考察する際に、本章は極めて限られた一地域の事例分析ではあるものの、一定の示唆を含んでいるように思われる。

註

（1）多くの先行研究が存在するが、ここではもっとも優れた成果の一つとして、原武史『可視化された帝国――近代日本の行幸啓［増補版］』（みすず書房、二〇一一年、初版は二〇〇一年）をあげるに留める。

（2）以下、本章における基礎的な事実関係については、特記しない限り、片岡永左衛門編刊『足柄史料』（一九二八年）、足柄下郡教育会編刊『足柄下郡史』（一九二九年）、小田原市編刊『小田原市史　別編　年表』（二〇〇三年）、小田原城天守閣編刊『小田原城址の一五〇年』（二〇一七年）に基づく。なかでも鈴木一史編「小田原城址関連年表」（『小田原城址の一五〇年』一二四～一二八頁に所収）から多くの恩恵を受けている。

（3）小田原藩は江戸末期の段階で約一一万三〇〇〇石を領していたが、戊辰戦争に際して一時朝敵となったことにより七万五〇〇〇石に減封されている。なお、この七万五〇〇〇石は表高であって、実際の高は二万三四一〇石であったという（神奈川県編刊『神奈川県史　通史編四』（一九八〇年）六七～八四頁）。この時期の小田原藩の財政難の背景にはこうした問題も関わっていると推察される。

（4）一八七一年七月に小田原県を設置。同年一一月に足柄県に統合され、さらに一八七六年四月に神奈川県に統合される。

（5）近現代の小田原城址地については、註（2）であげた文献に加えて、景観史の観点からの研究がある（野中勝利「近代の小田原城址における濠の埋め立てをめぐる議論の構図」（『都市計画論文集』第四八巻第三号、二〇一三年）、同「近代の小田原城址における所有と利用の変遷及び風致保存の思想」（『ランドスケープ研究（オンライン論文集）』第七号、二〇一四年）、同「近代の小田原城址における県立公園構想の背景と経過」（『ランドスケープ研究』第七七巻第五号、二〇一四年））。これに対して本章では、新史料を用いいつつ、また各主体のせめぎ合いに着目しつつ小田原城址地をめぐる歴史を再構成してみたい。

（6）以下の経過は前掲『足柄史料』一三九頁、前掲『小田原城址の一五〇年』七頁に基づく。

（7）「一督より小田原城郭払下の件」所収（「陸軍省大日記」アジア歴史資料センター所蔵、C07050211600）。なお、本章において引用文中の傍線はすべて筆者によるものである。

（8）「小田原旧城郭地評価格之義に付伺」（前掲「一督より小田原城郭払下の件」所収）。

（9）野中、前掲「近代の小田原城址における所有と利用の変遷及び風致保存の思想」三三二頁。

（10）片岡永左衛門編『明治小田原町誌　中』（一九七五年、初出一九三一年）一八九一年一二月一四日条、一一三～一一四頁。

（11）「小田原城郭地分割之義に付事情開申」（一八八九年一〇月二九日）（前掲「一督より小田原城郭払下の件」所収）。

（12）同前。

（13）「書状」（「小田原有信会文庫」一七二‐五‐一〇）（小田原市立図書館所蔵）。

（14）瀬戸秀兄『県社大久保神社記』（一九三五年）（小田原市立図書館所蔵）。

（15）小田原有信会編刊『小田原有信会沿革』（一九二九年）一五～一八頁（小田原市立図書館所蔵）。なお、小田原有信会とは旧小田原藩士を会員とする互助的な組織である。

（16）「契約書」（「地籍録　明治三二年　七」宮五六一四‐七）。本章において宮内庁宮内公文書館の所蔵史料は宮〔識別番号〕と略記する。

（17）前掲「地籍録　明治三二年　七」所収。

（18）「拝借地の義に付請願」（前掲「地籍録　明治三二年　六」）。

(19) ちなみに平塚町は旧旗本領であり、旧小田原藩領ではない。
(20)「平塚町拝借御料地に付再願」（前掲「地籍録　明治三二年　六」）。
(21) 前掲「平塚町拝借御料地に付再願」。
(22)「平塚町拝借御料地に付再願の件」（前掲「地籍録　明治三二年　六」）。
(23) 加藤祐介「大正デモクラシー状況への皇室の対応」（『歴史学研究』第九二七号、二〇一五年）。
(24)「決議録」（前掲「地籍録　明治三二年　七」）。なお、この二万五〇〇〇円を町有基本財産として預金することが併せて議決されている。
(25)「売上証書」（前掲「地籍録　明治三二年　七」）。
(26) ただし、国府村と吾妻村に所在する御料地の評価価格五万七八四〇円は、「他日保安林に編入之掛念ある」ことを理由として、後に評価価格が三万四七〇四円に改められている（前掲「按」）。
(27) 前掲「按」。
(28) 帝室林野局編刊『帝室林野局五十年史』（一九三九年）二五九頁。
(29) 武田周一郎「昭和初期の首都圏における御用邸の再編」（『首都圏史研究　年報』第六号、二〇一六年）一七～一八頁。
(30)「御料地払下御処分に関する請願」（「土地整理録　昭和四年」宮九一九九－一）。
(31) 前掲「御料地払下御処分に関する請願」。
(32) 関東大震災後における区画整理事業による道路拡張については、越沢明『東京の都市計画』（岩波書店、一九九一年）第一章を参照。
(33) 前掲「御料地払下御処分に関する請願」。
(34)「小田原御料地一部払下願の件」（前掲「土地整理録　昭和四年」）。日付が空欄のため正確な提出日は不明であるが、一九二四年一一月四日付の帝室林野局の受領印が捺されているので、その時期までに提出されたことは確かである。

(35)　史料では「明治三十一年」（一八九八年）と記されているが、これは誤記ともとれるし、一八九八年から宮内省と大久保家との間で内々に土地提供の話が進められていたことを示すともとれる。
(36)　「御料地払下願の義に付懇願」（前掲「土地整理録　昭和四年」）。
(37)　前掲「御料地払下願の義に付懇願」。
(38)　万延元（一八六〇年）年生。小田原町会議員を経て、小田原町助役（一九〇〇～一九〇五年）。以降、小田原町内の公職を歴任するかたわらで、小田原町政界における顧問的な役割を果たす。また郷土史家として小田原の歴史の研究を行う。一九四三年没。
(39)　「片岡永左衛門日記」（小田原市立図書館所蔵）一九二六年一二月九日条。
(40)　「御料地払下願に付副申」（神奈川県知事発、帝室林野局長官宛、一九二六年一一月一九日）（前掲「土地整理録　昭和四年」）。
(41)　三矢宮松（帝室林野局長官）宛池田宏書簡（一九二七年七月二九日）（前掲「土地整理録　昭和四年」）。
(42)　「小田原御料地調査の件」（前掲「土地整理録　昭和四年」）。
(43)　「御料地払下願」（前掲「土地整理録　昭和四年」）。
(44)　「昭和二年　昭和三年　町会々議録及議決書」（「小田原市史編さん資料」議会二一、小田原市立図書館所蔵）。
(45)　一連の書類は前掲「土地整理録　昭和四年」に所収。
(46)　前掲『小田原城址の一五〇年』二六頁。
(47)　「片岡永左衛門日記」一九二七年四月一一日条。
(48)　『横浜貿易新報』一九二八年三月三一日。
(49)　同前、一九二八年四月二二日。
(50)　同前、一九二八年三月三一日。
(51)　同前、一九二八年四月一二日。
(52)　「片岡永左衛門日記」一九二六年九月一五日条。

(53)『横浜貿易新報』一九二八年四月一七日。
(54)同前、一九二八年四月二五日。
(55)同前、一九二八年四月二五日、五月三日、五月六日。
(56)「片岡永左衛門日記」一九二七年六月一一日条。
(57)『横浜貿易新報』一九二八年五月一一日。
(58)同前、一九二八年五月二一日。
(59)なお、次の町長が決まるのは一九二八年一二月二五日のことであり（「片岡永左衛門日記」一九二八年一二月二五日条）、この間小田原町は指導者不在の状態にあった。
(60)『横浜貿易新報』一九二八年六月三〇日。
(61)敷地面積の縮小については、後の記述ではあるが、「片岡永左衛門日記」一九二八年一〇月一日条にその詳細が記されている。
(62)「声明書」（前掲「土地整理録　昭和四年」）。
(63)『横浜貿易新報』一九二八年八月一〇日。
(64)「片岡永左衛門日記」一九二八年八月一八日条。片岡は、「強剛」派においては「敵本の気分も露骨」であり、それが「穏健派の厭ふ処とな」っていると観察している。
(65)「片岡永左衛門日記」一九二八年八月一八日条。
(66)『横浜貿易新報』一九二八年八月一七日。
(67)なお、小田原城内高等学校（旧高等女学校）が再び城外に移転するのは一九六二年、三の丸小学校（旧第二尋常高等小学校）が同様に移転するのは一九九五年である。
(68)「小田原有信会文庫」一八二一－一（小田原市立図書館所蔵）。
(69)ただし、小田原有信会の会員で小田原保勝会にも加入していた者は存在する。たとえば、小田原有信会創設百年記念事業委員会編刊『小田原有信会沿革誌』（一九七九年）からは、そうした者として三名の名前が確認できる（七二頁）。

（70）この点について、国民というカテゴリーと、それに必ずしも包摂されるわけではない地域というカテゴリーの「裂け目」に着目する必要を提起する大門正克『歴史への問い／現在への問い』（校倉書房、二〇〇八年）四一～四八頁も参照。

【付記】本稿作成に当たって、小田原市立図書館の下重清様と星野和子様から、小田原の歴史について数々のご教示をいただきました。記して感謝の意を表します。また本稿は平成二九・三〇年度科学研究費補助金（特別研究員奨励費）による研究成果の一部です。

第6章　「雪冤」から「開発」へ
——戦前戦後福島県会津地方における秩父宮妃勢津子の表象をめぐって——

茂木謙之介

はじめに

本章では、一九二八年、一九五二年、そして一九五四年の秩父宮《ちちぶのみや》妃勢津子《せつこ》（松平《まつだいら》節子《せつこ》）による福島県会津地方への訪問の際に生成された諸表象を対象に、地域と関わりを持つ人物が皇室内の存在となるに際し、現地ではどのような表象が展開していたのか、また戦後かかる関係性がどのように描きなおされていったのかを、地域社会における言説に内在する論理に注目しつつ考察したい。

天皇の地方訪問である行幸啓については原武史の研究以降[1]、とみにその成果が蓄積されていったが、小田部雄次[2]や河西秀哉[3]、茂木謙之介[4]の研究を除いて皇族の地方訪問「御成」への注目は少なく、なかでも皇室へと嫁いだ皇族妃によるそれに限定した研究は管見の限りない。だが、注目は少ないものの皇族妃の地方訪問は皇室と地域社会の接触経験として一定の意味を持ちうる。とりわけ地域と関係のある人物が皇室に嫁ぐことは、「地域社会の存在」（後述するがここには留保が必要となる）が「皇室内の存在」へと変化する機会であり、それは直接的な皇室との関係形成をする（かのような）きっかけとしてとらえられることともなる。その際に地域において如何なる論理のもと、如何なる表象が展開されていたのかを読解することは重要である。〈地方〉とされた圏域は近代化の過程で生成した国民国家の〈中心〉と同時発生的に否応なく成立した場であり、とくに本章で扱う対象地域の福島県会津地方は後述するように近代化の過程で〈傷〉を負った地域として自己表象される場でもあった。かかる文脈のなかで皇室という〈中心〉との関係が如何に語りだされるのかを問うことは、近代天皇（制）が地域社会にとって如何なるものであったのかを明らかにするものともなるだろう。

　本章で検討を加える松平節子（松平勢津子／秩父宮妃勢津子）は、最後の会津松平藩主である松平容《かた》保《もり》の四男である松平恒雄[5]の長女として一九〇九（明治四二）年に英国ロンドンに生まれた。女子学習院、米国ワシントンDCのフレンドスクールを経て、一九二八年に昭和天皇の長弟・秩父宮雍仁《やすひと》親王と結婚する。父の松平恒雄は無爵だったが、結婚に際しては旧皇室典範第三九条「皇族ノ婚嫁ハ同族又ハ勅旨ニ由リ特ニ認許セラレタル華族ニ限ル」をみたす必要から、節子は叔父の子爵・松平保男の養女となり、また「節子」の名が貞明《ていめい》皇后の名「節子」（読み仮名は「さだこ」）と表記が重複することから、皇室ゆかりの「伊勢」と会津松平家ゆかりの「会津」から一文字ずつ採った「勢津子」と改めたことが知られている[6]。戦後は、結核予防会総裁・日英協会名誉総裁などを務め、一九九五（平成七）年この世を去った。

　秩父宮と節子の婚姻に関して田中悟は「およそ四〇年にわたって徐々に進行していた旧会津藩の「雪冤」は、天皇家と会津松平家との縁組という形でこのとき、一つの頂点に達したのであった」と述べており[7]、また河西英通もこの婚姻については「「戊辰」の雪辱」の事例として言及しているが[8]、同地において如何に節子／勢津子が表象され、それが天皇・皇族・皇室の表象として如何に意味づけうるのか、換言するならかかる事例が天皇（制）研究の文脈で如何に問うことができるかは未済の問題であり、また戦後の展開への射程はまだ開かれていない。

本章での検討に際し、史料としては同地で発行されていた地域新聞と公文書を使用する。戦前の地域新聞としては若松市（現会津若松市）で夕刊のみ展開していた『会津日報』[9]、同じく若松市を発行所としていた夕刊紙『新会津』[10]を中心的に扱い、福島市を中心として展開していた朝夕紙『福島民報』を補助線として傍証的に使用する。戦中の新聞統制によってこれらの新聞は『福島民報』に統合され休刊となったため、戦後の事例については同紙と『福島民友新聞』の記事を使用する。また、公文書としては、戦前については会津若松市役所所蔵の「昭和三年　松平家関係綴　総務課」および「昭和三年　秩父宮殿下松平勢津姫御慶事関係綴　総務課[11]」を、戦後については福島県庁所蔵の「昭和二七年　天皇皇后両陛下　秩父宮妃殿下　高松宮殿下　御成関係書　職員課[12]」を使用する。

一　「雪冤」と皇族の参照――戦前会津地方における松平節子表象

まず戦前の事例として一九二八年七月二六日から同月三〇日にかけて行われた、松平節子とその家族による、若松市を中心とした会津訪問の際に展開された諸表象を検討したい。

同事例で節子は土津神社、院内御廟、猪苗代公会堂、諏訪神社、阿弥陀寺、融通寺、飯盛山、鶴ヶ

城、御薬院、若松市公会堂を訪問し、墓参や旧藩の関係施設の視察を行うとともに、旧藩関係者や高等女学校および市民による歓迎を受けている。

その過程では、地域において戊辰戦争の「雪辱」を果たしたことが語られる一方で、皇族妃となる予定の節子がもつ「空虚さ」が明らかになるとともに、それを同時代すでに共有されていた紋切型によって埋め合わせる作業がなされていた。

(1)「雪冤」の諸表象

まず、当該時期の会津地方メディアの分析を通して秩父宮と節子の結婚による会津地方の「雪冤」の表象が如何なる様態で展開しているかを検討する。

はじめに一九二八年七月の松平節子による来若前後の報道に目を向けたい。七月に入り、会津地方の各新聞が節子の来若の予定を伝える中で注目したいのは、節子の来若を歓迎する奉迎歌の制作を報じる「松平家御慶事　奉祝歌」と題した『会津日報』七月一七日三面の記事である。

左の奉祝歌は会津戊辰会の編みしもので文部省及び山川男の校閲を経たもので文部省では「会津人の心事さこそあるべき」と評され他日教科書に編入されるかも知れぬとある……
天運循環日は来る　忠誠義烈の我祖先　馬前に誓ひし甲斐ありて　見よ今日の此光栄　弥栄祝はん諸共に　万歳万歳万々歳
皇御国に神在はす　無実の汚名もいや晴れて　昭和戊辰の御光は　汎ねく照らす我面へ　仰ふげ

やた、へよ姫君を　万歳万歳万々歳　世界に輝く白虎隊　永久に我等の誇りなる　鶴が大城に姫君を迎へし今日の嬉しさよ　弥栄はん諸共に　万歳万歳万々歳[13]

ここでは二つの側面を指摘したい。まず一つは奉祝歌に関する物語言説で展開している、奉祝歌の正当性をめぐる語りである。地域と連関の深い集団である「会津戊辰会」が編み、会津出身にして〈中央〉で活躍する名士である「山川男」こと元東京帝国大学総長・山川健次郎の校閲を経ることで、地域に根差した歌詞として成立したものであることが明示されるとともに、「文部省」の校閲も経ることによって国家レヴェルの承認を獲得していることが確認できる。中でも、文部省によって「会津人の心事さこそあるべき」と言われている部分からは中央官庁から要請された「地域らしさ」が歌詞の正当性と直結した言説が展開していると言え、「他日教科書に編入される」ことへの期待は、同時代の国語という教科の強力な規範性を指摘するまでもなく、まさしく国民国家との一体化を望むものと言えるだろう[14]。

第二点は、奉祝歌の物語内容に内在する「雪冤」に関わる諸表象である。まず、歌詞の冒頭「天運循環」ということばに注目したい。一九二八年は戊辰戦争の生起した一八六八年から奇しくも六〇年目であり、同じ干支の年となっている。二番の歌詞にも「昭和戊辰」ということばが導入されていることからも明快なように、同じ戊辰という干支を持つこの年において生起した地域出身者と皇族との婚姻が、戊辰戦争との連関を強くもつものとして方向づけられている。そしてその連関は単なる繰り返しとしての「循環」に留まるものではない。「無実の汚名もいや晴れて」「世界に輝く白虎隊」などの戊辰戦争の際に会津が蒙った〈傷〉を傍らに置きつつ、それらを「今日の此光栄」「仰ふげやた、へよ姫君」とあるように、「姫君」への接続を計ることを通して、汚名の返上を行い、「忠誠義烈の我祖先」の行為が是認され、むしろ帝国日本に於ける「栄光」へと転化したことを寿ぐものなのである。

成田龍一は一九三〇年代における歴史叙述の隆盛に注目し、昭和初年における「昭和戊辰」の言説が旧幕時代を同情的に描いたものとして位置づけているが[15]、この会津地方を中心とした「昭和戊辰」言説は、単なる歴史叙述に留まるものでも、旧幕ノスタルジアに回収されるものでもなく、それは近代天皇（制）国家からの承認を獲得し、それゆえに「雪冤」を果たした物語となっているのである。

このような物語が提示される中、地域メディアにおいては節子の来訪に寄せる期待が大きくなっていく。『会津日報』七月二三日三面の「会津の市民は緊張の秋　岩崎県議の談」では、節子の来訪に対して県議会議員のコメントを掲載している。ここで県議は「吾人はこの意義ある時をスタートとして何等かの覚悟をしなければならない。今や質実剛健を旨として一意国家の安康に努める絶好の機会である。諸君と共にほんとに喜びの時でなければならぬと思ふ云々」と述べ、節子来若について、地域に及ぼす積極的な「意義」を発見していることが看取される。しかしこの「絶好の機会」は「喜びの時」と位置づけられるものの、同時に「何等かの」という表現からも明快であるように内実が如何なるものなのかが欠落している。いわば具体性が欠けた画期論が展開しているのである。

このような地域における情念を代理／表象するものとして、節子もまたその枠内に括りこまれていく。節子が訪問の日程を終え、会津を離れた直後の七月三一日『会津日報』三面の記事では「秩父宮殿下と御結婚の日を待つ全会津民　市当局でも遺漏なく準備する　姫を生んだ地の奉祝計画」という見出しが躍っている。節子が英国に生まれ、米国に育ったにもかかわらず、会津を「姫を生んだ地」と名指すことによって「会津内」存在の代理／表象として「節子」を扱おうとしていくのである。いわばこれから皇族となっていく「節子」という表象を領有していくプロセスが見出せるといえよう。

(2)「空虚な中心」としての「節子姫」表象

では、具体的に節子はいかに表象されていくのか。来若中の『会津日報』および『新会津』の記事を挙げる。

> 墓前に整列歓迎の少年団へお会釈松平大使は一場の挨拶をかね激励を与へそれよりはるか南のうねへした道を白虎隊自刃の場に臨まれ同所で子爵から色々説明を快よくうち肯きつゝ聞かれ会津中学校生徒の白虎隊剣舞を御覧になり御満足気に拍手を送られ微笑され[16]

> 相変わらずの熱誠をもつて沿道に堵列し奉迎する市民に対し姫は一々丁寧に会釈を遊ばされ更に同神社境内に歓迎申し上げし会津幼稚園の可憐な幼童に対しにこやかな微笑を浮べてたへられ[17]

これらの記事に共通する要素としては、節子自身によって発話されたことが明示されないことが挙げられる。たとえば七月三〇日の『新会津』二面「地方色の濃い会獅子〔ママ〕舞津　姫は興深げに御覧　大使松平子も共々に」では、節子に代わって父の松平恒雄が発話したことは報道されるが、本人の言葉は記録されておらず、おもに「微笑」を浮べるなどといった所作のみが報道され、パーソナリティが希薄な存在として描かれている。その要因については会津外の地域メディアにおける報道が示唆を与えてくれる。

七月二七日の『福島民報』朝刊二面では、「聞きしに勝る気高さ　初めて姫の御妍容に接して　欽慕いやます県民」として、以下の記述がなされる。

本県会津の産める光栄の姫も、県民と接触の機会は甚だ少く何れも写真版に依つてのみ知つてゐた然るに二十六日白河を始め県内各地に歓迎した堵列の民衆は、姫の容姿が写真版とは少しく異り、その素顔がより以上美しく、気高さに驚いた、既に新聞紙上に発表せられた性質と相俟て、真に我国女性の亀鑑であると、歓迎の女性をして恍惚たらしめたるは何人も目撃した事である。

端的に言って、同時代の会津を含めた地域の人びとにとって、英国に生まれ、米国にて学生生活を送った節子については不明な点が多く、一九二二年に一度来訪したものの、そのパーソナリティについては、知悉していたわけではなかったのである。それゆえ節子は同時代の同地の人びとにとって「写真版」によってのみ認知することの可能な、まさしくメディア内存在としてあった。

結果、実際に地域に訪れた節子については以下のような言説が展開することになる。

両の腕の透き通るレース織の純白の御洋装に薄桃色のボンネットを頂いた御姿を拝しては流石ス

ポーツの宮の妃と何れも感嘆久しふした[18]

薄茶色の洋装に召し替へられ子爵は海軍少将の夏服、大使は黒のモーニング、のり子嬢（子爵令嬢）正子嬢は共に淡紅色お揃いの洋装[19]

ここからはメディア内存在としての節子の具体性の欠如を、彼女の身にまとう服装で埋めるというプロセスを看取することができる。地域と関係ある人物でありつつ、同時に地元の人間ではないというアポリアを、節子をめぐる表象は抱え込んでいるのであり、その解消の手段として『福島民報』というメディアは服装を詳述するという方法を採用したと言える。これはまた、同時代に図版を用いた報道を可能としていた『福島民友新聞』『福島民報』などの福島県全域を対象としたメディアの反応としてもとらえることができるが、一方で活字のみの報道を行っていた会津地方で発行されていた諸新聞はどうだったのか。

『新会津』七月三〇日三面「我等の胸によき印象を残し節子姫今日御帰京　思へ出さる逸話の数々全会津民の永久の誇として」では、当該地を去った直後の節子の姿を以下の様な形で描き出す。

思へば御滞在僅かに五日、其の間姫は終始歓迎の幼童にすら一々会釈を給ふ、その自らなる謙譲さは実に我れ等会津人士の崇敬かく能はざる処であるここでは、節子の行動に伴っていた無言・微笑・会釈といった要素を「謙譲さ」として肯定的に読み替える試みが確認できる。これは同日の『会津日報』で「節子姫が残されたる　会津民への好き印象」という記事において「節子様が残された会津地方民への好き印象は今日の歓迎が実に盛んなことであつたのにも現はれてゐるが兎まれ永遠に忘れ得ぬ一つになるであらう[20]」として、具体性を伴わない「好き印象」を提示していることと通底する。

いわば、言葉を発さない、かつ地域にとってなじみの薄い節子という、具体性の希薄な存在を、様々の方向から読み替えることによって積極的に評価しようとする言説が確認できるだろう。しかし、これだけでは地域からの期待を受け止める皇族妃としての節子像を構築することには困難を伴う。そのために用意されたのは、同時代に展開していた皇族表象を参照することだった。

(3)　参照される皇族表象

節子イメージが展開する傍らで、会津地方の地域メディアでは、その婚姻相手としての秩父宮が焦点化され、くり返し報道されていた。

節子来若の前後の『新会津』では、秩父宮について「われ等の秩父宮さまの平民的な御日常」として、秩父宮の「平民的」な側面について全四回にわたって特集を組んでいる。これらの記事では秩父宮の軍隊での生活と、そこに表出する「平民」性を紹介するとともに、リーダーシップを持つ存り様を提示している。伊藤之雄は当時の秩父宮イメージについて「職務に熱心で質素で、部下思いの親しみやすいイメージを提示しており、皇族の「平民」化イメージの一環と言える[21]」と指摘しており、その側面を如実に表すものである。同時に、自動車運転の能力や、海外留学を経た「国際性」を持ち合わせていること、スポーツを積極的に行う主体としての在り様が示されており、同時代における先端的な技術、資質、能力を備えた存在という皇族イメージを看取することができよう[22]。
また、成婚時点の九月二八日『会津日報』一面では「謹んで御成婚を祝し奉る」と題し、以下のような秩父宮イメージが展開している。

秩父宮殿下の聡明慈仁、英邁闊達に渡らせられ、その御言行は悉く若き国民の活ける模範と仰がれ給ひ、勢津姫が天成の麗質に加へて欠くる所なき御教養は、まことに円満なる婦徳を完備し給へる。申すも畏けれど、何といふ御似つかはしき御夫婦ぞ　皇太后陛下を始め　聖上皇后両陛下の御満悦如何ばかりぞ

ここでは「聡明慈仁、英邁闊達」「若き国民の活ける模範」などといった紋切型の秩父宮表象が反復されていることが確認できる。いわば従来、全国的なメディアで展開していた秩父宮イメージを成婚という時点において再生産しているのだ。しかし、ここで確認しておきたいのはこのような紋切型化した皇族のイメージが節子のイメージにも類縁的に作用し、還流されていることである。
七月三〇日『会津日報』の「節子姫の御来着から毎日晴天続き」を見てみたい。

節子姫を迎ふる日即ち二十六日午後三時頃まで心なしの時雨が若松上天をおほひ市民は只管に晴

天への回復を祈つたがその祈願も通じたか五時五分頃はピタリと止んでその日から御帰郷の三十日まで全くの快晴で会津の二十九日など風さへ孕んで全く節子様の御来を寿ぐもの丶やうであつた

ここでは、節子来若当初降っていた雨が、「ピタリ」と止むこと、いわば節子の来臨に合わせる形で晴れる現象が報じられている。皇族の来臨前後に好天に恵まれる事例は戦間期にいくつか確認できるが、[23]「市民」の「祈願」が通じたことが因果関係として描き出されるという差異はあるものの、ある程度枠組みを共有する報道がなされていることは注目に値しよう。まさに、地域にとってなじみの薄い一方で、深い関係性を表明せねばならない、これから皇族妃となる存在に対して、地域メディアは皇族のイメージを転用することによって表現の臨界を探っていたということができるだろう。

二　「開発」と縁の再確認――戦後会津地方における皇族／妃表象

つづいて本節では福島県会津地方を事例として、戦後地域社会における皇族および皇族妃表象の検討を行う。

戦後、勢津子は戦後一六回にわたって福島県域への訪問を行っている（表1）。勢津子による同地への戦前の訪問は前節で扱った一九二八年、およびそれ以前の一九二二年のみであり、勢津子と地域との実質的な関わりは寧ろ戦後において成立していったと考えられる。本節では

表1　戦後における勢津子による福島県訪問一覧

年月	訪問場所	目的
1952年10月	若松市役所、謹教小、東山院内御廟、土津神社、信夫ヶ丘球戯場、知事公舎	第7回国体
1954年6月	東北電力本名発電所、東北電力片門発電所、上田発電所、宮下発電所、柳津虚空蔵菩薩、飯盛山、東山院内御廟、高松宮御別邸	東北電力本名発電所完工式
1955年6月	県体育館、県庁、福島一小、長楽寺、裏磐梯、東山院内御廟、示現寺、御薬園、会津若松市公会堂	日赤県支部第5回社員大会、親授式
1963年6月	福島赤十字病院、県庁、野口記念館、迎賓館、東山院内御廟、天寧寺、御薬園、伊佐須美神社、会津本郷焼宗像窯、本郷町役場	赤十字社100周年記念式典
1966年3月	福島三小、福島競馬場、医王寺、結核予防センター、県商工会館、東北ヤクルト福島工場	第4回日本ホルスタイン共進会、結核予防センター完工式
1966年9月	御薬園、鶴ヶ城址、東山院内御廟	県赤十字大会
1967年9月	会津若松市民会館、鶴ヶ城武徳殿、東山院内御廟	明治戊辰100年祭
1970年6月	桧枝岐村、尾瀬ヶ原	県道田島・沼田線開通式
1971年5月	県文化センター、知事公舎、土湯峠、飯盛山	県赤十字大会
1972年10月	土津神社、猪苗代	全日本女子選手権競走大会出席の帰路立ち寄り
1978年6月	飯坂特老ホーム、県文化センター、知事公館、会津酒造博物館、東山院内御廟、会津武家屋敷、滝沢本陣、山田漆器会館	県赤十字大会
1979年9月	あづま荘、知事公館	東北地区結核予防関係婦人団地幹部研修会
1981年6月	土津神社、血液センター、御薬園、東山院内御廟、翁島荘	県赤十字大会
1982年9月	あぶくま洞、デコ屋敷、本宮町共進会場、二本松城跡総合緑化センター	第4回全国和牛能力共進会
1984年9月	天鏡閣、迎賓館、東山院内御廟、鶴ヶ城	会津鶴ヶ城築城600年祭記念式典
1987年10月	東山院内御廟、御薬園、伊佐須美神社、県立博物館、会津藩校日新館、舟津公園、青松浜、千住院伏龍寺	県勢視察

出典）「秩父宮妃殿下ご来県の記録」『福島民報』1995年8月25日夕刊をもとに筆者作成。

これらの事例の中から、初期の訪問である戦後初かつ皇族妃となってから初めての会津訪問である一九五二年および第二回かつ秩父宮死後の訪問にあたる一九五四年の事例について分析を試みたい。

戦後の同地では秩父宮をめぐる表象はあくまで勢津子について述べる際の参照項に過ぎず、むしろ同地との強固な「縁」を持った勢津子について繰り返し語りだし、イメージの形成を行っていく。これは戦前期のそれと比した時、明確な差異として立ち上げられていく。その過程においては地域における課題と、その同時代的な要請を皇族妃が解決するという暗示的な物語が確認できる。

(1)　一九五二年一〇月　第七回国民体育大会臨席をめぐって――戦前イメージの継承

一九五二年一〇月、宮城・山形・福島の三県を会場に、第七回国民体育大会が行われ、そこに勢津子が臨席する。瀬畑源も指摘するように、国体は戦後の天皇・皇后の行幸啓の機会として機能した側面をもっていたが[24]、この東北三県での開催に際しては皇室からの臨席者として天皇・皇后、高松宮、そして勢津子が参加し、戦後における皇室と国民とのつながりが演出されていた。

この一連のイヴェントの中でも突出して会津との関わりを見出せる側面としては、一〇月二二日にボート競技が行われた喜多方市の萩野漕艇場への勢津子の「御成」と、それに付随するような形で開催された若松市の視察およびそこにおける歓迎会を挙げることができる。残念ながら当時の地域メディアによる報道については、地域紙や中央新聞の地方版などについても該当するものが管見の限りなく、以下当該事例については福島県庁作成の公文書および事後的な報告記事から検討を試みる。

福島県庁所蔵公文書のうち、『昭和二七年　天皇皇后両陛下　秩父宮妃殿下　高松宮殿下　御成関

係書　職員課』をみてみたい。これは国体に関連して県庁がどのように天皇・皇后、高松宮、秩父宮妃を受け入れていたかに関する公文書の簿冊となっている。
　記録の残るもののうち、最も日付の古い史料は一九五二年九月八日付の「行幸啓に関する打合事項」である。ここでは天皇・皇后の迎え方について日本体育協会と福島県の関係者が訪問場所や移動手段、宿泊施設の設備などについて折衝を行っている。
　その中で注目したいのは体育協会から「秩父宮妃殿下には仙台、山形、若松、福島に御成願う考えである」という方針が提示されたのに対して、県庁職員が以下のように要請を行う部分である。

　なお秩父宮妃殿下については若松は御出身地でもあり地元の要望もあるから公式の日程以外に三日間位御泊り願いたいので、若松が最後になるよう御日程を作ってもらいたい要望をしてきた。(25)

　これは結果的に実現されないものの、県庁側からの要望として、土地との縁故に由来する追加の宿泊が要請されているのである。史料的には明らかではないが、この要請については会津地方からの何らかの要望がその背景にあることは想像に難くない。国民体育大会という、戦前と戦後を通してスポーツを通じた皇室と国民のコートシップドラマを体現するイヴェントの中で、その中の一人を特権化し、地域との強固なつながりを希求する方針を看取することができるだろう。前述したように、同訪問は勢津子が秩父宮妃となってから初めて会津を訪れる事例であり、会津地方にとっては、この先地域と皇室との関係性が形成できるか否かという分岐点であったとも言いうるだろう。

表2　1952年10月秩父宮妃勢津子第7回国体「御成」行程

日時	場所	イヴェント
10月19日	松島	
10月20日	松島、県営自転車競技場、県営野球場、県営庭球場、県営陸上競技場、育英体育館レスリング会場	自転車、野球、テニス、自転車、レスリング競技台覧
10月21日	仙台ホテル、第一高校サッカー場、抗酸菌病研究所、レジャー・センター卓球場	サッカー、卓球競技台覧、研究所視察、婦人団体との面接
10月22日	松平家墓所、東山温泉	墓参
10月23日	東山温泉、萩野ボート場、若松市軟式庭球場、若松市役所、若松市商工会館、公会堂	ボート、ソフトテニス競技台覧、市役所、商工会館視察、市民歓迎会
10月24日	東山温泉、福島市陸上競技場、知事公舎、陸上競技場	陸上競技台覧

出典）『昭和二七年　天皇皇后両陛下　秩父宮妃殿下　高松宮殿下　御成関係書　職員課』（福島県庁所蔵公文書）をもとに筆者作成。

その後、一〇月一〇日付で体育協会会長の東龍太郎から福島県知事の大竹作摩に宛てて「秩父宮妃殿下第七回国体秋季大会御成について」が発給される。そこでは「御日程表の通り貴地え御成りになりますから何分のご配慮をお願申し上げます[26]」として表2のような日程での「御成」の日程が提示され、これに従う形で勢津子の「御成」は遂行された。

「御成」には奉迎送に代表される諸イヴェントが付随する。県が一〇月一〇日前後に定めたと思われる当該「御成」の総合的方針を示した「高松宮、秩父宮妃殿下奉迎送要領」によれば、市民の奉迎に関して「国体会場の入口に席を設けてと列奉迎する[27]」とあり、国体会場に限られているかのように映る。しかし、市民の奉迎送についてはこれに留まるものではなかった。一〇月一四日付行幸啓奉迎本部長の副知事・丹野正人から各地方事務局長宛てに発給された「秩父宮妃殿下、高松宮殿下の台臨について」においては秩父宮妃および高松宮の「御成」日程について連絡がなされたのち、市民の奉迎について言及している。

二、奉迎送要領
一．一般民の奉迎送は自発的によるものとし、これを強制しない。

二．奉迎送者は左右どちらの側にいても差し支えないが、奉迎送者のことを考えた場合庁側に整列させた方がよいと思われるから原則として御召車の進行方向にむかって右側に整列するよう指導すること。

三．奉迎送の方法については、特に制限をしない。国旗を掲揚するとか日の丸の小旗を振って万才を唱えるとかいうことも差し支えない。

四．予定時間の変更は行わないものであり、従って奉迎送者の多寡にかかわらず自動車の運行速度の調節は行わないものであること。(28)


まず、注目されるのは、奉迎送が「自発的」なものとする部分であろう。戦前期の「御成」のような動員を行わず、またその奉迎の方法についてもとくに限定はせず、むしろ市民の自由裁量に任せているのである。それに際して公共機関は人びとに「庁側に整列」するよう指導すること、換言するならば皇族の姿をみせるように仕向けているのである。まさに、戦前期において確認されていたような、お互いをまなざすことによる国民国家の再生産儀礼(29)を、ここにおいてむしろ「自発性」の名において再生産しているのである。

これらの方針は、まさに象徴天皇（制）の時代において「民主的」という言葉自体が広がりを持ったことと決して無縁ではないだろう。規範が解除され、人びとの自発性が謳われる中で、それらと親和的に振舞う皇族の姿は民主化された皇室像を強く提示するものとなる。そのような在り様について、これまでの諸研究では政府や皇室関係者が民主的な皇室像を積極的に提示する主体として指摘されてきたが、むしろここでは地方行政機関がかかる側面を持ちえていることを示唆しているだろう。そして、その中でも地域と関わりを持つ皇族についてはその特権化が図られていく。

一〇月二二日、郡山市を経由して若松市に入った勢津子は、ボート競技、ソフトテニス競技への臨席後、若松市役所および若松市商工会館を視察し、そのまま市の公会堂で市民の歓迎会に臨席する。

その際の歓迎会の模様については、若松市長の村井八郎が国体の報告を行う文脈で「我が若松市に於ては松平家より秩父宮家へ御輿入れ遊ばされます直前に御成りなられてこの方、二十有四年振りのお迎えでありますので、その奉迎振りは老いも若きも熱狂そのものでありました[30]」と事後的にほぼ紋切型の皇族歓迎のディスクールを紡いでいる。

では、その会の中ではいかなる言説が展開したのか、同じ村井が歓迎会当日述べた「奉迎の辞」を参照したい。

惟ふに、妃殿下には忠誠崇高なる藩祖以来の尊き血を継がせられ、高名なる御教養と至純なる御婦徳を以て、秩父宮に御入輿なさいました昭和三年当時の、我が会津の士民が歓喜した様子は今尚眼前に彷彿たるものがございます。……

こゝに私共は維新当時の会津先賢の気魄を継ぎ、和衷共同の精神を作興し、因習を捨て、鋭意姿勢を刷新し、産業を振興し、文化を進展して、当若松は申すに及ばず、全会津の発展を図り、延いては国家の興隆と民族の安栄のため、貢献したいと存ずるもので御座います。幸に若松六万の市民は、妃殿下の台臨を一大転機と致しまして、内には協同の精神を固め外には産業の発展を図り、以て教育文化の向上を期し、妃殿下の御父祖の地たる会津の光栄を継がんとする覚悟を新たに致します。(31)


会津の旧藩関係者も臨席する中で展開されている当該言説では、まず、戦前における勢津子と秩父宮の婚姻が再話され、その勢津子への賛辞として「忠誠崇高なる藩祖以来の尊き血」と「高名なる御教養」、「至純なる御婦徳」が提示されている。まさに戦前期における勢津子への賛辞とほとんど変らないものが再生産されているのである。また後段でも、因習の排除や市政の刷新、産業振興、文化の進展など、皇族「御成」の際の言説において確認される諸要素が埋め込まれ、皇族の来臨を「一大転機」すなわち画期として運用するという語りの枠組みを採用しているのである。そしてそれらをつなぐのは勢津子に流れる会津藩祖の「血」と「御父祖の地」との関係性なのである。まさに、皇族妃という皇室内存在に対し、その出自を繰り返し確認する作業がこの「奉迎の辞」においては行われており、土地とのつながりを再確認する取り組みがなされていると考えることができるだろう。

この、土地と皇室の関係を再確認する言説は、次なる勢津子「御成」である一九五四年六月の段階

表3　1954年勢津子本名発電所「御成」行程

日時	場所	イヴェント
6月18日	片門発電所	発電所視察
6月19日	本名発電所、宮下発電所、柳津発電所、皆楽荘	発電所視察、貯水式
6月20日	若松市院内御廟、御薬園、飯盛山、翁島御別邸	墓参、旧藩関係地視察、高松宮別邸訪問

出典）『福島民友新聞』『福島民報』をもとに筆者作成。

において再度浮上してくる。

(2)　一九五四年六月　本名発電所貯水式臨席をめぐって――「記録」のモードと皇族妃

一九五四年六月一八日から二〇日までの三日間、勢津子は奥会津の本名水力発電所の貯水式に出席し、貯水開始の合図をするため、同地を訪れる。日程は表3のとおりである。この訪問に関しては、公文書が現在のところ確認されておらず、以下同地の地方紙『福島民報』と『福島民友新聞』における報道において生成してくる皇族／妃表象を中心に検討を加えたい。

まず、勢津子の同地訪問については一九五四年五月一六日の『福島民友新聞』夕刊一面「本名発電所竣工式に秩父宮妃殿下ご臨席」において、貯水式への来訪と訪問の日程を伝えつつ、以下のように第一報が呈示される。

会津出身の秩父宮妃殿下がかねて、奥只見の電源地帯を視察したいともらしていたところから同妃殿下の臨席を得るため、交渉を進めていたが、このほど竣工式に臨席するとの内報があった。

「会津出身の」勢津子の意思として「電源地帯を視察したい」という言

葉が提示されていることからは、まさに自身の出自と関わる地域の産業振興について気にかけ、関心をもち続けている主体としての秩父宮妃のイメージが展開していることが確認できるだろう(32)。

その後『福島民友新聞』の六月一八日夕刊一面では「あす本名たん水式」として、詳細な日程が報じられ、翌日の『福島民報』夕刊一面では「秩父宮妃けさ御出発　只見視察　会津は二年ぶり」として、「福島県が只見の大電源によってますます発展しますことは私としてもまことに喜ばしいことです」という勢津子の言葉を掲載する。訪問を前にして、再度紋切型ながら地域振興言説を紡いでおり、振興者としての皇族妃イメージを勢津子が呈示していることが確認できる。

では訪問当日の報道を見てみたい。

まず、会津入りした翌一九日の『福島民報』朝刊一面「秩父宮妃殿下、会津入り〝懐かしい〟とお喜び　柳津町挙げて提灯行列」では、以下のような報道がなされる。

> 優しい妃殿下の姿を見ようと駅前には黒山の市民が押しかけ自動車も一時は身動きが出来ないほど……
>
> 妃殿下は記者団に対し「ダムはあまりみたことはないがこの発電所をちょっとみただけでも立派で素晴らしいと思いました。一昨年国体のとき本県を訪れてから二年振りで、それに途中の坂下町などは十三才のとき人力車で通ったことがあり、とてもなつかしい」とくだけた調子でお話しになった。途中の沿道には日の丸の旗が掲げられ片門発電所には地元民が歓迎の心をこめて続々とつめかけ、中には日の丸の小旗を手にした老婆が駆けつける光景も見られた。……

柳津町では到着と同時に花火を打ち揚げて歓迎し約五千の地もと民が日の丸の旗を振れば手を振って答えられ、さらに夜八時半から提灯行列が行われ、妃殿下は皆楽荘の特別バルコニーから約千メートルにおよぶ提灯の波に心から会釈された。

一読して、この記事にはこれまでも指摘してきた皇族妃表象に関わる様々の要素が入り込んでいることが看取されるだろう。

まず、「優しい妃殿下」を見ようとする「黒山の市民」や日の丸を手にした老婆が駆けつけることや花火の打ち上げ、提灯行列など、戦前期にも確認することのできるような地域社会による皇族の歓待が確認できる(33)。地域にとって進んで受け入れるべき存在として描き出されるとともに、具体性のない「優しい」在り様を想定したり、「くだけた調子」で話をしたりする勢津子からは人びととの距離が近しい在り様が描かれているということができるだろう。このような皇族妃表象については『福島民友新聞』一九五四年六月二〇日朝刊一面の「日の丸を打振る歓迎の人波」にも確認できる。ここでは勢津子を歓迎する人びとの様子について以下のように報じている。

妃殿下をお迎えした只見川沿岸部落民は朝早くから老いも若きもよそおいをこらし、手に手に本社寄贈の日の丸の旗を固く握りしめ、是が非でも一目拝顔しようと待ち受けていた。宮下村入口に立っていた一老婆は羽織袴の正装で一目拝めば死んでも悔いないと妃殿下の只見入りに感涙していた。

本名村では一晩泊りで宮様を拝みたいと老人、婦人達十数名が妃殿下の打ちふる真白なハンケチをいつまでもみつめては両眼をしばたたかせていた。

地域住民にとって出会いを希求する存在としてこの時の勢津子は在ったことが看取されるとともに、「只見入り」を「一目拝めば死んでも悔いない」と述べる老婆の言葉の過剰さは勢津子が自己表象として紡ぐ言葉以上のニュアンスが、地域メディアにおける勢津子表象に孕まれていることを明らかにする。

今一度、ひとつ前の引用に戻ろう。波線を付した「ダムはあまりみたことはないが……」以下の勢津子の言葉からはすでに為した産業振興言説が具体性を以て再び語り出されるとともに、地域への懐かしさを語る言説へとつなげられている。まさに「郷土」としての会津、そして福島の地に恵みをもたらす出来事に参画する皇族という在り様が看取される。この文脈にあるものとして、貯水式当日の模様を報じた『福島民友新聞』一九五四年六月一九日朝刊四面の「燦として輝く本名たん水式　秩父宮妃を迎えて」における工事担当者の言葉がある。そこでは当該発電所について以下のような言説がなされている。

工期の短いのも日本一だし、発電所が県境になっているのも日本でただ一つ。たん水式に秩父宮妃さまが合図のベルを押されるのも日本水力発電建設はじまって以来のことでしょうこの言説では当該発電所のもつ卓越性が繰り返し提示されているわけだが、工期、場所の特異性に加えて「秩父宮妃さま」が貯水開始のベルを押すことが描かれているのである。まさに、当該水力発電所への権威づけに勢津子表象は関わっていたのだ。このことは貯水式そのものの報道にも確認することができる。

> 工事関係者約二千名が見守るうちに十一時半ゲートを降ろす合図のベルが妃殿下の手によって押された。……完全にせき止められた只見川の水は物凄い勢いで逆流すれば、ドッと歓声がわきおこり無意識のうちに万歳が三唱された。(34)

この引用で注目すべきは、勢津子によってベルが鳴らされて発電所が始動した際に、それを見た人びとから「歓声」がわき「無意識のうちに万歳が三唱され」るという、その物語構造である。この「歓声」と「無意識」の万歳三唱は、実際には工事関係者の感慨を込めたものとして生起したとも考えられるが、合図のベルを鳴らした勢津子という表象がそこに割り込むかたちで設定されることによって、彼女がまたベルを鳴らすことをきっかけとして歓声と万歳三唱が起るという因果関係の設定によって、その歓声と万歳の指し示す対象は拡散させられている。出来事を時系列に整序した結果とはいえ、そこでは勢津子表象が当該発電所に正当性を付与する過程が物語化されているといえるだろう。

では、なぜそこまで当該発電所の始動において皇族妃表象は、しかもことさら同地と関係の深い勢津子表象は必要とされたのだろうか。

これを解く鍵として、勢津子の「御成」の新聞報道記事と併載された一連の出来事を挙げておきたい。それは、本名発電所の所属する本名ダムと同じく「只見川水力開発計画」の一つ、田子倉ダムの補償問題である。

古賀邦雄によれば、当該補償問題は当時の総理大臣・吉田茂やGHQの幹部までが介入し、国政、県政を含め紆余曲折を経て「決着」したものであり[35]、当時の『歴史評論』では田子倉ダム調査団なる集団がダム建設への反対派とそれを実行しようとする行政との対立を以下のように描いている。

ダムを、強行に建設しようとする力は平和な村を個々バラバラにうち砕き、人間さえもうちくだこうとしています。

大衆の犠牲の上に軍事生産で危機をきり抜けようとする米国の資産家と日本の政府は、平和を破壊し、平和を大衆から奪おうとしている。この只見川において、その姿は異様に荒れ狂っています。[36]

鳥羽耕史によれば、そもそも当時のダム開発とその補償はセミ・ドキュメンタリーの文脈で問題の的となっていた懸案事項であり、中でも田子倉ダム補償問題は小山いと子の小説「ダム・サイト」のモデルとなるなど、その反対運動の激しさでも知られていた[37]。ダムの底に消えゆく村の若者たちに焦点を当て、補償の金銭によって人びとが心変わりしていく様を描いた「ダム・サイト」は、ダムをゆるやかに肯定する評論家たちの批判に端を発した所謂「ダム・サイト」論争を引き起こし、「村落共同体へのなつかしみ」を表明する小山に対して、「未来志向」派の対立が目立ったほか、文芸評論家の杉浦明平がダム開発とアメリカの軍事計画との結託を指摘するなどしていた。なお、杉浦明平は田子倉の補償問題と反対運動そのものについても言説を提示しており、小山の小説が反対運動を十分に描けていないことに注目し「小説よりも調査報告の方がどうも文学的である」と述べ、ルポルタージュのほうがむしろ「ねばりづよい英雄的な抗争」を精緻に描けていると評価している。(38) いわば田子倉ダムをめぐる問題は、当時の市民運動を考える上でも見過ごせないトピックだったのである。

では、この出来事が一九五四年の会津訪問における勢津子表象とどう関わるのか。ここで、先ほどまでに検討してきた新聞記事が掲げられた紙面を再確認したい。勢津子の詳細な訪問日程が示された『福島民友』六月一八日夕刊一面には、同時に補償問題の第一次調査が佳境を迎えたことを報じる「調査を一段落　平島理事・田子倉補償に見通しつく　明後日、知事と会談か」が、同一内容を伝える記事「平島本部長第一次調査を終る　あす大竹知事と会談　田子倉補償反対派の結束乱る？」は勢津子の来訪を大々的に報じた『福島民報』六月一九日朝刊一面に掲載されていた。また「福島県が只見の大電源によってますます発展しますことは私としてもまことに喜ばしいことです」と勢津子が述べた『福島民報』六月一九日夕刊一面には地域住民の反発にもかかわらず工事が継続されている問題を指摘した「平島田子倉補償本部長の調査つづく　地元の人は沈黙　田植え、一方では道路拡張」が掲載されるなど、勢津子に関する報道と隣り合わせの構成でこれらの補償問題に関する記事が掲載されていたのである。

これらの記事を同日同面に収めるという紙面構成の象徴的意味を如何に解釈すれば良いのだろうか。

『福島民報』六月一九日朝刊における発言でも明快なように、そもそも勢津子はダム開発に肯定的である。だが、最も明快なディスクールは別に提示されている。それは、勢津子が会津入りした直後に、当時の福島県知事・大竹作摩と交わした会話についての新聞報道である。

大竹知事が猪苗代湖の利用、穀倉会津の産業状態あるいは観光地などについて説明申し上げ、特に電源宝庫只見川の大開発についてお話しすれば故松平議長が在世中に心がけられたことだけに完成の巨歩を進めている現状を非常に関心深くおききになり、田子倉問題で苦労をつづける知事に対し励ましとなぐさめの言葉をおもらしになるほどだった。(39)

まさに、実父・松平恒雄の遺志を受け継ぐかたちで、田子倉ダムの成立のために「苦労」する県知事に対して、勢津子は「励ましとなぐさめ」を行っているのである。いわば当時懸案事項であった補償問題について、皇族妃は強力なダム推進派として表象されていると考えることができるだろう。貯水式に臨席し、ベルを鳴らす勢津子は、このときダム開発を推進する行政に「お墨付き」を与えるかのように描き出されているのである。

そして、その在り様は田子倉ダムではなく、この勢津子来訪の直接の理由となっている本名ダムをめぐる皇族妃表象とも関わってくる。たとえば貯水式において勢津子表象を召喚しつつ本名ダムの卓越性を語る『福島民友新聞』一九五四年六月一九日朝刊の記事「燦として輝く本名たん水式　秩父宮妃を迎えて」には、それに隣り合わせるように「悲しみ越えて開発　湖底に沈む家や土地多い　雄々

福島民報
夕刊
本名発電所盛大に貯水式
大音響、逆巻く流れ
秩父宮妃の合図で 降ろされた水門
一瞬、歓呼の声山間にこだま
警察制度の切替え措置決る

図　『福島民報』1954年6月20日夕刊

し犠牲者の協力」と題した、ダムの湖底に嘗ての住居を沈めることに同意した住民を称揚する記事が掲げられている。一つの紙面で、皇族妃が特権性に関わったダムを称揚するとともにその成立のために犠牲を払った住民を間接的に慰撫するという構成が取られているということができるだろう。

　貯水式で勢津子がダム始動の合図をしたとき、以下のような演出がなされていた。

> 妃殿下の合図のベルと同時に五本のポールに立てられたタテ六尺、ヨコ九尺の大日章旗のわきからは五つのクス玉の中のハト三十羽が平和のシンボルとして一斉にはばたき、晴れの貯水式を祝福しながら空のかなたへ飛び去った。(40)

式を寿ぐ「平和のシンボル」が飛び立っ

たのは、勢津子の手によって鳴らされたベルによってであった。いわば、勢津子はこのとき、ダムと発電所に福音を与え、そして電源の獲得という側面から見れば地域に恵みをもたらす主体としても評価可能なかたちで表象されている。しかし、同時にそのダムと発電所によって生まれた犠牲は緩やかに不可視化されてゆく。地域にとって二面性を有する出来事に際して、地域出身の皇族としての勢津子は、「開発」の強力なアイコンとして再び地域の人びとの前に立ち現れていたのである。

おわりに

以上、戦前戦後の会津地方における秩父宮および節子／勢津子表象を検討してきた。

一九二八年の事例では地域社会の内部における「朝敵」という自己認識からの「雪冤」のディスクールが確認できるとともに、その表象としての松平節子／秩父宮勢津子妃が在ったことが確認できた。その際には「戊辰」というキーワードでつながれた諸言説などからも明らかなように歴史的文脈の召喚と同時代言説との接続が図られるとともに、地域社会と国民国家の接続がなされ、そこでは積極的な読み替えがなされていった。また、節子／勢津子表象が展開する際には、そもそも地域との関わりが希薄なことに起因する具体性の欠如を埋めるため同時代の皇族イメージが召喚されるとともに、その訪問の受け入れに当たっては行幸啓や「御成」イメージとの共通性と差異が確認された。ここからは平民から皇族妃へと変化していく境界的な存在としての節子／勢津子を如何に表象するかという、同時代のメディア的な葛藤を読むことができるだろう。

戦後、一九五二年以降の勢津子の訪問は、地域と皇室との関係性を再確認する過程として在り、その際には一九二八年の婚姻という、戦前期における地域の「雪冤」に関わる言説が再話され、関係性の密接さ、勢津子の特権性が物語化されていた。

そのような勢津子は一九五四年においてはダム開発という、地域における係争へ象徴的に関わる形で同地を訪れ、地域メディアでは恰も当時係争中であった開発をめぐる諸問題を解決するデウス・エクス・マキーナとして立ち現れ、行政に寄り添う支配的言説の強化とともに、人びとの反抗を不可視化する役割を引きうけていた。まさに地域における、その時々において重要な問題を解決する主体として表象されており、ここには戦前期における皇族表象のとの間にも連続性を見出すことが可能であろう。

戦後における皇族／妃表象は、地域にとっての同時代的な利益と直接結びつく一方で、戦前期において形成したイメージが繰り返し反復されることによって、地域にとっての重要性が語られ、それは時代を下っては「雪冤」する前の段階における歴史的文脈を踏まえた地域と皇室との紐帯を再確認するものともなりえていたのである。田中悟は戦後会津地方における「勤皇雪冤」言説の枠組みの消失と近世を特権化する観光都市化へのシフトを論じているが(41)、戦前戦後の節子／勢津子の表象の集積は、かかる枠組みをもちつつ、近代皇室との関係性を再構築するという動向によってこれを緩やかに裏切るものとして位置づけることが可能となるだろう。

本章では紙幅の関係上事例を圧縮して検討を行ったため、いささか検討の不十分な個所が生まれた。とくに節子／勢津子と秩父宮との婚姻に関しては全国的に展開した表象との比較を含めさらなる詳細な検討が必要となる。別稿を期したい。

注

（1）原武史『可視化された帝国――近代日本の行幸啓〔増補版〕』（みすず書房、二〇一一年、初版は二〇〇一年）。
（2）小田部雄次『皇室と静岡』（静岡新聞社、二〇一〇年）。
（3）河西秀哉「戦後皇族論」（河西秀哉編『戦後史のなかの象徴天皇制』吉田書店、二〇一三年）。
（4）茂木謙之介『表象としての皇族――メディアに見る地域社会の皇室像』（吉川弘文館、二〇一七年）。
（5）会津松平家の子孫としての松平恒雄については、山口昌男『敗者の精神史』（岩波書店、一九九五年）を参照のこと。
（6）小田部雄次『皇族』（中公新書、二〇〇九年）一七五頁。
（7）田中悟『会津という神話――〈二つの戦後〉をめぐる〈死者の政治学〉』（ミネルヴァ書房、二〇一〇年）。
（8）河西英通「戊辰戦争・明治維新一五〇年と東北」（『現代思想』第四六巻第九号、二〇一八年）。
（9）同新聞史料については会津若松市立図書館所蔵の資料を参照した。
（10）同新聞史料についても会津若松市立図書館所蔵の資料を参照した。
（11）なお、当該公文書は筆者が公開請求を行った結果、閲覧することを得たものであり、現段階で未整理の状態にある。
（12）当該公文書は福島県庁総務部所蔵文書で、同部への公開請求を行った結果、閲覧することを得たものである。
（13）『会津日報』七月一三日の「御帰省の若松駅頭に白虎少年が歓迎の歌」によれば、作詞は東京会津会会員の斉藤幸平、作曲は武蔵野女学院の荒木秋子によるものという。なお、本章において引用文中の傍線はすべて筆者によるものである。

(14) 長志珠絵『近代日本と国語ナショナリズム』(吉川弘文館、一九九八年)などを参照。
(15) 成田龍一『〈歴史〉はいかに語られるか』(日本放送出版協会、二〇〇一年)二四頁。
(16) 「飯盛山やその他に息つく間もない今日の松平節子姫　子爵から白虎隊の説明を聞き満足のお面持　墳墓前では白虎少年団員へお会釈」『会津日報』七月二八日。
(17) 「奉迎の可憐な幼童に姫にこやかに会釈　旧藩時代家中の総鎮守たる諏訪神社へ御成り」『新会津』七月二九日。
(18) 「純白の洋服に薄桃色の帽子お疲れの色も無き節子姫墓陵礼拝には流石にお汗を」『福島民報』七月二八日。
(19) 「諏訪神社より阿弥陀堂へ節子姫一行の懇ろな弔霊」『福島民報』七月二九日夕刊。
(20) 「節子姫が残されたる　会津民への好き印象」『会津日報』七月三〇日。
(21) 伊藤之雄『昭和天皇と立憲君主制の崩壊』(名古屋大学出版会、二〇〇五年)四〇八頁。
(22) これらの在り様に関しては青木淳子「特集評伝 朝敵の汚名をすすいだ姫 松平節子妃」(『歴史読本』第五三巻第一〇号、二〇〇八年)も参照のこと。
(23) 茂木謙之介「皇の奇跡――戦間期地域社会における〈瑞祥〉言説をめぐって」(一柳廣孝監修・茂木謙之介編『怪異とは誰か』青弓社、二〇一六年)。
(24) 瀬畑源「象徴天皇制における行幸」(河西編、前掲『戦後史のなかの象徴天皇制』)七〇頁。
(25) 「行幸啓に関する打合事項」『昭和二七年　天皇皇后両陛下　秩父宮妃殿下　高松宮殿下　御成関係書　職員課』(福島県庁所蔵公文書)。
(26) 「秩父宮妃殿下第七回国体秋季大会御成について」『昭和二七年　天皇皇后両陛下　秩父宮妃殿下　高松宮殿下　御成関係書　職員課』(福島県庁所蔵公文書)。
(27) 「高松宮、秩父宮妃殿下奉迎送要領」『昭和二七年　天皇皇后両陛下　秩父宮妃殿下　高松宮殿下　御成関係書　職員課』(福島県庁所蔵公文書)。
(28) 「秩父宮妃殿下、高松宮殿下の台臨について」『昭和二七年　天皇皇后両陛下　秩父宮妃殿下　高松宮殿下

御成関係書　職員課』（福島県庁所蔵公文書）。
(29) T・フジタニ『天皇のページェント――近代日本の民族誌から』（NHK出版、一九九四年）、原、前掲『可視化された帝国』ほかを参照。
(30) 村井八郎「秩父宮妃殿下をお迎えして」（『会津会会報』第六三号、一九五三年四月）。
(31) 同前。
(32) なお、当時の東北電力社長は白洲次郎であり、その配偶者である白洲正子は勢津子と女学生時代から交友のある人物である。当時の東北電力の『社報』には白洲次郎の運転するジープで同ダムへ向かう勢津子の写真が掲載されており、かかる縁に端を発した訪問であった可能性は高い。
(33) かかる「御成」のステレオタイプについては茂木、前掲『表象としての皇族』を参照のこと。
(34) 「本名発電所、盛大に貯水式　大音響、逆巻く流れ　秩父宮妃の合図で降ろされた水門」『福島民報』一九五四年六月二〇日夕刊。
(35) 古賀邦雄「文献にみる補償の精神一六 田子倉ダム」（『用地ジャーナル』第一四巻第七号、二〇〇五年）。
(36) 田子倉ダム調査団「歴史時評　ふるさとを守る人々――只見川田子倉部落から」（『歴史評論』第六二号、一九五五年）。
(37) 鳥羽耕史『一九五〇年代――「記録」の時代』（河出書房新社、二〇一〇年）一二〇～一二二頁。
(38) 杉浦明平「田子倉ダムの〝リアリズム〟ダムサイト論争のあと民科ルポを読んで」（『歴史評論』第六四号、一九五五年）。
(39) 「秩父宮妃殿下、会津入り〝懐かしい〟とお喜び　柳津町挙げて提灯行列」『福島民報』一九五四年六月一九日。
(40) 「本名発電所、盛大に貯水式　大音響、逆巻く流れ　秩父宮妃の合図で降ろされた水門」『福島民報』一九五四年六月二〇日夕刊。
(41) 田中、前掲『会津という神話』。

第7章　軽井沢と皇室
――地域発展と「皇室ブランド」の「物語」――

瀬畑　源

はじめに

本章は、皇室と地域の経済発展との関係を、「軽井沢」という地をフィールドとして考察する試みである。

「軽井沢と皇室」と聞けば、「明仁上皇と美智子上皇后がテニスで出会った場所」というイメージを多くの人が持っているであろう。一九五七年夏、明仁皇太子と正田美智子は、軽井沢会テニスコートでダブルスの対戦相手として出会い、一九五八年一一月二七日に婚約が発表され、翌年四月一〇日に結婚の儀を挙げた。

皇太子は、一九四九年に当時英語の家庭教師を務めたエリザベス・グレイ・ヴァイニングの別荘に滞在した時、初めて軽井沢を訪れた。その後、軽井沢を気に入り、毎夏軽井沢に滞在するようになった。この滞在は結婚後も続き、即位直後の一九九〇年まで続いた。二〇〇三年に訪問があったが、二〇〇八年の結婚五〇年の金婚式の時から再度恒例となり（二〇一四年を除く）、八月下旬に軽井沢に行き、草津の夏季国際音楽アカデミー&フェスティヴァルに皇后が参加してピアノを弾くようになった。

ここで考えたいのは、なぜ皇太子は軽井沢に行き続けたのか、という点である。皇太子が御用邸のない軽井沢に長年にわたって通ったのは、軽井沢になんらかの魅力があったからに他ならない。

その理由を考える前提として、軽井沢という場所と皇室はどのような関係があったのかを考察する必要がある。確かに軽井沢は、明仁皇太子結婚後に大きな経済発展を遂げたが、皇太子が来る以前から も避暑地としては著名であり、皇室のブランド力によって発展してきたわけではない。また、軽井沢の住民は、皇室が来ることを自ら宣伝して経済発展をしたわけでもない。だが、結果として経済発展の「恩恵」を受けてきた。

そこで、軽井沢という地がなぜ経済発展を遂げていったのかを、皇室との関係を中心にして考察し、明仁皇太子夫妻が軽井沢を愛した理由を考えていきたい[1]。

これまで皇室と地域の経済発展に関する研究は、それほどされてきたとは言いがたい。皇室と地域との直接的な関係の分析は、主に天皇の地方行幸といったような、一過性のイベントを対象とし、国民統合などの政治的効果を考察することに重点が置かれてきた[2]。また、天皇行幸を称賛するような言説、たとえば天皇が励ましたことによって、生産力が上がったというようなものは「美談」として語られてきた[3]。

皇室が頻雑に訪れる場所と皇室との関係を論じたものとしては、御用邸のある神奈川県葉山の別荘文化を考察した澤村修治の研究が挙げられる。葉山には、一八九一年に有栖川宮《ありすがわのみや》が別荘を建て、一八九四年には英照《えいしょう》皇太后や嘉仁《よしひと》皇太子（大正天皇）の療養を目的として御用邸が建てられた。これによって別荘地としての品格があがることになり、桂太郎や高橋是清などの政治家や、近衛篤麿などの華族が別荘を建てた。澤村は、葉山に別荘を構える者は「天皇の周囲に形づくられた特有の文化に同調できうる価値観の持ち主」を意味したとし、西欧上流社会的な生活様式などを共有する人々が御用邸を中心にして別荘を建てることで、葉山は保養地として発展したと指摘している。(4)

皇室の経済利用としては、紀元二六〇〇年式典を中心に、皇室ブランドの経済利用について論じた古川隆久の研究がある。古川は「皇室ブランド」を「皇紀のほか、天皇家の歴史、天皇の即位や長期の在位記念、皇族など、イベントや運動の大義名分となる皇室関係の言葉や概念、人物」を指すとし、一見国民統合のシンボルとして皇室ブランドを利用したように見える紀元二六〇〇年式典も、実際には地域や国家レベルでの経済発展という効用への期待が本音であり、究極の名目として皇室ブランドが利用されたにすぎないと指摘している。(5)

また、茂木謙之介は皇族表象の分析により、皇族が地域社会からの商業利用などの欲望を向けられ、戦時中を除き、それに応えていくことで、「国家機関の狙いと一致することなく、地域社会レヴェルでの天皇（制）システムの再生産・維持を為していた」と指摘している。(6)

古川と茂木の研究は、天皇や皇族をしたたかに利用しようとする政治家や地域の人々を描いたものであるが、天皇・皇族と地域社会の相互関係を十分に描けてはいない。天皇・皇族は一方的に利用されるだけではなく、彼ら自身の利益もまた存在している。その相関関係を描く必要があるのではないか。

そこで本章では、葉山御用邸とは異なる論理で経済発展を遂げた軽井沢に注目し、軽井沢と皇室の関係を描いていきたい(7)。

一　戦前の軽井沢の発展

(1)　地理から見た軽井沢

近代以前の軽井沢は、中山道の宿場町であった。現在の軽井沢町には「浅間根越の三宿」と呼ばれる宿場町が置かれ、上野国（群馬県）横川から碓氷《うすい》峠を抜けたところに軽井沢宿、沓掛《くつかけ》宿、追分《おいわけ》宿と並び、追分から長野や上越高田を通って日本海へ抜ける北国街道が分かれていた。

この碓氷峠越えのルートは、関東地方から日本海側に抜ける主要なルートと見なされていた。現在は、群馬県水上から三国峠を抜けて新潟県越後湯沢に抜ける三国街道のルート（国道一七号）が開発されているが、国鉄上越線が清水峠を越えて一九三一年に開通するまで、群馬県から新潟県に抜けるルートは、豪雪のため冬季の通行が困難であった。一方、碓氷峠は雪が少なかったため、距離的に遠回りとなっても、日本海側に通年で向かうことができるルートであった(8)。

そのため、古代から、軽井沢は交通の要衝であった。しかし、活火山浅間山の麓であるため、土地が火山灰地であり、農業が困難な地域であった。近代以前は土地の多くは原野であり、浅間山の扇状地である広大な軽井沢高原で(9)、馬の生産が行われていた(10)。そのため、宿場町で馬が手に入りやすいという点で、他の峠よりも宿場町としての条件が良かった。

明治時代に入ると、まずは横川軽井沢間の国道の改良が目指された。新たに碓氷新道（現在の国道一八号）が開鑿され、一八八四年に開通した[11]。また、幹線として官設鉄道が中山道に引かれる計画が立てられた。その際鉄道省は、直江津から上田へと資材運搬線を引き、工事を進めることとした。しかし、結果的に幹線として選ばれたのは東海道本線であったため、中山道幹線は計画を変更し、高崎から軽井沢、上田、長野を経由して直江津に向かう、日本海側と東京を結ぶ路線として建設されることになった。一八九三年に碓氷峠越えの横川軽井沢間の完成により、高崎から直江津までが全通した[12]。しかし、輸送の主力であった鉄道の軽井沢駅は、宿場町とは離れた所に敷設された。また、沓掛宿と追分宿の近くに鉄道線路は通ったが、開通当初は駅が置かれなかった。国道は沓掛宿と追分宿には通っていたが、軽井沢宿は通らなかった。沓掛宿は草津温泉へ馬で行くための入口だったために維持されたが、軽井沢宿と追分宿は衰退していった[13]。

旧宿の衰退と同じ頃に、軽井沢に外国人宣教師が訪れ、別荘地を立てるようになった。一八八八年に、宣教師アレクサンダー・クロフト・ショーが別荘第一号を建設した。夏に冷涼である気候と、同じ言語を話す外国人コミュニティーを求めて、外国人が別荘を次々と建設していった。軽井沢には別荘地を立てられる平地があり、生活に必要な交通網や生活用水などは存在していた。また、軽井沢宿の衰退によって、新たな居住者を受け入れる余地があり、軽井沢宿のあった現在の旧軽井沢地区に別荘が建てられていった[14]。

国土地理院に勤務していた郷土史家の江川良武によれば、外国人が滞在する場所としては箱根などもあったが、夏に冷涼な保養地の多くは平地が少なく、別荘地としての発展に限界があった。一方軽井沢は、農地に適さない土地が多く、買収がたやすい平地が多かったために、急激に別荘地として発展した[15]。軽井沢は近くに名所旧跡があるわけではなく、物見遊山には不適当な場所であった。また、宣教師中心の避暑地のため、「娯楽を人に求めずして、自然に求めよ」として、仲間との交流やハイキングやスポーツが娯楽の中心となった。次第に増えていく日本人による風紀の乱れに対し、宣教師たちは風紀矯正運動を行って、自分たちの生活を守ろうとした[16]。

一九一一年の避暑客宿泊人数は、内地人五四〇六人、外国人六五九七人、あわせた延人数は一二万一六四四人にまで規模が拡大した[17]。別荘数は一九〇六年に一〇〇戸を越え、一九一九年には四〇〇戸、一九三五年に一〇〇〇戸と急激に増加していった[18]。

(2)　軽井沢別荘地の開発

大正期になると、野沢源次郎による旧軽井沢西部の野沢原開発や、堤康次郎《つつみやすじろう》の箱根土地（西武グループの元）による千ケ滝《せんがたき》（中軽井沢）の開発が行われた。第一次世界大戦の好景気の中で、政治家や実業家、学者、作家などが、軽井沢に別荘地を次々と購入していった。代表的な人物として、桂太郎、大隈重信、後藤新平、近衛文麿、徳川慶久、新渡戸稲造、有島武郎、堀辰雄などが挙げられる。

軽井沢は次第に上流階級の日本人が夏に訪れ、共に避暑を行い、交流を楽しむ場所として変化を遂げていった。華族や実業家などの上流階級の交流場所として、テニスコート、ゴルフ場、競馬場、鬼押出しなどのスポーツ・観光施設が増えていった。

軽井沢がなぜここまで発展したのかについて、歴史研究者の御厨貴は、軽井沢に日本人のあこがれの的である「ハイカルチャー」が実在すると人々が考え、そのイメージに基づいて、自分の思いや行為を託する場所として軽井沢を位置づけていたのではと論じた（その意味では「バーチャルカルチャー」でもある）。また、東京から地理的に適当な距離であり、時間をかけて他の空間（英語が飛び交う町）へ移動することに魅力があったのではと述べている。[19]

明治・大正期は、上野駅から軽井沢駅まで鉄道で約六時間かかった。横川軽井沢間の碓氷峠をアプト式鉄道で登る必要があるため、距離のわりには着くまでに時間がかかる場所であった。[20]

一九一六年、昔から軽井沢に別荘を構える外国人や日本人が中心となり、軽井沢避暑団（現軽井沢会）が設立された。団の目的は、心身の鍛練向上と文化教養に寄与することにあり、「飲む・打つ・買う」（酒・博打・女（売春など））の禁止を掲げた。これは「軽井沢憲章」と呼ばれ、その後も軽井沢に来訪する人たちが守るべきルールとされた。[21]その後に別荘を購入したり、ホテルに滞在するようになった人々も、この軽井沢の「清潔感」を維持しようとした。[22]開発業者の中には、野沢のように、学者などを呼んで講演会を行う軽井沢夏季大学を行うための講堂と寄宿舎を寄付して支援するなど、軽井沢の文化を守り、発展させようとした人もいた。[23]それは、別荘地そのものの価値を高めるという意味もあっただろう。軽井沢では、成金趣味や低俗な遊びをすること自体がはばかられる雰囲気が醸成されたのである。

一九二七年には、軽井沢の別荘数は日本人三六七、外国人二一七で計五八四戸。避暑客は日本人三二五九人、外国人一一一〇人となり、日本人が多数を占めるようになっていった。[24]

写真1　軽井沢でゴルフをする摂政宮裕仁親王（1923年）〔軽井沢町誌発行委員会編刊『軽井沢町誌　歴史編（近・現代編）』1988年、259頁〕

（3）　皇族の軽井沢来訪

軽井沢に上流階級の人々が集まるようになると、次第に皇族も軽井沢に着目するようになった。一九二三年八月一七日から二五日に、摂政宮裕仁《ひろひと》親王（昭和天皇）が大隈信常侯爵（重信の養嗣子）別荘に滞在し、ゴルフなどを楽しんだ。[25] 地元の東長倉村は摂政宮行啓を祝して町制を引き、八月一日に軽井沢町となった。[26]

この前後から、朝香宮《あさかのみや》や北白川宮《きたしらかわのみや》などが軽井沢に避暑に訪れるようになっており、摂政宮来訪の時には、華頂宮《かちょうのみや》博《ひろ》忠《ただ》王、北白川宮永久《ながひさ》王、朝香宮孚彦《たかひこ》王、同正彦《ただひこ》王、賀陽宮《かやのみや》恒憲《つねのり》王と、テニスやゴルフ、乗馬を楽しんでいることがわかる。[27]

摂政宮は秋に結婚を控え、仮御所にしていた霞ヶ関離宮が改修中のため、葉山御用邸や御殿場の樺山愛輔別邸、西那須野の松方別邸などを転々としていた。[28] 当時摂政宮は、軍の行事への参加の際に必要不可欠な乗馬の集中訓練を受けており、西那須野や軽井沢で野外騎乗などを積極的に行った。[29] また、ゴルフやテニスを熱心に行っているので、上流階級のプレーヤーがいる軽井沢が選択されたのだろう。

ただ、結婚後に摂政宮が軽井沢を訪問することはなかった。翌年五月の新聞では、夫妻で軽井沢に滞在する模様で地元が調査を開始したとの記事がある。[30] その記事では、避暑客が多く別荘や大部分の貸間は契約済と書かれており、供奉員や警備関係者の宿泊施設数の問題などもあり、実現が難しかったのではないか。

しかし、他の皇族は軽井沢に来続けた。北白川宮が古宿（中軽井沢、一九二六年七月一〇日）、竹田宮《たけだのみや》が旧軽井沢（一九二七年四月二三日）、朝香宮が千ヶ滝西区（一九二八年六月三日）、伏見宮が雲場（旧軽井沢、一九二九年（月日不明））に次々と別荘を建てた。他にも、東久邇宮《ひがしくにのみや》や久邇宮《くにのみや》も貸別荘やホテルに滞在する形で、軽井沢を訪問するようになった。[31] 秩父宮《ちちぶのみや》も二回来ていることが、記事から確認できる。[32]

元々、天皇や皇族の別荘である御用邸は、東京から鉄道で行きやすい場所や、冬でも温暖な太平洋岸の海沿いの地域が多かった。よって、東海道本線や横須賀線の沿線の海沿いである、葉山、鎌倉、小田原、熱海、沼津などに御用邸が置かれた。内陸に置かれた御用邸は、日光、塩原、箱根など、あまり多くはなかった。各宮家の別荘も、御用邸の近くにあることが多かった。[33]

しかし、一九二三年の関東大震災で、鎌倉御用邸や宮家別荘が大きな被害を受け、三名の皇族が命を落とした。そこで、内陸部への別荘建築が行われるようになり、軽井沢に別荘を建てる宮家が増えていった。

また、軽井沢は皇族も自由に活動ができる場所でもあった。軽井沢には交流できる上流階級の人々も多かった。竹田宮恒徳《つねよし》王によれば、以前、北白川宮と竹田宮は日光に避暑に行っていたが、名所は多いが遊び場所の少ない日光に子どもが飽きてきたことを親が察して、スポーツ施設や乗馬クラブなどが整備されていた軽井沢に連れて行かれるようになったとのことである。[34]

東京だと、どうしても皇族として人の目を気にしなければならないが、軽井沢は上流階級中心であり、気楽に過ごすことができた。帝国生命（現朝日生命）社長などを務めた朝吹常吉《あさぶきつねきち》の娘登水子《とみこ》は、北白川宮佐和子《さわこ》女王と仲が良かった。登水子によれば「その頃の宮さまたちは東京ではほとんど外出できず、庭続きの竹田宮家、朝香宮家を裏門から行き来なさって遊ぶくらいだったので、のびのびと乗馬や自転車やテニスをなさった軽井沢の夏はとても愉しかった」と回想している。[35] 軽井沢の別荘族の中には、有名人を目で追ったりするようなこと自体が無粋であるという文化が存在したのである。

軽井沢には、贅沢をひけらかさず、簡素ながら和気藹々とした英米風の家庭的雰囲気が存在していた。[36] もちろん、このような「軽井沢」は、実際には旧軽井沢などの一部の地域に限定された文化ではあったが、気持ちの合う人とコミュニティーを作る場所として軽井沢は機能していた。[37]

軽井沢に皇族が集まってきたのは、軽井沢にある上流階級文化に惹きつけられたからである。御用邸のある葉山別荘地は、澤村修治の研究によれば、御用邸のブランド力が別荘地開発に寄与したことがわかる。[38] しかし軽井沢は、皇族がブランドを作ったわけではなく、むしろ軽井沢のブランドに皇族が惹きつけられたというべきであろう。

二　戦後の軽井沢の発展

(1)　敗戦後の別荘所有者の変化

軽井沢は、アジア・太平洋戦争中、中立国や同盟国の外交官などが疎開する場所となった。また、一九四五年八月には節子《さだこ》皇太后（貞明《ていめい》皇后）の疎開先となり、近藤友右衛門別荘（毎夏北白川宮が宿泊）に滞在した(39)。

敗戦後に米軍は、米兵用の避暑地として、軽井沢の代表的なホテルである万平ホテルや三笠ホテル、その他別荘などを相次いで接収した。また、旧華族などの上流階級が特権的な地位を失って没落していく中で、別荘の所有者が新興企業の経営者に変わっていった(40)。のちに皇后となる正田美智子の実家の正田家は、戦前から泉の里に別荘（旧軽井沢の西側、祖父貞一郎のもの。美智子は疎開時に滞在）を持っていたが、戦後に美智子の父英三郎が南ヶ丘（軽井沢ゴルフ倶楽部がある南軽井沢の高級別荘地）に別荘を購入している(41)。

軽井沢の別荘所有者は様変わりしたが、上流階級文化のイメージを保とうと、後発の人たちも努力する、もしくは上流階級の人たちのように振る舞おうとした。一九五一年の地元紙の記事によれば、「「軽井沢に別荘がある」「夏は軽井沢で過ごす」という言葉は今でもある種の人達には無上の誇りでありミエでもあるらしい」とし、昔は軽井沢で知り合った交際は銀座に繋がっていたが、今では軽井沢でだけ見栄を張っているので、東京で交際を続けるとボロが出るのでよそよそしくなると、当時の別荘族の姿を描いている[42]。

その中で、戦前からの別荘所有者が中心となって、軽井沢の上流階級文化を守ろうとする動きが現れた。代表的な人物としては、翻訳家の朝吹登水子や吉田茂のブレーンとして活躍した白洲次郎やその妻の正子などが知られている。白洲次郎は会員制の軽井沢ゴルフ倶楽部の理事長などを務め、倶楽部のコミュニティーを維持するために尽力した。倶楽部では、会員権の売買、譲渡、継承が許されず、理事会に認められない人は会員になれなかった。政財界の大物でもなかなか入会できなかったとされる[43]。

軽井沢に別荘を持っていた皇族は、一九四七年の皇籍離脱で皇族から離れた。戦後に皇族で軽井沢に別荘を建てたのは、一九五五年に三笠宮崇仁《みかさのみやたかひと》親王が三笠に別荘を構えただけである。三笠宮は隣組にも参加し[44]、軽井沢の文化人で組織された軽井沢文化協会にも関わり、フォークダンスの会を一九五九年から十年近く開催するなど、軽井沢の文化を守る担い手として尽力した[45]。

(2)　皇太子の軽井沢滞在

明仁皇太子は、一九四九年八月一一日から一四日まで、家庭教師エリザベス・グレイ・ヴァイニングの軽井沢の別荘に数日間滞在することになった。ヴァイニングによれば、皇太子と侍従の間で話が持ち上がり、宮内庁にしては珍しい迅速さで計画が組まれたという[46]。滞在中は侍従が付かず、ヴァイニングや通訳などとのみ生活をし、米国人の生活を体験する目的があった。皇太子は友人とともにピクニックを楽しみ、米国式の食事などを体験した。

そして翌年から皇太子は、毎夏軽井沢の千ヶ滝プリンスホテル（旧朝香宮別荘）に滞在するようになった[47]。それまでは、夏には学習院遊泳場が近くにある沼津御用邸に滞在するのが通例であった。一九五二年の高校卒業以後は、夏に沼津に行かなくなり、昭和天皇夫妻が滞在している葉山御用邸や那須御用邸に短期的に行く以外は、軽井沢に滞在するようになった。なお、昭和天皇夫妻は、一九五五年夏に皇太子と千ヶ滝プリンスホテルに四日間滞在したが、その後定例にはならなかった。

では、なぜ皇太子は軽井沢に行き続けたのだろうか。皇太子の教育責任者であった小泉信三は、その点を自分の文章では語っていない[48]が、学習院以外の友人関係を作ることを望んでいたとされる[49]。また、ヴァイニングは皇太子が軽井沢で長期滞在をすることを望んでいたと述べている[50]。ヴァイニングの文章から類推すると、御用邸での滞在は「四角ばった固苦しさ」があったとし、自分の気が向いたときに友人と遊んだりすることができる環境が大切だと思っていたようである[51]。実際に皇太子は、軽井沢滞在中は自分で日課を決めることができていたようであり、自由に友人の別荘に行ったり、喫茶店に立ち寄るなどしていた[52]。軽井沢は戦前の雰囲気がまだ残っている時期であり、皇族でも気ままに行動する自由があった。学習院の同級生達の中には、徳川義宣や織田正雄、山本忠夫、渋沢裕、千家崇彦など、軽井沢に夏に来ている者も多かったため、遊び相手にも事欠かなかった[53]。

また、当時の軽井沢は「テニスのメッカ」であり、テニスを趣味としていた皇太子にとって、テニス仲間が常に居る環境であった[54]。さらに、乗馬が可能な場所も軽井沢は多く、皇太子の望んでいる環境が軽井沢には存在していた。皇太子は千ヶ滝プリンスホテルの中のテニスコートで友人とプレーをするだけでなく、旧軽井沢の軽井沢会テニスコートにも通うようになった[55]。正田美智子と後に出会うコートである。

よって、皇太子自身の希望から、避暑地として軽井沢を選択したことがわかる。昭和天皇が好んだ那須御用邸は、軽井沢と気候は似ていても、交流するコミュニティーは存在しなかった。昭和天皇は植物採集を好み、那須の静かな環境を求めたが、皇太子はスポーツなどを共にできる環境を望んだ。皇太子の妹の清宮貴子《すがのみやたかこ》内親王も、一九五三年から軽井沢に滞在するようになっており、皇太子と現地で一緒にドライブをしたり、テニスをしたりと、一緒に交流を楽しんだ(56)。

皇太子の滞在先が民間のホテルである千ヶ滝プリンスホテルである理由は、明確にはわからない。千ヶ滝プリンスホテルは、戦前の朝香宮の別荘を堤康次郎が買い取り、一九四七年八月に土地と建物を国土計画興業に名義変更し、近くのグリーンホテルと一体として経営して、進駐軍を顧客にしていた(57)。一九六四年に一般営業を終了し、以後は支配人をしていた神津千代が一人で住み込んで管理していた(58)。猪瀬直樹によれば、一九八〇年代半ばの時点でホテル業登録されておらず、明仁皇太子以外の客は存在しなかったとされる(59)。

戦前は、別荘を持たない皇族が滞在する時には、誰かの別荘を借りていた。これは、警備の問題もあり、一般客の出入りが多いホテルに長期滞在しにくいためだと思われる。そのため、旧皇族邸は都合が良かった可能性はある(60)。経済学者の大西健夫は、主要なホテル（万平、三笠など）は進駐軍関係者が押さえているので、規模的に旧朝香宮別荘の借上が適していたのではと指摘している(61)。ヴァイニングは、「ホテルとしては小さく、その八つの部屋全部が、殿下とお付きの人々のためにあてられた。曲がりくねった自動車道のつきあたりの、見晴らしのよい場所にあって、警備するにも都合がよく」

と述べており、[62] 貸し切るにはちょうど良い規模と、警備のしやすさから、このホテルが選ばれたのではないか。

(3) 大衆化する軽井沢

敗戦直後の軽井沢町は、戦後インフレの中で財政難に見舞われた。軽井沢町は農業が産業の四〇%を占めており、[63] 観光関係のサービス業などは、旧軽井沢、新軽井沢、沓掛などの一部の地域に止まっていた。[64] しかも、避暑地のため夏にしか観光客が来ないため、それ以外の季節にサービス業はふるわず、経済的に厳しい状態が続いた。

しかし、軽井沢は農業ではなく観光での発展を望んだ。そこで軽井沢町は、国からの支援を得るために、軽井沢国際親善文化観光都市建設法の制定をめざした。町議会において佐藤恒雄町長は、「終戦後の本町は益々衰微の現状」にあるとし、「軽井沢の今後の生きる道として観光による一大発展を期すべく」、法案の大要を地元代議士に説明したところ、賛意を示してくれたと述べている。[65] 一九四九年から五一年にかけて、特別都市建設法を地方自治特別法（憲法九五条に基づく）として制定するのが流行していた。[66] これらの法律は、公園や水道などを作る時に国有地を譲渡されるといった、国有財産から供与を受ける便宜や、都市建設計画の立案と実行のための予算を国が援助するといった、国からの補助金などを得やすいような仕組みを整えるものであった。[67] そこで、地元の選挙区の議員であった井出一太郎（国民民主党）と黒沢富次郎（自由党）を中心とした議員立法による提案で、一九五一年八月に公布・施行された。[68]

表１　軽井沢観光客統計

	総数	1～3月	4～6月	7～9月	10～12月	備考
1950年	253,609					統計項目「軽井沢町」
1951年	649,400					統計項目「軽井沢」。以下同
1952年	635,000					
1953年	213,800	14,200	52,200	102,200	45,200	
1954年						
1955年	438,090	17,600	89,100	245,100	86,290	
1956年	887,348	89,581	204,102	458,595	135,070	軽井沢スケートセンター開業（1月）
1957年	1,106,841	201,751	261,300	498,150	145,640	
1958年	1,021,212	107,335	282,843	378,294	252,740	
1959年	1,373,355	260,036	235,256	619,140	258,923	皇太子結婚
1960年	1,834,350	319,400	363,000	794,500	357,450	統計項目「軽井沢高原」。以下同
1961年	2,032,005	352,640	400,030	926,695	352,640	
1962年	2,126,305	387,904	440,033	841,742	456,626	
1963年	2,290,750	495,500	345,250	1,050,000	400,000	
1964年	2,423,800	407,699	356,031	1,113,870	546,200	東京五輪（馬術は軽井沢開催）
1965年	1,989,501	397,900	397,900	895,275	298,426	
1966年	3,807,763	335,430	223,640	2,802,493	446,200	統計が実数から延数に変更（註）
1967年	3,028,700	272,000	246,500	2,018,000	492,200	
1968年	3,365,100	259,100	643,500	2,020,300	442,200	
1969年	3,599,700	284,800	716,900	2,116,800	481,200	
1970年	3,985,700	289,200	783,900	2,385,600	527,000	ディスカバー・ジャパン（国鉄）
1971年	4,818,700	286,700	868,200	3,074,300	589,500	
1972年	5,226,100	326,000	1,028,800	3,237,600	633,700	
1973年	6,397,900	326,800	1,066,100	4,326,800	678,200	
1974年	6,330,200	328,400	1,061,000	4,243,900	696,900	
1975年	6,522,600	380,300	983,000	4,410,200	749,100	
1976年	6,623,200	395,200	993,000	4,471,600	763,400	
1977年	7,299,500	445,800	1,035,900	4,990,300	827,500	
1978年	7,569,300	443,500	1,050,900	5,294,500	780,400	
1979年	7,583,000	446,900	1,063,100	5,285,300	787,700	
1980年	7,352,300	444,800	1,085,700	5,005,300	816,500	
1981年	7,694,500	464,100	1,125,800	5,274,100	830,500	
1982年	7,566,800	483,000	1,175,200	5,051,100	857,500	
1983年	7,523,100	512,900	1,200,200	4,950,100	859,900	

	総数	1～3月	4～6月	7～9月	10～12月	備考
1984年	7,980,400	512,100	1,257,600	5,412,000	798,700	
1985年	7,742,100	508,700	1,258,900	5,192,600	781,900	
1986年	7,966,000	498,700	1,302,500	5,301,600	863,200	
1987年	8,228,600	516,500	1,394,900	5,425,100	892,100	
1988年	7,908,500	571,700	1,474,900	5,001,500	860,400	
1989年	8,078,400	627,700	1,550,400	4,971,100	929,200	
1990年	8,513,400	651,700	1,635,900	5,271,900	953,900	
1991年	8,517,000	641,400	1,627,300	5,284,700	963,600	
1992年	7,874,900	654,800	1,491,100	4,839,900	889,100	
1993年	7,334,400	611,000	1,519,300	4,288,000	916,100	
1994年	7,877,600	655,800	1,554,400	4,711,800	955,600	
1995年	7,499,500	570,600	1,487,900	4,520,600	920,400	
1996年	7,809,700	659,700	1,530,600	4,698,000	921,400	
1997年	8,309,300	662,300	1,548,200	5,027,500	1,071,300	長野新幹線開通（10月）
1998年	7,962,400	694,900	1,508,600	4,764,000	994,900	長野五輪（2月）
1999年	7,857,500	684,800	1,520,600	4,643,800	1,008,300	
2000年	7,979,900	691,900	1,508,400	4,788,400	991,200	
2001年	8,127,800	714,500	1,572,400	4,820,300	1,020,600	
2002年	8,050,900	702,700	1,515,300	4,863,100	969,800	
2003年	7,635,200	676,300	1,413,000	4,544,900	1,001,000	
2004年	7,771,800	666,500	1,426,200	4,793,600	885,500	
2005年	7,736,500	697,600	1,360,500	4,571,800	1,106,600	
2006年	7,819,700	758,600	1,355,100	4,556,400	1,149,600	
2007年	7,915,100	786,500	1,429,200	4,553,900	1,145,500	
2008年	7,691,000	786,000	1,349,700	4,374,900	1,180,400	
2009年	7,630,300	778,700	1,381,400	4,314,100	1,156,100	
2010年	7,758,900	763,000	1,343,300	4,454,600	1,198,000	
2011年	7,700,800	702,000	1,313,200	4,488,700	1,196,900	
2012年	7,796,300	732,000	1,325,800	4,567,500	1,171,000	
2013年	7,946,400	745,500	1,390,600	4,613,000	1,197,300	
2014年	8,276,900	716,500	1,379,000	4,938,200	1,243,200	
2015年	8,403,400	817,900	1,474,900	4,807,100	1,303,500	
2016年	8,457,800	844,700	1,425,000	4,876,400	1,311,700	

註）1966年は実数2,705,477で延数が3,807,763となっており、延数（1泊を2回とカウント）が100万人多い。

出典）長野県が刊行している『長野県統計書』、『観光地利用者統計調査結果』を参照。空欄は不明。

敗戦後の米兵の滞在や別荘族の転換により、戦前には見られなかった風俗業が発展していった。これに対し、軽井沢の風紀を守ろうとして、キリスト教団関係者や矯風会、戦前からの別荘民などが中心となって、売春婦一掃、軽井沢憲章護持運動が展開された。一九五一年六月に軽井沢町売春取締条例が制定され、風俗業を町から一掃した[69]。今後の国際親善文化観光都市としての発展のためには、風俗業を追放することが必要だと考えたのである。

戦後間もなく、国土計画興業（西武グループ）による別荘地の大規模開発が進んだ。また、冬場の観光客を増やすために、軽井沢各地でスケートリンクが整備され、一九五四年には八つのリンクが存在した。一九五六年には、国土計画興業が室内リンクを持つ軽井沢スケートセンターと屋外リンクを千ヶ滝に建設したため、冬の観光客が激増していった[70]。表1は軽井沢への観光客数の変遷である。一九五六年のスケートセンターの開業後、一月から三月、一〇月から一二月の冬季期間の観光客が激増していることがわかる。

一九五〇年代以降になると、軽井沢に保養のための会社寮と林間学校や合宿などの利用のための学校寮が増加していく。一九五三年では会社や学校関係が利用する別荘は八一戸にすぎないが[71]、一九五九年には会社寮一三一、学校寮一七、一九六九年には会社寮三四二、学校寮六三と急増していった[72]。しかも、集団で泊まれるようにするために、施設の規模も非常に大きかった。軽井沢に別荘があることが会社や学校のステータスになる時代でもあった。そのため、軽井沢は会社員や学生が気軽に来られる場所に変わっていった。

他にもバンガローが増加し、夜に若者がキャンプをして騒いでいることも多くなり、外国人が履いていたショートパンツを日本人女性が履くことも流行するようになった[73]。しかも年々パンツの丈が短くなって、「挑発的」として眉をひそめる人も出るようになっていった[74]。

一九六二年の『週刊文春』の記事によれば、軽井沢に集まる人種は、戦前派貴族・戦後派貴族・高級バンガロー族（百坪ぐらいの土地を買う人）・会社寮族・ハイカー族（キャンプなど）に分かれるとされる。戦前派は戦後派に代わり、会社寮が多くなり、数日居るだけで帰る人が増えていると指摘している[75]。

結果、軽井沢へ来る観光客の大衆化が進んだ。経済的に苦しい現地の住民にとっては、夏にだけ来る上流階級の別荘族を相手にしていただけでは経済が成り立たない。しかも、夏だけ東京から軽井沢に高級店が出張出店するケースも多く、地元の業者への経済的利益に必ずしも繋がっていなかった。地元の要望としては、もっと観光客を呼び寄せたいという切実な願いがあった。そして、別荘を開発する不動産業者が、その地元の要望をすくい取っていった。つまり、軽井沢の上流階級文化を守りたい別荘族と、商業的にもっと観光客を呼び寄せたい地元住民との間の考え方にズレが生じてきたのである。その結果、軽井沢の「低俗化」も招くことになった。

三　大衆化の中の軽井沢

(1)　ミッチー・ブームと経済発展

大衆化が進む中で、別荘族や移住者を中心に、軽井沢の「低俗化」を止めようとする努力が続けら

写真2　軽井沢会テニスコートで歓談する明仁皇太子と正田美智子（1958年8月）〔共同通信社提供〕

れた。軽井沢会や軽井沢文化協会などが、「軽井沢町に風俗純化に関する条例」の制定を求める署名運動を一九五七年に行い、「軽井沢町の善良なる風俗維持に関する条例」が制定された（一九五八年四月）。この条例に基づいて軽井沢町風俗審議会が発足し、地元住民と別荘族からなる審議会が、町長に風紀問題について建議する役割を担った。その中で、パチンコ店やモーテルの排除などが行われた[76]。なお、三笠宮も署名活動の中心の一人であった[77]。

こういった努力が行われているさなかの一九五八年一一月、皇太子と正田美智子との婚約が発表され、「ミッチー・ブーム」が起きた。皇太子と美智子が出会ったのは、前年夏の軽井沢会テニスコートでのABCDトーナメント（強さをランク付けして、AD、BCの組合せでダブルスを組んで行う大会）で試合をした時であった。その後、皇太子が美智子を妻に望み、側近達の意向も一致したため、美智子の説得が行われ、婚約に結びついたのである。その意味では、皇太子と美智子は軽井沢社交界が生んだカップルの一例だったと言えよう。翌年四月の御成婚の時には、軽井沢で御用邸誘致運動も進められているという報道もあった[78]。なお、美智子妃の身の回りの物に付ける「お印」は「白樺」であり、これは軽井沢に由来するものであった。

皇太子と美智子が軽井沢のテニスコートで出会ったという「恋愛物語」は、軽井沢への注目度を大いに高めた。一九五九年夏の観光客は約三八万から約六二万へと急増し（表1）、軽井沢にテニスブームが到来し、一九六〇年代から七〇年代に各地にテニスコートが整備されていった。特に湿地帯で開発が遅れていた南軽井沢塩沢地区では、一九六〇年からテニスコートと民宿をセットにした開発が進み、一九七一年には一二九面、一九七七年には二六八面ものテニスコートが整備された。一九六〇年代後半から、学生の合宿先として急激に観光客数が上昇し、特にサークルの新歓合宿などがある四月から六月の観光客数が激増した[79]。また、一九六三年に国鉄信越本線碓氷新線が完成し、アプト式が廃止されことや、一九七一年に碓氷バイパスが開通したことによって、首都圏から軽井沢への移動時間が大幅に短縮されたことも、観光客数の増加に繋がった。

(2)　軽井沢と皇太子夫妻

軽井沢が大衆化されていく一方、皇太子一家はその後も毎夏軽井沢に行き続けた。その理由はいくつか推測できる。

まずは美智子妃の実家の別荘の存在がある。東京の東宮御所から実家へ里帰りすることは、人の目もあって簡単にはできないが、軽井沢では美智子妃や子どもたちが正田家の両親と会うことができた[80]。次に、子どもの健康や情操教育のために、自然に触れさせたいという考えがあったためである[81]。長男の徳仁《なるひと》親王は軽井沢で足腰を鍛えるために山登りを繰り返し行い、登山が趣味となった。また、次男

写真3　軽井沢の千ヶ滝プリンスホテルの庭を散策する皇太子一家（1984年8月20日）〔共同通信社提供〕

の文仁《ふみひと》親王や長女の清子《さやこ》内親王を千ヶ滝の西にある大日向開拓地の聖ヨゼフ保育園に通わせ、大日向への道が散策ルートになっていった[82]。

これが可能であったのは、千ヶ滝プリンスホテルという事実上の御用邸があったことで、人の目を気にすることがなかったことが挙げられる。美智子妃がテニスコートに現れると見学者が金網の付近に溢れるようになっていったが[83]、時折は軽井沢会テニスコートを訪問していたようである。

皇太子一家の生活は、当時軽井沢に押し寄せた大衆とは全く異なっていた。毎年ほぼ一カ月近くの軽井沢滞在は、軽井沢の別荘族でも簡単ではなくなっていた。会社に勤めている人たちは、軽井沢に妻子を残し、週末だけ来るケースも多かった。この皇太子一家の生活は、大衆の欲望のモデルにはなっておらず、仰ぎ見る遠い出来事になっていた。メディア史研究者の森暢平は、ミッチー・ブーム以降の皇室報道は権威化、形式化が進んだとの指摘をしている[84]。軽井沢での皇太子一家の姿は、時折週刊誌に報じられるが、「幸せそうな一家」という形式的なものとなり、陳腐化していった。

(3)　大衆化の中の皇室ブランド

大衆化が進む軽井沢では、次第に皇室や外国人から評価されていることをアピールする言説が登場するようになる。たとえば、一九五一年の佐藤恒雄町長による国際親善文化観光都市建設法提案では、次のような理由が述べられていた。

軽井沢の歴史から二、三の事跡を取りあげて見ると、大正十二年には今上陛下が摂政宮殿下であらせられた砌、その一夏を軽井沢の大隈候の別荘に於て過ごされた。また現皇太子殿下も昭和二十四年以来毎夏御勉強の地として選ばれて居る。仄聞するところによれば、此の軽井沢行啓については、バイニング夫人が、今はアメリカにあって尚殿下に御進言申し上げたことによって軽井沢を御選定になったと云うことであるが、これは軽井沢が日本人よりも反って外国人向に認められて居る様に考えられるのである。[85]

このように、皇室や外国人に評価されていることが、国際親善文化観光都市にふさわしい理由として挙げられている。ミッチー・ブーム以降、軽井沢は、皇太子夫妻が毎年訪れるというブランドイメージが付く一方で、大衆化が進行して急速に俗化していった。軽井沢の「高級避暑地」は一部の地域のみとなり、「イメージ」の中に留まっていった。

むしろ週刊誌では、お高くとまっている昔からの別荘族や、それを真似する人たちを軽蔑したり揶揄したりする言説も繰り返し登場した。[86]また、別荘族の子どもたちの風俗が乱れているとの記事も溢れた。[87]

そのため軽井沢では、高級避暑地としてのブランドの維持への努力が重ねられた。一九六六年に娯楽施設利用税を独自に創設した。一九七三年の政府の税制改正で、別荘地も一般宅地並課税となったため、固定資産税の収入が倍以上になった。軽井沢町は地方交付税交付金不交付団体になるほどの税収を得ることになった。[88] 町財政が安定化したことで、開発のコントロールやブランドの維持に、より力点が置かれるようになった。

一九七二年には自然保護対策要綱が告示され、土地の分割や建坪率、容積率、高さや色、看板などの規制が行われた。[89] 翌年には軽井沢町民憲章が制定され、「世界に誇る清らかな環境と風俗を守りつづけましょう」などの五項目を掲げ、役場や各施設、全家庭に配布された。[90] 一九七六年には「軽井沢町の善良なる風俗を維持するための要綱」が告示され、営業宣伝の拡声放送を行う際には町長への事前届出、午後一一時から午前六時までの営業禁止、何人も夜九時から午前六時に「みだりに付近の静穏をそこなう行為をし、又はさせてはならない」、何人も極端に露出した服装や、室内着で外出しない、など、非常に細かい生活のルールを定めた。[91] この要綱に罰則は存在しないが、軽井沢住民だけでなく、訪れる人々に軽井沢の風俗維持を守ってもらうことを企図した。[92]

軽井沢町は、他の観光地との差異化を図るために、皇太子夫妻が来続けることを歓迎していた。一九六八年の週刊誌の記事において、佐藤今朝市郎軽井沢町長は「軽井沢は俗化したといわれるが、品位は絶対に失われない。その品位を象徴するのがなんていったって皇太子ご一家だ。殿下もこの軽井沢だからこそ、東京では味わえないような自由をお楽しみになれる。ご一家が十分に休息なされるのは、私どもとしても喜ばしいこと。それが町の繁栄につながるからだ」とのコメントを残している。[93]

軽井沢の中では一部の地域を除けばバーチャルになりつつある「品位」を、皇太子夫妻の来訪に期待していたことがわかる。

ただ、その一方で、皇太子夫妻が来ることを観光宣伝の材料とはしていなかったように思われる。露骨な商業利用は、軽井沢の「文化」からすれば「無粋」なものであった。そのため、皇太子夫妻が毎年訪問し続けられるような、以前からある高級避暑地の「文化」を守ろうとしたのである。結果的に毎年訪れる夫妻の写真や映像がメディアによって報じられることになり、軽井沢のイメージアップに貢献した。

一方で皇太子夫妻も、軽井沢の風景を守るための活動を行っている。一九八〇年に軽井沢植物園を訪れた際、自生のアサマキスゲが減少していることを聞き、東宮御所で育てていたアサマキスゲ三〇〇株を植物園に贈り、公共施設に分配され、翌年には六〇〇株、翌々年三〇〇株が贈られた。二〇〇三年に植物園に訪問した際にも、アサマキスゲの減少の話を再度聞き、一〇月に約一万二〇〇〇粒のアサマキスゲを二〇〇八年まで毎年贈り、町民に配布された[94]。

また、皇太子一家が良く訪れていた大日向地区にゴルフ場開発の計画が起きたときには、ニッコウキスゲの苗をもって侍従と大日向を訪れ、昭和天皇の訪問碑のある道の脇に植えたという[95]。先述したように、大日向は滞在先の千ヶ滝から近く、一九六四年頃から散策コースとして頻繁に訪問をしており、交流が深い場所であった[96]。推測ではあるが、地元で水源の汚染を問題とする反対運動が起きているゴルフ場計画地に、貴重な植物を皇太子が植えるという行為は、計画への疑義を提示していると取られても仕方ないだろう[97]。

写真4　美智子皇后の歌碑（軽井沢病院前、2003年建立）〔筆者撮影〕

皇太子夫妻にとって、軽井沢は思い出の地であった。また、仲むつまじい一家のイメージを刻印した場所であった。自分たちの思い出の地の風景が失われていくことは、思い出や自分たちのイメージを喪失することに繋がると思っていたのではないか。

天皇即位後の一九九〇年以降、明仁天皇夫妻はなかなか軽井沢を訪れることができなかった。御用邸が那須などにあるにもかかわらず、民間施設を借りて滞在するのはおかしいとの批判を受けた[98]。また、翌年六月に雲仙普賢岳の火砕流で多くの被害が発生したことに配慮し、軽井沢への避暑が中止となり、以後も訪問が途絶えた。

しかし美智子皇后は、二〇〇三年一月一日に「かの町の　野にもとめ見し　夕すげの　月の色して　咲きゐたりしか」という歌を発表した。「かの町」が軽井沢であることは、「夕すげ」から想像できるものであった[99]。思い出の地への訪問は、歌で大衆に向けてアピールするまでに切実な思いとなっていたのだろう。この年の夏、夫妻の軽井沢訪問は実現した。町は待ちに待った訪問を歓迎し、その年の一二月に美智子皇后の歌は石碑に刻まれた[100]。そして、婚約五〇周年の二〇〇八年以降は、毎年軽井沢を訪れるようになった。[101] おそらく、天皇皇后への支持率が向上し、「若き日の思い出」に浸る夫妻を、国民やメディアが温かく見守るようになったからではないだろうか。

明仁天皇夫妻もまた、軽井沢の別荘族の一人として、バーチャルになりつつある軽井沢の上流文化のイメージを守ろうとしていたのではないか。

おわりに

ここまで、軽井沢の発展と皇室との関係を論じてきた。軽井沢は宣教師が開いた避暑地であったが、「娯楽を人に求めずして、自然に求めよ」という倫理的な生活空間に共感する上流階級の人々が次第に別荘を建てるようになっていった。軽井沢では皇族は自由に行動ができたことから、次々と別荘を建てていった。戦後になり、別荘族は旧華族から企業役員などに移っていったが、軽井沢の上流階級文化の「物語」を別荘族は受け入れていった。明仁皇太子はこの軽井沢の雰囲気を気に入り、毎夏訪問するようになった。そこで、妻となる美智子と出会った。皇太子結婚によるミッチー・ブームにより、軽井沢の大衆化は進んだが、地元の人々が観光地としての発展を求めて「文化」の維持に努力をし、皇太子夫妻もまた別荘族の一員として、軽井沢に思いを寄せ続けた。こうして軽井沢は、皇室ブランドに支えられつつも、大衆がバーチャルな「上流階級文化」を手軽に体験できる場所として、その欲望を取り込んでいったのである。

なお、徳仁天皇は皇太子時代の一九九二年以降、報道を見る限り軽井沢を訪れていない。雅子妃の実家である小和田家の別荘は軽井沢にあり、二〇〇四年に雅子妃の休養で使ったこともある。しかし、その時は観光シーズン前に途中で帰京しており[102]、しかも親族を頼るのかと批判されてさらに足が遠のいた[103]。

一九九七年四月に、軽井沢町内の観光・商工団体など二五団体の代表者連名による皇太子行啓請願署名を東宮御所に持参し、徳仁皇太子にも軽井沢に来訪してほしいと要望した[104]。軽井沢町にとっては、皇室とのつながりを次世代にもつなごうとしたのだろう。また、二〇〇二年に美智子妃の実家正田邸が取り壊される際に、軽井沢町が町内移築保存を財務省に申し入れを行っている[105]。直後に宮内庁が、美智子皇后はそれを望まないと火消しに入り、軽井沢町は移設を断念したが、何らかの明仁天皇夫妻の記憶を刻んだ施設が欲しかったように見える[106]。これは、老齢に入った明仁天皇・美智子皇后が背負っていた皇室ブランドの引き継ぎを、皇太子一家に願ったということだろう。

秋篠宮一家は毎年数日間万平ホテルに行っているようであるが、非公式滞在で、周囲と交流しているかは報道からはわからない[107]。ただ、秋篠宮の訪問がPRに使われているようには見えない。軽井沢町にとって、皇族が毎年来るという「事実」がブランドの維持に大切なのであり、それを殊更にアピールすることはかえって「無粋」であると考えているように見える。

軽井沢は、一九九〇年代以降、さらに大きな変貌を遂げていった。一九九三年の上信越自動車道の横川軽井沢ＩＣ開通、一九九七年の長野新幹線（北陸新幹線）の開通により、軽井沢まで最短一時間強で東京から来られるようになった。また、一九九五年に軽井沢駅南口にプリンスショッピングプラザが開業し、さらに施設を拡大させるにつれて、日帰りの買い物客も増加していった。長野県の統計によれば、延数で記載するようになった一九六六年と比較すると、一九九〇年代には一年間でほぼ倍の八〇〇〇万人前後が軽井沢を訪れるようになった（表1）。

軽井沢住民による、軽井沢の上流階級文化言説の再生産は、近年でも続いている。[108]その中では、古き良き伝統がブランド化し、それを守る人が「リゾート・コミュニティ」を形成しているから、大衆的人気が並立するとの主張がなされている。[109]一方で、もう軽井沢の上流階級文化は消滅寸前と述べる人もいる。[110]

軽井沢の上流階級文化は、実態としては戦前とは同一とは思えず、バーチャルなものと化しているのだろう。しかし、軽井沢に集う人々は、その「物語」を信じてそこに集まる。軽井沢は大衆の欲望を受け止める場所として、今でも観光客を呼び寄せるのである。

註

（1）筆者は以前、軽井沢と皇太子について論文を執筆したが、表面的な現象の分析に止まっている。瀬畑源「明仁皇太子・美智子妃と軽井沢」（長野県現代史研究会編『戦争と民衆の現代史』現代史料出版、二〇〇五年）。

（2）たとえば、象徴天皇制における行幸の政治的効果についての主な研究は以下の通り。坂本孝治郎『象徴天皇がやって来る――戦後巡幸・国民体育大会・護国神社』（平凡社、一九八八年）、同『象徴天皇制へのパフォーマンス――昭和期の天皇行幸の変遷』（山川出版社、一九八九年）、瀬畑源「象徴天皇制と行幸――昭和天皇「戦後巡幸」論」（河西秀哉編『戦後史のなかの象徴天皇制』吉田書店、二〇一三年）など。

（3）世界日報社会部『天皇御巡幸――日本復興の足どり』（世界日報社、一九八五年）など。

(4) 澤村修治『天皇のリゾート――御用邸をめぐる近代史』(図書新聞、二〇一四年) 三六四〜三六五頁。

(5) 古川隆久『皇紀・万博・オリンピック――皇室ブランドと経済発展』(中公新書、一九九八年) 二一六〜二一七、二三〇〜二三二頁。

(6) 茂木謙之介『表象としての皇族――メディアにみる地域社会の皇室像』(吉川弘文館、二〇一七年) 二九三〜二九四頁。

(7) なお、軽井沢のリゾート地としての発展を描いたノンフィクション作品として、宮原安春『軽井沢物語』(講談社文庫、一九九四年) がある。

(8) 江川良武「リゾート地　軽井沢の風土　その二　交通の要衝」(『地理』第五六巻第二号、二〇一一年二月) 一五〜一六頁。

(9) 浅間山から流れ出る湯川は信濃川の源流であるが、流れが緩やかなため (河口からの距離が遠い)、土砂が緩やかに堆積した。そのため地下水位の排出が少なくて湿地になりやすく、広大な農業困難な高原が広がるという特殊な地形が形成された。江川良武「リゾート地　軽井沢の風土　その一　特徴的な地形」(『地理』第五六巻第一号、二〇一一年一月) 八〇〜八六頁。

(10) 江川、前掲「リゾート地　軽井沢の風土　その二　交通の要衝」一六頁。

(11) 軽井沢町誌発行委員会編刊『軽井沢町誌　歴史編 (近・現代編)』(一九八八年) 五八〜六一頁。

(12) 当時は直江津線、後に直江津から新潟間の北越鉄道が国有化され、全線が信越本線となった。同前、六九〜七七頁。

(13) その後、一九〇九年に信濃追分に夏季臨時停車場 (駅になるのは一九二三年)、一九一〇年に沓掛駅 (現中軽井沢駅) が開業し、旧宿の再興に寄与することになった。

(14) 江川良武「別荘地・軽井沢の発展過程の研究　その二　外国人が主導した背景」(『信濃』(第三次) 第六七巻第九号、二〇一五年九月) 五〇頁。

(15) 江川良武「別荘地・軽井沢の発展過程の研究　その一　各高原別荘地の比較を通して見るその特殊と普遍」

『信濃』（第三次）第六七巻第八号、二〇一五年八月）二～一一頁。
(16) 前掲『軽井沢町誌　歴史編（近・現代編）』一八九頁。
(17) 島崎清編『軽井沢百年の歩み』改訂版（私家版、一九八五年）三八頁。佐藤孝一『かるゐざわ』（教文館、一九一二年）の重引。
(18) 前掲『軽井沢町誌　歴史編（近・現代編）』七三六頁。
(19) 御厨貴「軽井沢はハイカルチャーか」（青木保ほか編『ハイカルチャー』（近代日本文化論第三巻）岩波書店、二〇〇〇年）二八～三一頁。のちに御厨貴『戦後をつくる』（吉田書店、二〇一六年）所収。
(20) 前掲『軽井沢町誌　歴史編（近・現代編）』二〇二頁。
(21) 同前、二四八～二五二頁。ただし、実際には沓掛に「花柳界」はあり、密淫売とみられる売春を伴う飲食店が相当数あったとの指摘もある。江川良武・清原透「大正末～昭和初年における軽井沢の実像――医院診断書より見る」（『千曲』第一五五号、二〇一四年二月）五九頁。
(22) 評論家の中屋健一は、当時の成金達はインフェリオリティ・コンプレックス（社会的地位や知的能力などが劣っていると劣等感を持つ）があり、軽井沢の雰囲気に盲従したと述べている。中屋健一「軽井沢のいやらしさ」（『文藝春秋』第三六巻第一〇号、一九五八年九月）二八九頁。
(23) 前掲『軽井沢町誌　歴史編（近・現代編）』二八七頁。
(24) 同前、三〇四頁。
(25) 小林収『避暑地軽井沢』（櫟、一九九九年）一三三～一三六頁。なお、当時の新聞記事を見ると、「御微行」のため、地元が行おうとした奉迎行事の多くが取り止めとなったとされる。『東京朝日新聞』一九二三年八月一七日夕刊。
(26) 町制の施行の理由は「軽井沢」という地名が有名になったため、名称を変えたほうが有益であるとされている。摂政宮行啓は全国に報道されるため、地名をアピールしようと考えたのではないか。『東京朝日新聞』一九二三年八月二八日。前掲『軽井沢町誌　歴史編（近・現代編）』二七六～二七八頁。大久保保「軽井沢と皇室とのかかわり――軽井沢が急に「町」になった話」（立石弘道編『天皇皇后両陛下と軽井沢――土屋写真店の記録』国書刊行会、二〇一九年）一六五～一六六頁。
(27) 宮内庁編『昭和天皇実録』第三（東京書籍、二〇一五年）九〇七～九一二頁、一九二三年九月一七日～二五日。
(28) 実際には九月に発生した関東大震災で、翌年一月に延期された。高橋紘『人間　昭和天皇』上巻（講談社、二〇一一年）二三八～二三九頁。
(29) 坂上康博『昭和天皇とスポーツ――〈玉体〉の近代史』（吉川弘文館、二〇一六年）一三六～一四二頁。
(30)『東京朝日新聞』一九二四年五月二五日。
(31) 宍戸實『軽井沢別荘史』（住まいの図書館出版局、一九八七年）二一九頁。
(32)『東京朝日新聞』一九二七年八月一九日、一九二九年八月八日。
(33) 日下部行洋編『古地図で歩く　天皇と宮家のお屋敷』（平凡社、二〇一一年）八二～八三頁。
(34) 竹田恒徳「皇室と軽井沢」（朝吹登水子編『三七人が語る　わが心の軽井沢　一九一一―一九四五』軽井沢を語る会、一九八六年）三三～三四頁。
(35) 朝吹登水子『私の軽井沢物語』（文化出版局、一九八五年）八四頁。
(36) 同前、一五三頁。
(37) 犬丸一郎『軽井沢伝説』（講談社、二〇一一年）七五頁、万平ホテルの元会長佐藤泰春との対談。犬丸は元帝国ホテル社長で軽井沢別荘族。
(38) 澤村、前掲『天皇のリゾート』四五～七〇、九五～一〇四頁。
(39) 疎開前に戦争が終結したが、八月二〇日から一二月五日まで軽井沢に滞在した。
(40) 一九五三年の軽井沢町による別荘調査によると、日本人個人別荘所有者七五七戸のうち、会社関係・商業関係・銀行金融で二九八名を数える。この会社関係に元華族も含まれる可能性はあるが、中心が企業の重役に移っていることがわかる。前掲『軽井沢町誌　歴史編（近・現代編）』四三七頁。
(41) いつから別荘があるかは不明だが、一九五八年の婚約時に、佐藤不二男軽井沢町長（老舗旅館「つるや」主人）が正田一家は四〇年も軽井沢へ来ていると証言しており、大正期に別荘を建てたと思われる。『信濃毎日新聞』一九五八年一一月二七日号外。
(42)『夕刊信毎』一九五一年八月一三日。
(43)犬丸、前掲『軽井沢伝説』九九～一一五頁。
(44)幅北光編『明治・大正・昭和　思い出のアルバム軽井沢』（郷土出版、一九七九年）一五〇～一五一頁。
(45)三上登美子「軽井沢文化協会の思い出　一九五三年～一九六九年」（軽井沢文化協会創立五〇年記念誌編集委員会編『軽井沢一二〇年――軽井沢文化協会創立五〇年』軽井沢文化協会、二〇〇三年）九七～九八頁。
(46)エリザベス・グレイ・ヴァイニング『皇太子の窓』（文藝春秋、一九八九年（初版一九五三年））三〇四頁。
(47)一九五三年のみ、英国女王戴冠式出席のため一〇月滞在。
(48)小泉自身と軽井沢の関係は、戦前に親類の別荘が三笠にあり、よくそこに泊まりに行ったという程度の関係であった。皇太子が軽井沢に通うようになってからは、万平ホテルに宿泊していた。小泉信三「軽井沢の友」（『小泉信三全集』第一九巻、文藝春秋、一九六八年）一七二頁。
(49)吉田伸弥『天皇への道――明仁陛下の昭和史』（読売新聞社、一九九一年）三二七～三二八頁、明石元紹『今上天皇　つくらざる尊厳――級友が綴る明仁親王』（講談社、二〇一三年）一八三、一九三頁。
(50)ヴァイニング、前掲『皇太子の窓』三七五頁。
(51)同前、三七五～三七六頁。
(52)『信濃毎日新聞』一九五三年一〇月三〇日、一九五八年八月二〇日夕刊、同年一一月二七日夕刊。
(53)学習院大学教授であった林友春（伯爵家）によれば、一九五〇年代になると学習院の学生が多く来るようになったので、徳川義宣が呼びかけて「軽井沢学習院会」を毎年開くようになったという。林友春「私の心の軽井沢」（朝吹編、前掲『三七人が語る　わが心の軽井沢　一九一一―一九四五』）一四三頁。また、皇太子の学習院の後輩で、正田美智子との電話の取り次ぎ役を担った織田和雄（正雄の弟）によれば、千ヶ滝には織田をはじめとする友人たちの家族が別荘を持っていたとのことである。織田和雄『天皇陛下のプロポーズ』（小学館、二〇一九年）二七頁。
(54) 軽井沢会テニスコートで行われる軽井沢国際トーナメントは、一九一七年から行われており、日本で最も古いテニス大会である。戦前は全日本選手権の前哨戦として位置づけられていたこともあり、夏はテニスプレイヤーが軽井沢に集まっていた。軽井沢会編刊『軽井沢会テニス部一〇〇年の歩み』（二〇一六年）三、一六頁。
(55) 皇太子にテニスを教えていた石井小一郎によれば、一九五〇年八月に軽井沢の千ヶ滝プリンスホテルのテニスコートで皇太子とプレーしている。石井小一郎『テニスと私』（私家版、一九八〇年）二八頁。
(56)『信濃毎日新聞』一九五六年八月三一日夕刊。
(57) 大西健夫「プリンスホテルの生成」（大西健夫／齋藤憲／川口浩編『堤康次郎と西武グループ』知泉書館、二〇〇六年）二二八頁。
(58) 神津千代『軽井澤の四季』（石川書房、一九九〇年）三（五島茂「序」）、二二九頁。一九六三年の記事では夏季以外は一般客も宿泊可能で、一室（二名）三〇〇〇円から三五〇〇円だという。『週刊平凡』第五巻第三四号、一九六三年八月一五日、三二頁。
(59) 猪瀬直樹『ミカドの肖像』上巻（新潮文庫、一九九二年）七一～七二、八〇～九二頁。西武グループの堤康次郎の買収経緯も不明点が多いという。
(60) 猪瀬は、皇太子が夏に滞在するだけに建物を維持している状況から、西武が皇太子に御用邸を提供し、その代わりにブランドを借用する、という関係にあったのではと解釈している。同前、七二頁。
(61) 大西、前掲「プリンスホテルの生成」二二八頁。
(62) ヴァイニング、前掲『皇太子の窓』三七五頁。
(63) 前掲『軽井沢町誌　歴史編（近・現代編）』三九八頁。
(64) 松田圭介「長野県下の平和運動――浅間山米軍演習地化反対運動」（前掲『戦争と民衆の現代史』）一五八～一六〇頁。
(65)『軽井沢町議会議事録』一九五一年三月一五日、軽井沢町議会事務局所蔵。

（66）一九四九年に広島平和記念都市建設法、長崎国際文化都市建設法、一九五〇年に別府国際観光温泉文化都市建設法、伊東国際観光温泉文化都市建設法、熱海国際観光温泉文化都市建設法、横浜国際港都建設法、神戸国際港都建設法、奈良国際文化観光都市建設法、京都国際文化観光都市建設法、一九五一年に松江国際文化観光都市建設法、芦屋国際文化住宅都市建設法、松山国際観光温泉文化都市建設法、軽井沢国際親善文化観光都市建設法、と続いた。

（67）前掲『軽井沢町誌　歴史編（近・現代編）』四四〇～四四四頁。

（68）井出は回顧録の中で、黒沢と自分が提案して法律を作ったと述べている。井出一太郎著、井出亜夫／竹内桂／吉田龍太郎編『井出一太郎回顧録』（吉田書店、二〇一八年）一一七頁。

（69）長野県警察本部編刊『長野県警察史　各説編』一九五八年、五五八～五五九頁。

（70）前掲『軽井沢町誌　歴史編（近・現代編）』四四八～四五〇頁。

（71）同前、四六〇頁。

（72）同前、七三七頁。

（73）『信濃毎日新聞』一九五五年八月六日。

（74）『信濃毎日新聞』一九五七年八月一六日夕刊。

（75）「軽井沢　終幕した二ヵ月のドラマ」（『週刊文春』第四巻第三八号、一九六二年九月二四日）三九～四〇頁。

（76）前掲『軽井沢町誌　歴史編（近・現代編）』四四五頁。

（77）『信濃毎日新聞』一九五七年八月二七日夕刊。

（78）『信濃毎日新聞』一九五九年四月一〇日。

（79）前掲『軽井沢町誌　歴史編（近・現代編）』四四六～四四八頁。

（80）浜尾実『皇后美智子さま　ふれあいの旅』（小学館、一九九七年）六四～六六頁。

（81）浜尾実『浩宮さま』（PHP研究所、一九九二年）八二～八六、一四二～一四四頁（初版『浩宮さまの人間教育』婦人生活社、一九七二年）。他にも、葉山や浜名湖などにも出かけ、水泳にも取り組んだ。

（82）奥野修司『天皇の憂鬱』（新潮新書、二〇一九年）一一二～一一八頁。『読売新聞』長野版、二〇一〇年九月八日。
（83）「案外地味な軽井沢」（『毎日グラフ』一九六〇年九月一一日）一四頁。
（84）森暢平「メディア天皇制論――「物語」としての皇室報道」（吉田裕／瀬畑源／河西秀哉編『平成の天皇制とは何か――制度と個人のはざまで』岩波書店、二〇一七年）一六八～一六九頁。
（85）前掲『軽井沢町誌　歴史編（近・現代編）』四三九頁。
（86）開高健「日本人の遊び場七　森だけがすばらしい〝ザアマス蛮地〟軽井沢」（『週刊朝日』第六八巻第三六号、一九六三年八月一六日）、土岐次郎「にっぽんのプレイ・タウン（八）軽井沢」（『週刊読売』第二二巻第三一号、一九六三年八月四日）など。
（87）「夏のおわりに　親不孝地帯・軽井沢から報告する」（『女性自身』第九巻第三五号、一九六六年九月一二日）三九～四二頁。
（88）前掲『軽井沢町誌　歴史編（近・現代編）』五四七～五四九頁。軽井沢町は二〇一八年度においても、長野県唯一の地方交付税交付金不交付団体である。
（89）同前、五七四頁。
（90）同前、五三六頁。
（91）「軽井沢町の善良なる風俗を維持するための要綱」一九七六年、軽井沢町役場所蔵（情報公開請求により入手）。
（92）ただ、一九六六年に軽井沢町風俗審議会において、中軽井沢区長が、町の発展のためには観光客のための「赤線区域」（風俗営業）を作るべきだと主張したことがあった。軽井沢文化協会などが反対して、この話は阻止されたが、別荘族の文化ではなく、大衆の俗化した欲望に寄り添うことで町の発展を図ろうとした者もいたようである。前掲『軽井沢一二〇年』四四～四六頁。
（93）「実録　皇太子ご夫妻の十年　①軽井沢　もう一つの秘密」（『女性自身』第一一巻第三五号、一九六八年九月二日）四五頁。

(94)「軽井沢と皇室」、軽井沢観光協会ウェブサイト、https://karuizawa-kankokyokai.jp/knowledge/300/（閲覧日：二〇一九年五月二七日）。『信濃毎日新聞』二〇一七年六月一〇日。

(95) 米本和広「天皇のニッコウキスゲが枯れる。――浅間山麓「西武」のゴルフ場開発計画の怪」（『Diamond BOX』第一〇巻第一一号、一九八九年九月）一二二頁。ニッコウキスゲなどが軽井沢で減少したのは、ゴルフ場開発も理由の一つである。

(96) 奥野、前掲『天皇の憂鬱』一一二～一一八頁。前掲『明治・大正・昭和　思い出のアルバム軽井沢』一五二頁。大日向地区は、満州移民から戻ってきた人々によって開発された開拓地である。なぜ大日向に行くようになったのかは、奥野によれば、昭和天皇が戦後巡幸で訪れたからという説や、明仁天皇と学習院で同級生だった橋本明が、村井長正東宮侍従の父が満蒙開拓の責任者であったと述べている説が紹介されているが、どちらも決定的な根拠としては弱いのではないか。大日向は火山灰地のため、農業開発も遅れており、軽井沢町の中では自然が残り、観光開発から取り残されていた。滞在先の千ヶ滝から近く、観光客が少ないので、散策に適していることが大きな理由であったのではないか。

(97) その後バブル崩壊などもあり、ゴルフ場建設計画は中止となった。なお、明仁天皇と美智子皇后は、二〇一一年から一八年（訪問しなかった二〇一四年を除く）には、大日向にある軽井沢研修所に宿泊しており、付近の散策などを行っている。「天皇皇后両陛下のご日程」（平成三一年四月三〇日までのご日程について）、宮内庁ウェブサイト、http://www.kunaicho.go.jp/joko/gonittei.html（閲覧日：二〇一九年五月二八日）

(98)「天皇ご一家の「夏休み」が今年も西武の「別荘」なので」（『週刊新潮』第三五巻第三一号、一九九〇年八月九日）一二～一三頁。記事の中では、元東宮侍従の浜尾実も、立場が変わった以上、民間の施設ではなく、御用邸を利用すべきと苦言を呈している。当時、明仁天皇の周囲にも同様の意見が散見されたのではないか。

(99)『産経新聞』二〇〇三年一月一日。宮内庁が正月に発表した天皇五首、皇后三首の歌の一つに含まれていた。宮内庁は「夏近く」とのみ解説を付けていたが、読売新聞は独自に「かつてよく夏を過ごした軽井沢を懐かしまれて」との解説を付けている。『読売新聞』二〇〇三年一月一日。日本経済新聞は全首掲載。朝日新聞、毎日新聞はこの歌を掲載していない。

(100)『朝日新聞』二〇〇三年一二月一三日。軽井沢病院に石碑が建立されていることからわかるように、観光名所にするつもりはなく、地元の記憶を刻もうとしたのであろう。

(101)この頃から次第に、明仁天皇・美智子皇后は自らの意思で行幸啓先の希望を出すようになっていったように思われる。二〇〇九年のこどもの国、二〇一一年の東日本大震災被災地慰問、二〇一四年の対馬丸遭難七〇年の慰霊、二〇一五年のペリリュー島など。高齢になり、体力的に活動が制限されていく前に、訪問したい所に行くという強い意志を感じる。軽井沢への毎年訪問は、その嚆矢であったように見える。

(102)『朝日新聞』二〇〇四年四月二七日。三月二五日から四月二六日に滞在。連休に入り別荘周辺の人出が増えると予想されるために帰京したと宮内庁は説明。

(103)『信濃毎日新聞』二〇〇八年七月二四日。実際には母と妹が付き添ったことで御用邸の使用が認められず、軽井沢の別荘を利用した。

(104)『信濃毎日新聞』一九九七年五月三〇日。

(105)『朝日新聞』長野版、二〇〇二年一一月八日。

(106)『朝日新聞』二〇〇二年一〇月九日。

(107)『信濃毎日新聞』二〇〇六年九月六日の記事によれば、毎年のように万平ホテルに訪問しているとのことである。

(108)たとえば、三善里沙子『定本　軽井沢の法則』(軽井沢新聞社、二〇〇四年)、桐山秀樹／吉村祐美『軽井沢という聖地』(NTT出版、二〇一二年)など。

(109)桐山／吉村、前掲『軽井沢という聖地』一七〇～一七二頁。

(110)犬丸、前掲『軽井沢伝説』一九六～二〇三頁。一九九〇年代に、会社の保養所の土地が分割されて売られてマンションなどが建つようになったり、相続税が払えずに不動産業者に売り渡す人が多くなり、軽井沢文化を尊重しない人達がその土地を購入するようになったと犬丸は指摘している。

あとがき

本書は、二〇一三年一一月に出版した『戦後史のなかの象徴天皇制』（吉田書店）後の成果である。『戦後史のなかの象徴天皇制』刊行後も、研究会を数カ月に一度開くということを継続しようということになり、そこでのメンバーは象徴天皇制を専門とする研究者に限定せず、広く近現代の天皇制に関心をもつ、とくに若手研究者に呼びかけ、時にゲストを招きながらそれまでと同じペースで少しずつ続けてきた。吉田裕／瀬畑源／河西秀哉編『平成の天皇制とは何か――制度の個人のはざまで』（岩波書店）や森暢平／河西秀哉編『皇后四代の歴史――昭憲皇太后から美智子皇后まで』（吉川弘文館）も、この研究会のメンバーが核となり、その成果が発表された本である。近年、近現代の天皇制研究を牽引してきたのはこの研究会のメンバーであるとすくなからず自負している。

その間、明仁天皇による退位の意向が表明され、平成から令和への「代替わり」を経るなど、象徴天皇制は大きく注目されることとなった。マスメディアでは多くの研究者が現実に起こっている象徴天皇制の問題を分析してその歴史的背景を解説し、課題を提起する機会がたびたびあった。私も含めた研究会のメンバーが、そうした場でコメントを数多くしてきた。

一方で、マスメディアにおけるコメントは字数も時間も限定されている。それゆえ、そうした社会的な発言だけではなく、近現代天皇制の問題を歴史的かつ本質的に明らかにするような研究をし、それを公表することこそ、現在の問題を知ってもらううえでも私たち研究者にとっての使命でもあるように感じた。そのなかで、自然と本書を出版することが課題として浮上してきたのである。

研究会を続けているなかで、メンバーの多くが特定の地域をフィールドとし、そこから天皇制を捉える視点での報告をし、地域と天皇制との関係性のなかからその構造を明らかにする報告をした。とくに戦後期であるが、中央の史料で利用できるものは限られていることから、実証を旨とする私たちが地域に向かうのは自然なことであった。

冒頭の「序論」でも触れたように、明仁天皇による二〇一六年の「象徴としてのお務めについての天皇陛下のおことば」のなかでも、天皇自身が「遠隔の地や島々への旅も、私は天皇の象徴的行為として、大切なものと感じて来ました」と述べており、地域社会との関係性を重要視している。そう自己認識する天皇に対し、地域社会は天皇制といかに関係性を持ったのか、または対峙したのか。本書の各論文によって、照射された天皇制の構造があると自負している。それは近年、天皇個人の言動を強調し、その人格を評価する報道や風潮（そうした伝記的研究を否定するものではないが）とは異なり、天皇制という問題の構造を明らかにしようとするものでもある。

なお、本書のタイトルについて説明しておきたい。地域という言葉に〈　〉を付したのは、地域という視点を有しつつも、本書それぞれの論考では様々なレベルでの地域を検討対象としているからである。〈　〉を付することで、それ自体を問い直してみたいという思いもある。そして、〈地域〉から「見る」のではなく、「見える」天皇制の問題は何なのかを考えてみたいと思い、このタイトルに行き着いた。

この間、多くの若手の研究者が近現代の天皇制に新たに取り組む姿も見てきた。彼らの力も借りながら今後、少しずつでも研究会を続けていき、三冊目の成果へと繋げていきたい。

前著に引き続き、研究会の報告と質疑応答、そしてその後の飲み会の議論にまでいつも付き合ってくださった吉田書店の吉田真也さんにはとくにお礼を申し上げたい。吉田さんの的確なアドバイスや丁寧な編集作業がなければ、本書の完成はなかったように思う。

今後、象徴天皇制はどのようになっていくのだろうか。私たちは歴史的な検証を通じて、読者のみなさんとそれを構想できればと考えている。

二〇一九年九月

河西　秀哉

舟橋 正真（ふなばし・せいしん）　［第2章執筆］
立教大学立教学院史資料センター助教
1982年生まれ。日本大学大学院文学研究科博士後期課程修了、博士（文学）
〈主要業績〉
『「皇室外交」と象徴天皇制　1960〜1975年――昭和天皇訪欧から訪米へ』（吉田書店、2019年）、「「皇室外交」とはなにか――「象徴」と「元首」」（吉田裕・瀬畑源・河西秀哉編『平成の天皇制とは何か――制度と個人のはざまで』岩波書店、2017年）

加藤 祐介（かとう・ゆうすけ）　［第5章執筆］
成蹊大学文学部助教
1986年生まれ。一橋大学大学院社会学研究科博士後期課程修了、博士（社会学）
〈主要業績〉
「第一次世界大戦後の近代天皇制――研究史の整理と方法の提起」（『メトロポリタン史学』第14号、2018年12月）、「皇室における御料農地経営の展開――1889〜1918年」（『日本史研究』第680号、2019年4月）

茂木 謙之介（もてぎ・けんのすけ）　［第6章執筆］
東北大学大学院文学研究科准教授
1985年生まれ、東京大学大学院総合文化研究科博士課程修了、博士（学術）
〈主要業績〉
『表象としての皇族――メディアにみる地域社会の皇室像』（吉川弘文館、2017年）、『表象天皇制講義――皇族・地域・メディア』（2019年、白澤社）

編者・執筆者紹介

河西 秀哉（かわにし・ひでや）　［**編者　第3章執筆**］
名古屋大学大学院人文学研究科准教授
1977年生まれ。名古屋大学大学院文学研究科博士後期課程修了、博士（歴史学）
〈主要業績〉
『近代天皇制から象徴天皇制へ――「象徴」への道程』（吉田書店、2018年）、『平成の天皇と戦後日本』（人文書院、2019年）

瀬畑 源（せばた・はじめ）　［**編者　第7章執筆**］
成城大学非常勤講師
1976年生まれ。一橋大学大学院社会学研究科博士後期課程修了、博士（社会学）
〈主要業績〉
『平成の天皇制とは何か――制度と個人のはざまで』（共編著、岩波書店、2017年）、「象徴天皇制における行幸――昭和天皇「戦後巡幸」論」（河西秀哉編『戦後史のなかの象徴天皇制』吉田書店、2013年）

森 暢平（もり・ようへい）　［**編者　第4章執筆**］
成城大学文芸学部教授
1964年生まれ。京都大学文学部卒業、国際大学大学院国際関係学研究科修了
〈主要業績〉
『天皇家の財布』（新潮新書、2003年）、『皇后四代の歴史――昭憲皇太后から美智子皇后まで』（共編著、吉川弘文館、2018年）

冨永 望（とみなが・のぞむ）　［**第1章執筆**］
京都大学大学文書館助教
1974年生まれ。京都大学大学院文学研究科現代文化学専攻博士後期課程単位取得満期退学、京都大学博士（文学）
〈主要業績〉
『象徴天皇制の形成と定着』（思文閣出版、2010年）、『昭和天皇退位論のゆくえ』（吉川弘文館、2014年）

〈地域〉から見える天皇制

2019年12月20日　初版第1刷発行

編著者　河西秀哉
瀬畑源
森暢平
発行者　吉田真也
発行所　合同会社 吉田書店
102-0072　東京都千代田区飯田橋2-9-6 東西館ビル本館32
TEL：03-6272-9172　FAX：03-6272-9173
http://www.yoshidapublishing.com/

装幀　野田和浩
DTP　閏月社
印刷・製本　中央精版印刷株式会社
定価はカバーに表示してあります。

ISBN978-4-905497-82-0